Irene Heise

NICHT ohne deine NÄHE

Spirituell-theologisches
Zentrum
Katharina von Siena

Kompetenzzentrum
Aufatmen
für Scheidung und
Wiederverheiratung
in der Kirche

„Standard Stars"
Irene und Dieter Heise
Solo-Showtanzpaar
und Tanzmeditationen

ISBN 978-3-9503948-3-2
Alle Rechte vorbehalten.
1.Auflage 2021

© Irene Heise, „Spirituell-theologisches Zentrum
    Katharina von Siena" am Referat für Spiritualität,
    Pastoralamt der Erzdiözese Wien
Internet: www.caterina-von-siena.de, www.irene-heise.com
https://www.erzdioezese-wien.at/pages/inst/23302769

Umschlaggestaltung: Netinsert, 1220 Wien
Umschlagfoto Irene Heise: Foto Fuxi
Logo Zentrum Katharina von Siena: Dieter Heise
Logo Kompetenzzentrum Aufatmen: Manuel Pascal Heise (Grafik),
    The Best Kunstverlag, 4600 Wels (Design)
Logo Standard Stars: Alfred Martinek
Fotodokumentation: Privatarchiv Irene Heise
Satzgestaltung, Layout und Lektorat: Dieter Heise, Irene Heise
Druck: Netinsert, 1220 Wien
Printed in Austria

INHALTSVERZEICHNIS

3

EINFÜHRUNG

Erst der Corona-Lockdown im Frühjahr 2020 hat viele von uns auf eine brisante Problematik in unserer Gesellschaft aufmerksam gemacht: den Hospitalismus. Bislang hatten wir unter „Hospitalisierung" eher verkürzt die Einweisung in ein Krankenhaus („Hospital") verstanden.

Hospitalismus bzw. Hospitalisierung als Sammelbegriff für gravierende Folgeerscheinungen des Abgeschottetseins und der Vereinsamung, wie sie uns erst kürzlich in den Medien vor allem aus Seniorenheimen und Krankenhäusern vor Augen geführt wurden: Aufgerüttelt durch diese Bilder sind mir nach Jahren auch wieder hospitalisierte Heimkinder in R. in den Sinn gekommen, mit denen ich einst gearbeitet hatte.

Einzelne Jugendliche habe ich später in Eigeninitiative weiter betreut, auch in Haftanstalten, und einen retardierten, jugendlichen Küchenarbeiter, hier „Markus" genannt, sechs Jahre lang in einer vielleicht einzigartigen Verbindung betreut und vor der damals bereits beschlossenen Entmündigung („Besachwaltung") bewahrt.

Nur wenige Jahre danach ausführlich zu Papier gebracht, habe ich auf die wahre Geschichte von „Markus" und mir, „Irene", aus den Jahren 1978-1984 erneut zurückgegriffen, sie für dieses Buch in Kapitel I. als narrativ-theologische Fallstudie nur geringfügig überarbeitet und mit einigem Bildmaterial dokumentiert. Damit ist es auch möglich geworden, Hospitalismus einem konkreten Charakterbild zuzuordnen.

Anfangs hatte ich noch überlegt, meinen Bericht etwas zu kürzen, diesen Gedanken jedoch bald wieder verworfen, um ausreichend Authentizität zu gewährleisten und Sie, meine sehr geschätzten Leserinnen und Leser, unverfälscht in die ursprüngliche Atmosphäre des Geschehens in der „Josefsehe" einzubeziehen. Zugleich wird damit die Entstehungsgeschichte eines

Modells „Betreute Wohngemeinschaft" sichtbar, das mittlerweile nicht nur in unseren Breiten zum sozialpädagogischen Alltag zählt, nochmals kurz resümiert in Kapitel II.

Kapitel III. gibt einen fundierten Überblick über Hospitalismus und dessen Symptomatik als Folge eines Entzugs an Zuwendung. Deprivation bzw. Entwicklungsretardierung wird veranschaulicht und in Abschnitt III.1.4. die vielfältige Symptomatik von Hospitalismus am Beispiel „Markus" aufgefächert. Konkrete Ansätze zu einem empathischen Umgang mit hospitalisierten Menschen, vor allem Kindern und Jugendlichen, auch in der Pfarrgemeinde, sowie ein kurzer Einblick in den Begriff der „Weggemeinschaft" in der Integrativ-christlichen Therapie von Alfred Adler ergänzen den Praxisbezug des Buches in diesem Kapitel.

Wie aber ist Hospitalismus zu vermeiden, wie ihm vorzubeugen? Die Frage der Prävention beschäftigt nun zunehmend Verantwortliche in der Kirche, in Krankenhäusern und Altenheimen, in Familien, Pflegefamilien, Kindergärten, Schulen und Haftanstalten. Mit freudiger Überraschung habe ich festgestellt, dass das bisher zu wenig beachtete, weil meist nur kurzgelesene Nachsynodale Apostolische Schreiben „Amoris Laetitia" von Papst Franziskus so umfassende Ansätze dazu bietet, dass es sich lohnte, es für dieses Buch heranzuziehen. Daneben habe ich aus Ihren Wortmeldungen, liebe Leserinnen und Leser, erfahren, dass es vielen in der Kirche schlicht aus Zeitmangel nicht möglich ist, Amoris Laetitia ausreichend zu studieren, obwohl das Interesse vorhanden wäre. Deshalb bringe ich Ihnen hier in Kapitel III.3. eine Kurzzusammenfassung aller Passagen in dem päpstlichen Dokument zum Thema Familie, die für eine Vorbeugung von Hospitalismus relevant sind, und das übersichtlich auf überschaubaren 20 Seiten.

Amoris Laetitia hat, studiert man das Schreiben in vollem Umfang, nach anfänglicher Ernüchterung auch eine Lösung für den

Sakramentenempfang bei Wiederverheirateten Geschiedenen eröffnet, weit über die ins Auge springenden Fußnoten 329, 336 und 351 in Punkt 300 hinaus. Im folgenden Kapitel IV stelle ich deshalb als „Exkurs" die aktuelle kirchenrechtliche Lage des Begriffs „Josefsehe" vor, früher der einzige kirchenrechtlich gesicherte Zugang zu den Sakramenten Buße und Kommunion für Betroffene. An eine Betrachtung der Josefsehe aus empirischer und psychoanalytischer Sichtweise schließt also auch hier ein pointierter Einblick in Amoris Laetitia an - mit durchaus erfreulicher Schlussfolgerung: Volle Integration im kirchlichen Leben auch für Wiederverheiratete Geschiedene und ihre Kinder als Vorbeugung von Hospitalismus.

Dabei habe ich mir erlaubt, in einem „zweiten Blick" nochmals kurz auf jene Passagen des päpstlichen Schreibens hinzuweisen, in die meine jahrzehntelange Arbeit - in den vorbereitenden Bischofssynoden präsent - definitiv eingeflossen ist.

Ich beende dieses Buch mit einem „Ausblick": Meiner Überzeugung nach ist es unumgänglich, die pastoralen Entscheidungen zugunsten des Sakramentenempfanges bei Wiederverheirateten Geschiedenen auch festzuschreiben und abzusichern in meinem Ansatz einer „Dokumentierten pastoralen Regelung zum Sakramentenempfang bei Wiederverheirateten Geschiedenen".

Zusammenfassend bin ich der Überzeugung, dass wahre Heilung einzig in einer gelebten, lebendigen Beziehung zu Jesus Christus möglich ist. Nur Gott vermag dauerhaften Frieden zu schenken und die innere Leere im Menschen auszufüllen. Wir dürfen die Bedeutung der Christusbeziehung neben den inzwischen hochentwickelten Therapieangeboten niemals geringschätzen und vernachlässigen; vielmehr ist sie unbedingt zu integrieren, damit menschliches Bemühen nicht Stückwerk bleibt.

Nun aber lassen Sie sich, liebe Leserinnen und Leser, vorerst hineinnehmen in mein - wie ich meine, auch spannendes - „Projekt

Markus"! Thematisiert sind Heimerziehung versus Wohngemeinschaft (hier als „Josefsehe" gelebt), Hospitalisierungssymp-
tomatik, wie sie sich im praktischen Alltag manifestiert, religiöse
Motivation und spirituelle Erfahrung (Therese von Lisieux),
Bildsamkeit und Heilungschancen, Integration, Förderung und
Überforderung, Fortschritte und Misserfolge, Berechenbarkeit
und Gefahrenpotential bei Hospitalismus , ganzheitlicher Einsatz
und Grenzerfahrung.

Wien, im Oktober 2020
Irene Heise

„Nehmt Anteil an ihrer Not aus Liebe zum
gekreuzigten Christus!
Ich glaube, wenn Ihr das tut, wird es zu einem
größeren Segen
für die heilige Kirche gereichen."

Katharina von Siena, Brief 285

I. DER ENTMÜNDIGUNG ENTRISSEN: DAS PROJEKT „MARKUS" ALS ANSCHAUUNGSGRUNDLAGE, NARRATIV AUFBEREITET

1. BEI DEN HEIMKINDERN IN R.

Längst ziehen breite Felder an dem alten Personenzug vorüber, und wenn man Glück hat, sieht man hin und wieder einen Hasen in den hohen Halmen verschwinden und im Sprung wieder auftauchen. Seit Antritt der Fahrt hat Irene noch keine Lust verspürt, im Inneren des Waggons Platz zu nehmen. Es gefällt ihr, wie ihr der sommerlich warme Fahrtwind ins Gesicht bläst; sie lauscht dem regelmäßigen Rattern der über die alten Geleise gleitenden Räder und nimmt die rasch wechselnden Düfte bereitwillig in sich auf. Erst als die Vorboten des Weinbaugebietes auftauchen, dessen Mittelpunkt jene Kleinstadt bildet, die ihr Reiseziel darstellt, verspürt sie so etwas wie Lampenfieber in sich aufsteigen. Sie weiß kaum, was sie hier erwartet, ist lediglich informiert darüber, dass es in dieser Stadt ein Schülerheim gibt, in dem sie sich als Erzieherin betätigen möchte. Eines weiß sie aber ganz genau: Ihr wird hier eine Gruppe von Kindern anvertraut sein, in deren Führung und Erziehung sie ihre ganze Energie und Liebeskraft hineinlegen will.

Den Blick über die weite Ebene schweifend, tritt Irene auf einmal ein altes Bild vor Augen, das einst eine sehr entscheidende Weichenstellung in ihrem Leben ausgelöst hat. Anstelle der Kornfelder und Weinstöcke da draußen sieht sie auf einmal wieder ganz deutlich die endlosen Zuckerrohrfelder vor sich, darin gebeugte

Rücken von Männern und Frauen, ja sogar Kindern in dürftiger, zerschlissener Kleidung, die Spuren von Striemen und Blut verrät. Eine Gruppe Aufseher zu Pferde durchstreift die Felder, ständig im Begriff, nach rechts und links Peitschenhiebe zu verteilen. Nein, es war kein Abenteuerfilm, der sie damals als Dreizehnjährige mitten ins Herz getroffen hat. Die Szenerie war grausame Wirklichkeit und spielte im letzten Viertel des zwanzigsten Jahrhunderts, durch ein idealistisch gesinntes Kamerateam unter lebensgefährlichen Bedingungen auf Zelluloid gebannt. Es handelte sich um bettelarme, haitische Analphabeten, die von Zuckerrohrfabrikanten der benachbarten Dominikanischen Republik unter falschen Versprechungen über die Grenze gelockt worden waren. Man sicherte ihnen gute Bezahlung und die Heimkunft am Wochenende zu. Manche wurden in Grenznähe auch gewaltsam aufgegriffen und verschleppt.

Sie landeten auf Nimmerwiederkehr in Elendsgettos, irgendwo inmitten dieser riesigen Zuckerrohrfelder, abseits und jahrzehntelang völlig unbemerkt vom Rest der Welt. Zuerst wurden den Unglücklichen ganz einfach die Papiere abgenommen, damit eine Rückkehr zu den Familien unmöglich wurde. Eine äußerst sarkastische Maßnahme, da es aus diesen Plantagen ohnehin kein Entrinnen gab! Irene schafft es auch jetzt, knapp sieben Jahre danach, nicht, sich in diese Hölle auf Erden wirklich hineinzuversetzen. Die Lebensbedingungen der ZuckerrohrarbeiterInnen waren ganz einfach unvorstellbar: winzige Baracken voller Schmutz und Ungeziefer, ohne Mobiliar oder Strom. Das Wasser wurde nur alle zwei Wochen per Tankwagen angeliefert und war bakterienverseucht. Verdauungskrankheiten standen auf der Tagesordnung, die hygienischen Zustände waren unbeschreiblich. Keine Rede war von Krankenversicherung, Mutterschutz oder gar Witwenversorgung. Es gab nur einige wenige, einheimische Ärzte, die allmonatlich vorbeikamen, jedoch kaum etwas tun konnten, ja vielmehr jedesmal einen Teil dieser Trostlosigkeit mit sich nahmen. Irene entsann sich noch ganz deutlich der Freudentränen eines jungen Arztes, dass endlich ein Kamerateam hierhergefunden hatte. „Filmen Sie, soviel Sie nur können", hatte er in die Kamera gesprochen, „und dann sorgen Sie dafür, dass endlich jemand etwas unternimmt und diese Elenden hier herausholt! Wir sind ja völlig machtlos, denn wenn wir den Mund aufmachen, bringen sie uns um. Auf jeden Fall aber lassen sie uns dann hier überhaupt nicht mehr her! Die Hilfe kann nur von außen kommen! Sie sind unsere einzige Hoffnung!"

Hoffnung! Ein Wort, das für die Leute hier fast schon ein Fremdwort war, sah man die grenzenlos verzweifelten Augen von Männern, Frauen und Kindern, die aufgetriebenen Hungerbäuche der Kleinen, die nie lachen gelernt hatten, hörte man die monotone, kraftlose Klage des jungen Mannes, der „Lohn" betrage nur zwei Pesos pro angeblicher Tonne geernteten Zuckerrohrs - das Wägen konnte ja ein Analphabet nicht kontrollieren-, betrachtete man die sich ihrem namenlosen Schmerz hingebende junge Mutter an der Seite ihres verhungerten Kindes - die Unglückliche würde Tags darauf auf ihren „Lohn" verzichten müssen, um den Sarg bezahlen zu können -, die teuflisch-lustvolle Miene des Aufsehers beim Zerstampfen des lächerlich-winzigen Gemüsebeetes, einem letzten Symbol schwacher Hoffnung, ohne das nicht einmal ein Zuckerrohrarbeiter auf Haiti existieren konnte. Sklaven des zwanzigsten Jahrhunderts! Irene ist auch heute noch überzeugt: Wenn es für die Armut noch eine Steigerung gibt, dann ist sie hier zu finden: ein unbeschreibliches Elend unter unbeschreiblicher Hoffnungslosigkeit.

Irene sind Tränen in die Augen getreten, und das rührt nicht nur vom Fahrtwind her. Wie tief waren diese Bilder damals in ihr Gemüt eingedrungen! Und wie sehr hatte sie in den Folgejahren danach verlangt, Missionsschwester zu werden und Menschen wie diesen nach Kräften zu helfen, sie herauszuholen aus Elend und Unterdrückung, ihnen Hoffnung, Freiheit und Frieden zu erkämpfen! Freilich, ihre Eltern bestanden darauf, dass sie vorher die Schule abschloss, bevor sie eine so bedeutsame Entscheidung traf. „Eine Prüfungszeit für deine Berufung!" hatte auch ein Seelsorger die folgenden vier Jahre bezeichnet. Es war eine Zeitspanne gewesen, die Irene unendlich lang erschienen war. Doch sie hatte tatsächlich durchgehalten und war nach ihrem Schulabschluss, mit noch nicht einmal achtzehn, in einen Missionsorden eingetreten.

Nein, nicht mehr darüber nachdenken! Es ist ja doch nicht mehr zu ändern, dass sie schon wenige Monate, nachdem sie den Schleier genommen hatte, das Kloster wieder verlassen hat. Die Schwestern konnten es damals kaum glauben, zu angepasst war Irene gewesen, und zwei von ihnen versuchten noch rasch, die Postulantin von ihrem, wie sie meinten, überstürzten Vorhaben abzubringen. Sie prophezeiten ihr, es würde ihr bald ein großes Unglück zustoßen, wenn sie ihrer Berufung untreu würde. Ja, sie konnten sogar Beispiele dafür nennen, wie sich nach Ordensaustritten schwere Krankheiten oder sogar Todesfälle ereignet hätten. Nun, davor hat Irene keine Angst, zu tief ist ihr Vertrauen in ihren Gott verwurzelt, von dem sie sich auch jetzt noch unverändert geliebt weiß. Eine Bitte jedoch hätte ihr die Novizenmeisterin nicht abschlagen dürfen: Irene hätte es soviel bedeutet, ein Stundenbuch aus dem Kloster „in die Welt hinaus" mitnehmen zu dürfen; sie glaubte diese Stütze zu brauchen. Denn die schon Jahre vor ihrem Eintritt gewachsene Verbindung zu dem Kloster war unverändert in ihr lebendig geblieben, ja ihr Geist dort beheimatet, und sie fühlte sich in diesem Moment auf einmal so etwas wie obdachlos im geistigen Sinne. Der Satz von Sr.G.: „Das geht leider nicht, wir haben selbst zu wenige!" klingt ihr bis heute noch schmerzlich in den Ohren nach. Nicht mehr denken allerdings will sie hingegen an die darauffolgende Bemerkung der Schwester - vielleicht deshalb, weil sie nicht mehr so recht zugehört hat: „Du wärst eine gute Nonne geworden, und ich fürchte, ein ganz normaler Ehemann wird dir kaum genügen können. Denn wen der Herr seine Nähe so sehr hat spüren lassen wie dich, der ist geprägt fürs ganze Leben, in seiner ganzen Existenz!"

Quietschende Bremsen reißen Irene aus ihren Gedanken. Der Bahnhof von R., sie ist am Ziel! Nur wenige Menschen stehen im Schatten, ihre Blicke schweifen die Fenster des Zuges entlang. Als Irene die hohen Stufen des Waggons mit ihrem schweren Koffer behende hinunterklettert, merkt sie erst, wie heiß es heute ist. Da löst sich ein Herr aus den Wartenden am Bahnsteig und kommt auf sie zu. Ihr Herz schlägt etwas höher, als sich der etwa Vierzigjährige als Direktor des Erziehungsheimes vorstellt und ihren Koffer an sich nimmt. Ist es ein gutes Omen, vom Heimleiter persönlich empfangen zu werden? Irene gewinnt rasch Vertrauen in die sympathischen Züge Herrn Gerbers (Name geändert).
Es werden nur wenige, belanglose Worte während der kurzen Fahrt durch das ansprechende, auf einem Hügel angelegte Städtchen gewechselt, als das Auto schon vor einem großen Eisentor anhält. Während der Direktor den Wagen verlässt, um mit einer kräftigen Bewegung den breiten Riegel beiseite zu schieben, riskiert Irene einen ersten, längeren Blick auf das Erziehungsheim. Es ist ein breit angelegtes, in zwei Trakte gegliedertes Gebäude mit drei hohen Stockwerken, um dessen großteils geöffnete Fenster lärmend eine Anzahl Mauersegler kreist. Irgendwoher ertönt sonderbar anmutendes Gekrächze, es klingt ganz anders als die gewohnten Laute aus Kindermund, scheint aber doch aus den

Heimfenstern zu dringen. Schon rollt das Auto durch die Einfahrt, etliche Meter an einem das Heim säumenden Rasenstück vorbei, und hält neben einigen parkenden Fahrzeugen.

Als die beiden ausgestiegen sind und sich dem Hauptgebäude zubewegen, erklingen neuerlich seltsame Töne, für die Irene noch keine Erklärung finden kann. Sie jagen ihr aber beinahe etwas Angst ein, und so empfindet sie es als beruhigend, als sie sich einer Gruppe Fußball spielender, etwa zwölfjähriger Jungen nähern. Die Asphaltstraße endet jäh an einem kleinen Rosenbeet, an das die breite, von drei mächtigen Weiden gesäumte Spielwiese grenzt. Im Schatten der Bäume sitzen einige Knaben im jugendlichen Alter beisammen. Sie halten inne und blicken neugierig herüber, als der Direktor und Irene in raschem Schritt das Eingangstor erreichen. Von den Fenstern nebenan erklingen aufgeregte Frauenstimmen und das Geklapper von Geschirr, und auch durchdringender Gulaschgeruch lässt Irene unzweifelhaft erkennen, dass hier die Küche liegt.

Kühle, abgestandene Luft schlägt ihr entgegen, als sie den langen Gang des Heimes betritt. Von der Treppe her ertönt ein sonderbares Lallen, und als sie, etwas verstört, hinaufsieht, blickt sie in die Züge eines Jugendlichen mit Down-Syndrom, der sich unbeholfen Stufe um Stufe herabmüht. Als er die beiden gewahrt, verzieht sich seine Miene zu einer liebenswerten Grimasse, die wohl ein Lächeln darstellen soll. Er ist klein und rundlich, das halb offene Hemd hängt zum Teil aus der viel zu weiten, kurzen Hose heraus. Irene ist völlig überrascht, sie hat bislang nicht gewusst, dass dieses Heim auch Burschen mit körperlichen und/oder kognitiven Beeinträchtigungen beherbergt. Auf dem Weg zum Zimmer des Direktors begegnen sie noch einem weiteren jungen Mann, der sich mit gekrümmten Beinen und einem abgewinkelten Arm durch den Gang schleppt. Beim Anblick dieses etwa

Zwanzigjährigen regt sich erstmals Irenes Mitgefühl. „Kinderlähmung!" raunt ihr der Direktor mit kaum hörbarer Stimme zu. Der junge Mann tritt ohne Scheu auf die beiden zu und reicht Irene mit einigen unverständlichen Worten seine gesunde, linke Hand. „Das ist unser Kurt!" erklärt Herr Gerber, während Irene den Gruß erwidert. Dabei schämt sie sich fast vor sich selber, da ihr diese Berührung einige Überwindung abverlangt. Denn es ist ihre erste hautnahe Begegnung mit einem Menschen mit sichtbarer Beeinträchtigung.

Blick auf das Heim in R. heute: Ganz oben, unter dem Dach, waren „Markus" und andere Küchenarbeiter untergebracht.

Das Gespräch in der Direktion findet in gemütlichem Rahmen statt. Kaffee wird serviert, und eine Keksdose lädt zu einem ersten Imbiss nach der sommerlichen Fahrt ein. Schließlich erfährt Irene, dass an das Schülerheim eine Sonderschule samt „Internat für Schwerstbehinderte" grenzt und das Haus außerdem eine beachtliche Anzahl von Männern bis dreißig mit meist kognitiven Behinderungen beherbergt. Irene gerät von einer Überraschung in die andere; sie hat auch nicht gewusst, dass es in diesem Heim keine Mädchen gibt. Und langsam beginnt sie zu begreifen, dass auch in der Schülergruppe keine leichte Arbeit auf sie wartet, da es sich durchwegs um Jungen aus schwierigen familiären Verhältnissen handelt, die, als „schwer erziehbar" eingestuft, zum Großteil bereits straffällig geworden sind. Sie wird ihre naiv-mütterlichen Vorstellungen einigermaßen korrigieren müssen, das ist Irene sehr rasch klar. Harte Disziplin müsse die Tagesordnung bestimmen, betont der Direktor, ansonsten sie die Rangen bald hinaustragen würden. Und wenn sie sich nicht täuscht, misst er sie, gertenschlank im rosa Sommerkleid mit Puffärmeln und weißen Sandaletten, ein wenig kritisch ab. Beinahe kommen jetzt auch Irene Zweifel, die sie sich jedoch nicht gestatten will.

So richtig mulmig wird ihr erst kurze Zeit später zumute, als Herr Gerber sie einer eintretenden, wohl nur wenige Jahre älteren Erzieherin in Hemd und Blue Jeans anvertraut, die sie kurzerhand in ihre Gruppe „Pumuckl" mitnimmt. Etwa zwölf Vierzehn- bis Sechzehnjährige, zum Großteil catchend auf dem Boden, andere heftig gestikulierend, halten jäh inne, als sie ihre Erzieherin in Begleitung Irenes gewahren. Sie sieht ihnen an, dass sie nur mit Mühe ein Lachen verbeißen und sich die angekündigte Neue offenbar etwas anders vorgestellt haben. Aus ihrer Mitte ragt ein Rotschopf heraus, dem diese Bande vielleicht ihren Namen verdankt. Irenes frischer Mut beginnt zu sinken und macht allmählich einer gewissen Ratlosigkeit Platz. Einfach davonlaufen? Wer könnte sie zwingen, hierzubleiben? Wird sie das schaffen können?

Zeit zum Nachdenken bleibt Irene keine. Sie erlebt nun einige Minuten demonstrativen Gebrülls seitens Frau Olgas, wie die entschlossene Dame ehrfurchtsvoll genannt wird (Name geändert), und siehe da, bald hat sich die wilde Horde in einen Schafstall verwandelt. Nach der Ermahnung, diese Ruhe eine Weile beizubehalten, verlassen die beiden den Gruppenraum wieder. Und schon als sie sich erneut in Richtung Direktorszimmer bewegen, vernehmen sie dröhnendes Gelächter, das zweifelsohne aus dem Raum herrührt, den sie soeben verlassen haben. Frau

Olga winkt lachend ab und bedeutet Irene beruhigend: „Das war die älteste und zugleich schwierigste Gruppe, Sie werden es bestimmt besser treffen!" „Können Sie mir sagen, wo ich eingeteilt werde?" erkundigt sich Irene, nun doch ziemlich aufgeregt geworden. Frau Olga schüttelt den Kopf. „Ich weiß das leider nicht. Bei uns wird so oft gewechselt, dass man sich da gar nicht auskennt!" Irene ist ein wenig verwirrt und fühlt sich auf einmal ziemlich erschöpft.

Ihre Stimmung sinkt auf den Nullpunkt, als sie daraufhin vom Direktor erfährt, sie würde sich einen Monat lang in einer Gruppe Jungen mit Down-Syndrom und kognitiven Beeinträchtigungen einzuarbeiten haben und erst etwas später eine Schülergruppe zugeteilt bekommen. Sie ist auf diese Eröffnung nicht gefasst! Wird sie das schaffen können? Bedarf es des Umganges mit solchen Menschen nicht einer fundierten Ausbildung?

Irene ist heilfroh, als der Direktor Frau Olga endlich anweist, ihr das ihr zugeteilte Zimmer zu zeigen. Es gefällt Irene auf den ersten Blick, ist hell und freundlich, liegt direkt über der Küche und bietet Ausblick auf die sich schwer herabneigenden Äste der Weiden. Gleich neben der Tür ist ein winziges Bad angeschlossen, das knapp einem Waschbecken und einer Dusche Platz bietet. Nach etwa zwei Metern verbreitert sich das Zimmer, links stehen ein dreitüriger Schrank sowie ein bequemes Bett samt Nachtkästchen, an der rechten Seite gibt es einen einfachen Holztisch mit drei Sesseln. An den Wänden hängen einige Kalenderbilder, die Berglandschaften zeigen, rechts neben der Tür ist ein reizender Spiegel in schmiedeeiserner Einfassung angebracht, darunter steht eine schmale Kommode. Den einfachen, grauen Linoleumfußboden schmückt ein gemusterter Teppich, auf dem Irene gleich ausgleitet, als sie ihn, müde und ein wenig niedergeschlagen, mit dem Koffer in der Hand betritt. Sie versucht, nicht mehr viel nachzudenken über all das, was sie erwartet, und genießt zunächst ein kühlendes Duschbad. Es verleiht ihr wieder etwas Frische. Bald darauf stellt sie fest, dass sie hungrig ist und beschließt, die Küche aufzusuchen.

Nun etwas passender in eine lange Hose und ein T-Shirt gekleidet, begibt sich Irene die Stiege hinunter und betritt durch ein schweres Eisentor einen schmalen, weiß verfliesten Gang. Eine sympathische, rundliche Frau in weißer Schürze begrüßt sie mit herzlichen Worten und bittet sie weiter in die geräumige Küche, in der ihr alles zu groß anmutet, vom Herd über die riesigen Kochtöpfe bis hin zu den Kochlöffeln und Schöpfkellen. Alles ist hier noch viel größer als in der Klosterküche, an die sich Irene einen Moment lang zurückerinnert. Eine weitere Köchin ist soeben mit dem Verteilen von Würsten auf eine Unmenge Teller beschäftigt und empfängt die Neue mit derselben Freundlichkeit wie Frau Hoffmann, die Küchenchefin.

Zögernd nähern sich zwei ganz in Weiß gekleidete Burschen, ein etwa fünfzehnjähriger, genannt Karli, der recht verlegen wirkt und offenbar Schwierigkeiten beim Sprechen hat, und ein junger, sympathisch wirkender Mann, der Irene als Rainer vorgestellt wird (Name geändert) und etwa in ihrem Alter sein mag, jedoch eher linkisch und schwerfällig wirkt. Hier, in dieser gelösten Atmosphäre, fällt Irene der Händedruck schon leichter, und sie wird wieder ein wenig zuversichtlicher. „Sie bekommen gleich etwas Ordentliches zu essen", lässt da Frau Hoffmann vernehmen, und, zu Rainer gewandt: „Zeigst du unserer neuen Erzieherin den Essraum?"

Es ist ein hübsches Gastzimmer, das Irene wenige Sekunden später betritt, orangerot gedeckte Tische mit Blumengestecken in der Mitte, an der rechten Wand ist ein großer Fernsehapparat angebracht. Jetzt hat Irene auch Gelegenheit, einen kurzen Blick in den an die Küche angrenzenden, schmalen Raum zu werfen, wo ein ebenfalls in Weiß gekleideter, großer, schlanker Bursche eifrig und ohne aufzublicken in einem überdimensionalen, dampfenden Abwaschbecken hantiert.

Als Rainer Irene kurze Zeit danach auf einem kleinen Tablett einen appetitlich angerichteten Wurstaufschnitt mit Saft und als Nachspeise drei herrlich duftende Marillenknödel serviert, setzt er sich etwas zögernd neben sie und versucht, offenbar im Auftrag der Köchinnen, eine Unterhaltung über das Heim und seine eigene Arbeit in der Küche anzuknüpfen. Sie geht bereitwillig darauf ein und erfährt, dass das Schülerheim etwa achtzig Jungen von acht bis sechzehn Jahren beherbergt, mit deren verschiedenen Geschmäckern man seine liebe Not habe. Dann erfährt Irene auch die Namen und Herkunft aller vier Köchinnen, was und wie gut sie kochen und was die Jungen am liebsten essen. „Haben Sie den Burschen da draußen beim Abwaschen gesehen?" fragt er dann unvermittelt. Als Irene nickt, erklärt er: „Das ist der Markus, mein bester Freund (Name geändert)! Wir stammen beide aus G., im Herbst wird er neunzehn. Ich selber bin schon einundzwanzig!" Dann erzählt er noch, er arbeite nebenbei stundenweise außerhalb des Heimes, in einer Fabrik, was hier etwas ganz Besonderes sei. Der freundliche, gesprächige Rainer offenbart eine aufrichtige, gewinnende Wesensart, doch Irene merkt, dass sie heute kaum mehr etwas auffassen kann. Zuviel Neues ist auf sie eingestürmt. So kehrt sie bald in ihr Zimmer zurück, wirft aber noch rasch einen kurzen Blick zum Abwaschbecken. Doch Markus ist schon gegangen.

Vor dem Einschlafen nimmt Irene ihr altes, dickes Tagebuch zur Hand. Sie spielt ein wenig mit dem silbernen Schloss, zu dem es keinen Schlüssel mehr gibt, und schlägt das dunkelbraune Buch mit dem doppelten Goldrahmen schließlich irgendwo auf. Seite

172, liest sie, und darunter einen rot gerahmten Absatz: „Das ist das Schönste: In deiner Liebe, o Jesus, die eigenen Hände zu einem Kelch der Nächstenliebe werden zu lassen, in deiner Liebe für die anderen zu leben." Irene seufzt. Damals war sie noch überzeugt von ihrer Zukunft als Missionsschwester gewesen. Wieder untersagt sie es sich, darüber länger nachzudenken. Eine Gemeinschaft, in der sie Liebe schenken kann, wird sie ja auch hier, im Erziehungsheim, finden.

Sie blättert weiter, bis auf Seite 377. Dort trägt sie das heutige Datum ein und lässt den Filzschreiber durch ihre geübten Finger gleiten: „Es mag schon kurz nach meinem Weggang von den Missionsschwestern gewesen sein, als ich - verwirrt, unglücklich und nichts begreifend - mich an den Herrn wandte und mich ihm in aller Dunkelheit restlos anvertraute. Ich stellte mich ihm damals ganz anheim und versprach ihm, jeden Weg zu akzeptieren, auf den er mich zu führen gedenkt. Nun bin ich hierher gekommen, bin Erzieherin in diesem Heim, und es wird Zeit, endlich etwas zu leisten, für andere da zu sein, wie ich es mir immer gewünscht habe."

Etwas schreibt Irene allerdings nicht in ihr Tagebuch: dass es etwas ganz Besonderes sein soll, was sie aus Liebe zu Christus tun will, etwas, das über den „normalen" Alltag hinausgeht. Sie vermeint gleichzeitig wohl auch, ihr Verlassen des Klosters ein wenig wieder gutmachen zu sollen, will Christus Genüge tun, ihm auf eine ganz neue Art ihre Liebe beweisen. Wie die neue Aufgabe aussehen wird, kann sie freilich noch nicht wissen. Aber sie beginnt zu ahnen, dass sie diese hier, im Heim, finden wird, und dass es einer der „Geringsten" (nach Matthäus 25;40) sein wird.

Viel zu früh am nächsten Morgen wird Irene durch das lautstarke Tschilpen eines Schwarms Spatzen geweckt, die in den Weiden gegenüber die goldene Frühsonne begrüßen. Gleich hat sie sich zurechtgefunden, tritt zum Fenster und erfreut sich am Anblick des satten Grüns da draußen. Der Rasen ist breiter, als der erste Eindruck ihr vermittelt hat, hinter dem hohen Holzzaun schäumen die Wellen eines klaren Baches, in dem es, wie Irene später an verbotenen Mitbringseln in den Waschräumen der Zöglinge feststellen kann, Flusskrebse gibt. Den Horizont bilden relativ flache Weinberge, stellenweise von schmalen Geh- und Radwegen durchzogen. Man sieht nur wenige Menschen, und noch herrscht angenehme Ruhe.

Pünktlich um sechs Uhr früh beginnt das ihr bereits bekannte Geklapper von Geschirr, hin und wieder unterbrochen durch die kräftigen Stimmen der Köchinnen, die ihren jugendlichen Helfern Anweisungen geben. Plötzlich sieht Irene vom Rosenbeet her eine große, schlanke, weiß gekleidete Gestalt sich raschen Schritts nähern. Die muskulösen Arme scheinen das Gewicht der riesigen Milchkannen nicht zu spüren, die sie tragen. Das muss Markus sein, dessen Gesicht ihr am Vorabend noch verborgen geblieben ist. Als ihn nur mehr wenige Meter von den Küchenfenstern trennen, erblickt Markus Irene, die noch immer versonnen in den Morgen hinaussieht. Ihre Blicke treffen sich. Es sind sympathische, offene Züge, die Irene gewahrt; breite, braungebrannte Wangen und graublaue Augen verleihen diesem von glattem, kastanienbraunen Haar umrahmten Antlitz etwas Interessantes. Er muss an die zwei Meter messen, schätzt Irene, sein Gang ist aufrecht und der Schritt sicher und federnd, ja beinahe elegant. Der Blick währt nur kurz, den Markus ihr zuwirft, dann hat er den Hofeingang der Küche erreicht und verschwindet behende darin. Irene überlegt, welches Schicksal den so gutaussehenden Burschen an einen geschützten Arbeitsplatz in einem Erziehungsheim geführt haben könnte, und ihre Spannung, was sie hier alles erwarten wird, steigt.

Am Vormittag wird ihr noch eine Schonfrist gewährt, erst danach soll sie ihren Dienst bei den „S-Kindern", wie man die Sonderschüler, Jungen mit kognitiven Beeinträchtigungen oder Down-Syndrom hier nennt, antreten. Wieder wird sie von Herrn Gerber persönlich empfangen. Er selbst nimmt heute die Aufgabe wahr, sie durch das ganze Heim zu führen. Auch an diesem Tag kostet es Irene alle Nervenkraft, zu verarbeiten, was sie hier an Ungewohntem und Unerwartetem zu sehen bekommt. Die „normalen" Burschen verstören sie in ihrem Verhalten nicht weniger als die Erscheinung mancher Jungen mit Beeinträchtigungen. Es erschüttert sie, wie sehr wiederholtes Hin- und Hergeschobenwerden diese Jungen gezeichnet hat, und sie bekommt die traurige Geschichte so manchen Kindes zu hören. Am meisten macht sie betroffen, wie aggressiv diese Jungen sind. Ihre Gesichter verraten böse Erfahrung, Lebensverachtung und Misstrauen, ihre Sprache ist hart, ja beinahe brutal, sogar das Gelächter klingt bitter, und sich schreiend am geölten Boden wälzende, aufeinander einschlagende Jungen sind ein häufiges Bild. Immer wieder betont Herr Gerber, Strenge allein könne in diese Gruppe Ordnung hineinbringen, jeder Ansatz von Milde und Nachsicht werde sofort als Schwäche aufgefasst und ausgenützt. Damit kann er Irene zwar nicht so recht überzeugen. Doch sie schweigt über ihre Zweifel, denn es wird ja noch ein ganzer Monat vergehen, bis sie mit diesen Jungen zu arbeiten haben wird.

Ein besonders tristes Bild bietet der „Lehrkurs", junge Männer mit kognitiven Beeinträchtigungen zwischen etwa siebzehn und dreißig, die, meist zu viert oder zu sechst, in einfachst gestalteten Räumen zusammenwohnen. Aus vielen Zimmern dringt überlaute Radiomusik, die meisten Burschen sitzen herum und starren, offenbar unausgelastet und nur mangelhaft sonderpädagogisch betreut, träge vor sich hin. Nur einige mustern Irene mit neugierigen Blicken. Die meisten seien „gehirngeschädigt", erklärt der Direktor, ohne seine Stimme zu senken, viele ganz unberechenbar in ihren Verhaltensweisen und müssten sich von Zeit zu Zeit in einer auf solche Fälle spezialisierten Klinik Tabletten- und Injektionskuren unterziehen. Das insbesondere, wenn sie unter aggressiven Anfällen litten und dann nur mehr mittels Zwangsjacke zu bändigen seien. Irene ist ein wenig unbehaglich zumute, da sie merkt, dass einige Burschen zuhören und verschämt zur Seite blicken. Sie wird auch aufgeklärt, dass jene Heiminsassen zum Großteil nicht imstande seien, einer geregelten Arbeit nachzugehen. Lediglich einige wenige sind auf geschützten Arbeitsplätzen in Betrieben der Kleinstadt gegen geringen Lohn tätig, denn man müsse bei ihnen mit häufigen Ausfällen rechnen, sei es krankheitsbedingt oder aus moralischem Unvermögen. Irene wird wieder ängstlicher zumute über die Aussicht, während der Nachtdienste an diesen Räumen vorbeigehen zu müssen.

Im Obergeschoss, in kleinen Zimmern mit abgeschrägtem Dach, sind einige bevorzugte junge Männer untergebracht, und zwar jene, die konstitutionell und intelligenzmäßig für fähig erachtet werden, unter sachkundiger Führung halbwegs verlässliche Arbeit zu leisten. Hier wohnen auch die Küchenarbeiter, die offenbar ein etwas höherer Lebensstandard auszeichnet. Irene bemerkt Stereogeräte, Fernsehapparate und Kassettensammlungen, die in ihrem Umfang offensichtlich weitgehend die Rangordnung im Lehrkurs bestimmen. Aus einer der Türen tritt auf einmal Rainer heraus, der seinen freien Tag hat. Er grüßt freundlich, wie am Vorabend, doch hinterlässt er heute, ärmlich gekleidet, einen eher bemitleidenswerten Eindruck, als er in weitem Bogen um den Direktor herum die Treppe hinabläuft.

Irene fühlt sich bereits etwas erschöpft, als sie endlich den Tagraum jener S-Gruppe betritt, die sie von heute an betreuen soll. Mit zu viel Bewegendem ist sie an diesem Vormittag schon konfrontiert worden, als dass sie der ungewohnte Anblick ihrer künftigen Schützlinge überrascht hätte. Es handle sich um die ältesten Sonderschüler, erklärt ihr Herr Gerber wieder mit kräftiger Stimme, und die nette, junge Erzieherin, die sie sofort erfreut begrüßt, hätte ebenfalls erst die Gruppe übernommen. Ihre Erscheinung erleichtert Irene ein wenig, sieht diese junge Frau doch fast noch jünger aus als sie selbst. Sie hieße Helga (Name geändert), sei gelernte Kindergartenhelferin und stamme aus dem Nachbarort, stellt sie sich vor, und gewinnt rasch Irenes Vertrauen. Die ersten beiden Tage werden Helga und sie gemeinsam in der Gruppe verbringen, um ihre Schutzbefohlenen näher kennenzulernen, dann werden sie sich im „Radldienst" abwechseln: zwei Tage zwölf Stunden Arbeit, zwei Tage frei, drei Tage Dienst, drei Tage frei, dazwischen fallweise Nachtdienste. Somit wird jedes zweite Wochenende dienstfrei sein. Was Irene nicht erfährt, sind Einzelheiten über ihre Zöglinge, welche Behinderung jeder von ihnen hat, auf was sie als Erzieherin besonders achten müsse, wie die Jungen zu fördern wären. Aber sie wird diese Gruppe ja nur einen Monat lang zu betreuen haben.

Obwohl Irene es nicht für möglich gehalten hätte, erweist sich die Lenkung ihrer Schützlinge als zumeist relativ einfach, obwohl ihre Sonderpädagogik, wie ihr selbst klar ist, sehr zu wünschen übriglässt. Dieser Umstand trägt sicher wesentlich dazu bei, dass sie den häufig auftretenden Widerwillen manchen Gepflogenheiten gegenüber und die anfänglichen Ekelgefühle bei den gemeinsam eingenommenen Mahlzeiten leichter überwinden kann. Am schwersten fällt ihr der Umgang mit den beiden Jungen mit Down-Syndrom, wenn sie sich auch immer wieder als äußerst liebenswert erweisen und sich sehr hilfsbereit zeigen. Die ständig rinnenden Nasen rauben ihr den Appetit, und erst gegen Ende des Monats wird sie es schaffen, während der Mahlzeiten selbst mehr als drei Bissen zu essen. Eine sprachliche Verständigung ist besonders schwierig, oft unmöglich. Auch kommt es vor, dass einer der beiden Vierzehnjährigen plötzlich ohne die unförmige, kurze Hose dasteht und das noch dazu lustig findet. Irene kämpft mit aller Kraft gegen einen gewissen Widerwillen diesen beiden, doch so sehr um ihre Gunst bemühten Schutzbefohlenen gegenüber an, und sie bedauert es immer mehr, keine sonderpädagogische Ausbildung genossen zu haben. Denn selbst der roboterhafte Eifer ihrer Schützlinge bei der Sauberhaltung der Gruppenräume kann sie bis zum Schluss nicht ganz mit ihnen versöhnen.

Vier Kinder meiner Gruppe in R. haben es sich nicht nehmen lassen, meinen alten Peugeot 204 auf Hochglanz zu polieren!

Die Jungen mit kognitiven Beeinträchtigungen, die den Großteil der Gruppe ausmachen, empfindet sie hingegen allesamt als weitaus angenehmer im Umgang. Sie sind zwischen vierzehn und sechzehn Jahre alt, und man sieht ihnen ihre Beeinträchtigungen nur mehr oder weniger deutlich von außen an. Meist erkennt man sie erst durch einen prüfenden Blick in die Augen.

Auch sie haben meist Schwierigkeiten in der Formulierung einfacher Worte, und ihr Sprechtempo ist extrem langsam. Als Epileptiker müssen fast alle Medikamente einnehmen, einige bekommen zusätzlich aggressionshemmende Mittel, auf deren Verabreichung Irene streng achten muss. Unter ihrer Wirkung erlebt sie ihre Zöglinge meist friedlich und anpassungswillig. Wenn jedoch einer eine widerborstige Phase hat, ist ihm absolut nicht beizukommen. Sie lässt den Betreffenden dann lieber in Ruhe, und vernünftigen Argumenten scheint keiner ihrer Schützlinge zugänglich zu sein.

Hingegen gibt es einige, die sportlich recht gute Leistungen zuwege bringen, weshalb stundenlange Aufenthalte auf der großen Wiese beliebt sind. Beim Ballspiel tut Irene gerne mit, und da dieser Juli fast nur sonnige Tage beschert, erfährt ihre Haut nebenbei eine tiefe Bräunung. Durch Spaziergänge, welche die Jungen unaufgefordert Hand in Hand in Zweierreihen verrichten, lernt sie den reizenden Hauptplatz und die nahen Hügel des Städtchens kennen. Die Weingärten durchquert sie dabei nur ungern, es riecht dort zu dieser Jahreszeit allzu intensiv nach Insektenschutzmitteln. Hingegen findet das Umland, aus dem ihr rosarot das Heidekraut entgegenleuchtet, ihre besondere Sympathie.

Wie zu erwarten, bescheren die Jungen Irene doch so manche unangenehme Überraschung und bringen sie in Situationen, denen sie sich kaum gewachsen fühlt. So geschieht es, dass sie eines besonders heißen Tages alle Jungen im überfüllten Schwimmbad gut aufgehoben wähnt, als plötzlich ein entrüsteter Bademeister vor ihr auftaucht und sie barsch anweist, den großen Schwarzhaarigen mit der Brille sofort aus dem Becken zu holen. „Haben Sie nicht gesehen, dass er den Mädchen die Bikinihöschen herunterzieht?" Irene ist betroffen über diese Eröffnung, war ihr doch dieser stille Junge als ganz friedlich erschienen, so dass sie ihm am wenigsten Aufmerksamkeit gewidmet hat. Als der

Bursche dann gehorsam an ihrer Seite Platz nimmt, trägt er denselben gutmütigen, nichtssagenden Ausdruck zur Schau wie sonst immer. Nein, denkt Irene, er scheint gar nicht zu wissen, was er getan hat. Und gerade das lässt sie erschrecken.

Wie unberechenbar sich diese Jungen doch verhalten können! Sie versteht auf einmal, wieso die leitenden Erzieher von besonders großer und kräftiger Statur sind. Und sie beginnt sich zu fragen, ob es in diesem Heim ohne Zwangsjacke und Injektionskur vielleicht doch nicht geht. Ist manchen jungen Männern hier im Interesse des Gemeinwohls hin und wieder wirklich nicht anders beizukommen, als dass man ihnen unter Drohungen vor psychiatrischer Behandlung und notfalls auch durch deren tatsächliche Inanspruchnahme Angst einflößt? Verstehen sie wirklich keine andere Sprache als Strenge und Disziplin? Irene versucht sich lieber gar nicht auszumalen, was diese oft recht hochgewachsenen, kräftigen Burschen mit ihren knapp fünfzig Kilogramm anstellen könnten, würden sie nicht durch die Erziehungsleiter unter massiven Druck gesetzt, sich zurückzuhalten und anzupassen. Und seit dieser Stunde ist sie sich völlig im Klaren, dass es ohne diese Rückendeckung mit ihrer Autorität nicht weit her wäre.

Lediglich ein einziger Zögling leistet sich eines Tages doch einen Angriff auf Irene. Er wird Hannes genannt, wirkt auf sie eigentlich fast „normal", spricht als einziger auch fließend, ist von größerer Statur als sie und ziemlich verliebt. Ihr entgeht das lange Zeit, und daher rührt ihr Fehler, dass sie dem dringenden Wunsch des Jungen nachkommt, während des abendlichen Fernsehens seine Hand zu halten und über sein Haar zu streichen. Er scheint dies wie ein Kind zu genießen. Erst nach etwa zwei Wochen bemerkt sie, dass Hannes den anderen gegenüber aggressiver wird und seine Augen einen Ausdruck annehmen, der sie stutzig macht. Instinktiv stellt sie ihre Zuwendungen ein und zieht sich nach Dienstschluss von nun an lieber gleich auf ihr Zimmer zurück.

Es sind seitdem nur wenige Tage vergangen, als Hannes Irene in den Schlafraum ruft. Die anderen sind draußen im Tagraum beschäftigt. Er flüstert ihr zu, seine Eltern hätten geschrieben - in diesem Heim ein besonderes Ereignis. Dabei weist er zu seinem zwischen zwei Stockbetten eingezwängten Nachtkästchen. Irene wundert sich zwar einen Moment lang, warum er den Brief nicht schon in der Hand hält, tritt aber trotzdem zwischen die Betten. Da legen sich plötzlich zwei lange, dünne Arme um ihren Hals, und, sich eher erstaunt umwendend, blickt sie in das triumphierende Antlitz des Burschen.

Der erste Schreck währt keine Sekunde, dann fordert sie Hannes lautstark auf, loszulassen. Stattdessen aber umschließt er sie fester, und sie hätte am liebsten um Hilfe geschrien. Im nächsten Moment wird ihr aber klar, dass sie ihre Angst nicht zeigen darf. So herrscht sie Hannes an, so laut sie kann. Einige andere Jungen aus der Gruppe eilen herbei. Da gibt Hannes auf. Ohne ein weiteres Wort lässt sie den Burschen stehen, der ihr reuevolle Entschuldigungen nachruft, verlässt den Gruppenraum und steuert das Büro des Heimleiters an.

Die beiden schallenden Ohrfeigen, die Hannes wenige Minuten später zum erneuten Schrecken Irenes vom Erziehungsleiter verabreicht werden, lösen in dem Zögling einen Wutanfall aus, wie sie ihn während ihres Aufenthalts in dem Erziehungsheim nicht wieder erleben soll. Hannes läuft rot an und wirft, laut schreiend, wahllos Tische und Sessel durch den Raum. Dabei entwickelt er eine Körperkraft, die sie dem schlanken Jungen nicht zugetraut hätte. Zwei Fensterscheiben gehen zu Bruch, und der Fernsehapparat hätte beinahe auch etwas abbekommen. Die übrigen Zöglinge verdrücken sich auf den Gang, wirken aber nicht besonders überrascht über diesen Auftritt. Irene folgt ihnen vorsichtshalber. Nach einer Weile eilt der Gruppenführer von nebenan dem Erziehungsleiter zu Hilfe. Gemeinsam gelingt es den beiden, Hannes zu überwältigen und aus dem arg verwüsteten Raum zu schaffen. Irene wird nie erfahren, was sich innerhalb der nächsten Stunden in der Direktion ereignet. Im Handumdrehen hat sie mit tatkräftiger Hilfe der beiden ordnungsliebenden Jungen den Tagraum wieder auf Vordermann gebracht. Und als Hannes am Abend wieder in die Gruppe kommt, stammelt er verlegen eine Entschuldigung und hält sich von da an fern von Irene.

Manchmal vermeint sich Irene am Ende ihrer Kräfte, umso mehr, als sie ihrer Betreuungsarbeit selbst wenig erzieherischen Wert beimessen muss. Doch sie gibt nicht auf und schafft es doch, einen Tag um den anderen in der Gruppe zu meistern. Längst fährt sie an den freien Tagen nicht mehr nach Hause in die Stadt, sondern verbringt ihre Freizeit im Schwimmbad oder auf dem Fahrrad. Es ist ein außergewöhnlich beständiger Sommer, die Gewitterwolken scheinen dieses Gebiet meiden zu wollen und regnen sich meist schon im Gebirge aus. Die Mahlzeiten nimmt Irene an den dienstfreien Tagen in der Heimküche ein, wo sie sich besonders wohl fühlt. Hier kann sie sich auch aussprechen über ihre Widerfahrnisse und weiß sowohl sich, als auch ihre Schutzbefohlenen verstanden. Ganz anders manche ihrer ErzieherkollegInnen, die, meist noch wesentlich weniger sonderpädagogisch kompetent als sie selbst, gerne ihre Witze über die Heiminsassen reißen. Leider hat sich auch Helga allmählich diesem Tonfall angepasst und will sich auf kein aufbauendes Gespräch über ihre gemeinsamen Zöglinge mehr einlassen, sondern zieht es vor, deren Eigenheiten eher lächerlich zu finden. Irene verwundert es nicht, dass einige ErzieherInnen den Jungen regelrecht verhasst sind und man ihnen nur gehorcht, um den ständig angedrohten, empfindlichen Strafmaßnahmen zu entgehen. Sicher, viel Erfolg kann man weder bei den S-Kindern, noch bei den sogenannten „Schwererziehbaren" erwarten, das ist ihr klar. Das Geben steht hier in keinem Verhältnis zum Nehmen, ganzheitlicher Einsatz zeitigt meist kaum sichtbare Erfolge. Ja, es mag hauptsächlich das Fehlen von Erfolgserlebnissen sein, das langjährige ErzieherInnen - sonderpädagogisch nicht geschult - resignieren ließ. Dies erkennt Irene allmählich, als sie, wie gewohnt an ihren freien Tagen, in der nahen, kleinen Bergkirche mit dem Gekreuzigten Zwiesprache hält. Im Blick auf ihn erscheint ihr so manche deprimierende Stunde nicht mehr ganz so schwierig, und sie vermag dann jedes Mal mit neuem Mut und frischer Kraft den Dienst wieder anzutreten.

2. EINE DROHENDE ENTMÜNDIGUNG: „MARKUS"

Zweifellos bedeutet das Mittagessen einen Höhepunkt des Tages in der Gruppe. Auch die unruhigsten der Jungen scharen sich in Windeseile um die Tische, wenn sich Punkt zwölf Uhr fünfzehn die Türe öffnet und die „weißen Engel" aus der Küche die hohe Blechkanne hereinschleppen, die einige verschlossene Töpfe, vollgefüllt mit einem dreigängigen Menü, beinhaltet. Meist erscheinen zwei Burschen, Rainer und Karli, hingegen trägt Markus, wenn er an der Reihe ist, die sogenannte „Kaps" ganz alleine. Er lächelt jedes Mal selbstbewusst, sichtlich stolz auf seine Muskelkraft. Seine unbeugsame Freundlichkeit hat etwas Gewinnendes; es währt nicht lange, und Irenes Herz schlägt ständig höher, wenn er den Gruppenraum betritt. Bald beginnt sie schon vorher zu rätseln, ob wohl Markus oder die beiden anderen an der Reihe sein werden, und es enttäuscht sie ein wenig, wenn sie Markus nicht sieht. Gegen Ende des Monats ertappt sie sich bereits dabei, wie sie immer häufiger Gedanken über ihn anstellt und ihr etwas fehlt, wenn Markus nicht das Essen bringt. Irene muss sich eingestehen, dass er ein stattlicher, sehr gut aussehender Bursche ist, der in diese Umgebung nicht so recht hineinpasst. Er fällt vor allem durch sein Geschick und eine hier seltene Flinkheit und Gewandtheit auf. Irene überlegt zum ersten Mal, warum er nicht imstande sein sollte, auch außerhalb des Heims zu überleben.

Wenn sie zum Nachtdienst eingeteilt ist und am späten Abend ihre beiden Runden durch die gesamte Anstalt zurücklegt, pflegt Markus jedes Mal auf der obersten Stufe des Ganges zu verweilen, wo sein Zimmer zu liegen scheint. Mit derselben Regelmäßigkeit setzt er bei ihrem Näherkommen sein gewinnendstes Lächeln auf. Viel später erst soll Irene erfahren, dass er täglich nachschauen gegangen ist, wann sie zum Nachtdienst eingeteilt gewesen war. Jetzt fällt ihr nur auf, dass er nie ein Wort zu ihr sagt, obwohl sie genau weiß, dass ihn eine normale Sprechfähigkeit auszeichnet. Ist sie doch kurz zuvor Zeugin seiner lautstarken Unterhaltung mit Rainer während des Abwaschens gewesen. Allerdings brach Markus das Gespräch sofort ab, als er sie herannahen sah, und während ihrer Anwesenheit kam kein Wort mehr über seine Lippen.

Noch allerdings ist es für Irene nicht an der Zeit, sich für Markus näher zu interessieren. Denn mit Anfang August übernimmt sie die zweitälteste Schülergruppe mit dem vielsagenden Namen „Rowdies". Hier hat sie es nicht mit rinnenden Nasen und rutschenden Hosen zu tun, sondern mit häufig äußerst intelligenten, raffinierten Zwölf- bis Vierzehnjährigen, die meist nur auf ihren eigenen Vorteil bedacht scheinen und denen dazu fast jedes Mittel recht ist. Ihre Vernachlässigung sowie Gewalterfahrungen im frühen Kindesalter schlagen sich bei den meisten in aggressivem Egoismus und äußerstem Misstrauen nieder. Es wird Irene nicht bei allen gelingen, sie von ihrer unvoreingenommenen Zuwendung zu überzeugen, um die sie sich vom ersten Tag an aufrichtig bemüht. Im allgemeinen aber begreifen die meisten rasch, dass sie bei Irene ein erfreuliches Dasein haben, wenn sie sich an die Heimordnung halten und nicht zu viel Lärm verursachen.
Da ja noch Ferien sind, können sich die „Rowdies" auf vernünftige Weise austoben, und am beliebtesten erweisen sich Indianerspiele im umliegenden Heideland. Hier muss Irene unbedingt mitmachen, und das beweist ihr, dass ihre Jungen sie akzeptieren. Als Torfrau beim Fußballspiel hat sie allerdings weniger Glück, als ein scharfer, aus nur wenigen Metern Entfernung abgegebener Schuss an ihre rechte Schläfe kracht. Ihr wird schwindelig und sie muss sich hinsetzen. Manfred, der erfolglose Torschütze,

vergießt sogar ein paar Tränen, bis er schließlich zu fragen wagt: „Mögen Sie mich jetzt noch?" Es ist einer der Momente, in denen ihr sehr warm ums Herz wird.

Freilich gibt es auch einige weitaus härtere Typen, und zu zweien in der Gruppe wird es ihr überhaupt nicht gelingen, einen echten, persönlichen Zugang zu finden. Mit Norbert, einem von ihnen, verbindet sie eigentlich nur gegenseitige Antipathie. Er verhält sich extrem herausfordernd und scheint tagtäglich zu testen, wie viel sie aushält. Zu ihrem Glück ist dieser Junge, da hochintelligent und ein wenig altklug, bei den übrigen „Rowdies" nicht sehr beliebt, weswegen es ihm nicht gelingt, die anderen gegen Irene aufzuwiegeln, was er zweifellos zuweilen versucht. So geschieht es nur äußerst selten, dass Irene sich hilfesuchend an den Direktor wenden muss. Und obwohl Interventionen seitens der Heimleitung in allen Gruppen, auch den besonders autoritär geführten, durchaus üblich sind, schämt sich Irene dabei doch ein wenig. Trotz allem bringt es Norbert bald fertig, dass sie schon ein einziger Blick in sein aufreizend freches Gesicht aufregt.

Ernst, der zweite Aufwiegler und Gruppenälteste, erscheint nach außen hin als stilles Wasser. Doch im Hintergrund intrigiert er, wo er nur kann, was Irene oft erst viel später erkennen soll. Sie weiß nicht, warum er das tut. Sicherlich wird sie längst nicht alles erfahren, was er anstellt, und möglicherweise hat sie es zum Großteil ihm zu verdanken, dass Gerüchte in Umlauf kommen, Irene käme mit ihrer Gruppe nicht zu Rande, und bei ihr könnten die Jungen tun, was sie wollten. Hauptsächlich beruft sich Ernst dabei wohl darauf, dass sie prinzipiell die quälende Gepflogenheit des anstrengenden Zirkeltrainings unterlässt, welche in den anderen Schülergruppen gerne bis zur völligen Erschöpfung betrieben wird. Zumeist wird damit kein anderes Ziel verfolgt, als die Jungen so müde wie nur möglich zu machen, damit sie Ruhe geben. Und Ernst ist sehr sportlich, ihm haben diese Übungen früher nichts ausgemacht. Im Gegenteil, er konnte damit zeigen, wie sehr er den anderen überlegen war.

Vielleicht, überlegt Irene, schlägt bei manchen ErzieherInnen, die mit ihren Zöglingen ohne entsprechende Zwangsmaßnahmen nicht mehr fertigzuwerden glauben, auch so etwas wie ein wenig Neid durch. Sie haben oft die gesamte Gruppe gegen sich und wohl zu einer Kursänderung gar keine Chance mehr. Ob hier auch ein Grund zu finden sein mag, dass in diesem Heim die (für diese Aufgabe unzureichend oder gar nicht ausgebildeten) ErzieherInnen so häufig die Gruppen wechseln? Allerdings scheint ihr auch das wenig sinnvoll, da der Meinungsaustausch der Jungen sich ja auch über die Gruppenräume hinaus fortsetzt und beiderseitige Vorurteile schon hoffnungslos verhärtet sind. Denn die Jungen wissen ganz genau, was manche Erziehende von ihnen halten, und dadurch ist ihnen wohl schon von vornherein jede Chance genommen, ihre verschütteten, guten Seiten hervorzukehren.

Steine des Anstoßes bilden auch die Schrankfächer der Jungen, die Irene aus Rücksichtnahme auf ihre Privatsphäre nicht regelmäßig durchsehen will. Sie weiß, dass in anderen Gruppen wöchentliche Kontrollen üblich sind, wobei jeder Gegenstand genau unter die Lupe genommen wird. In Fällen von Unordnung oder Unübersichtlichkeit werden alle Habseligkeiten schwungvoll auf den Boden befördert. Auch in den Duschräumen gibt es laut Anordnung keinen Intimbereich, so dass auch Erzieherinnen die Körperreinigung ihrer halbwüchsigen Schützlinge überprüfen müssten. Klar, dass sich die „Rowdies" vor ihrer jungen Erzieherin genieren, und Irene kann gar nicht anders, als darauf Rücksicht zu nehmen und sie beim Duschen allein zu lassen. Die „Rowdies" danken es ihr, indem sie sich leise verhalten, damit sie nicht nachschauen kommen muss. Und die Jungen ihrer Gruppe sind sogar rascher in den Betten als alle anderen Schüler.

Allein Ernst bildet auch hier eine Ausnahme. Ganz im Gegensatz zu den anderen vergisst er gerne sein Handtuch oder das Zahnputzzeug im Tagraum, um nach dem Duschen klitschnass und splitternackt gemächlich an Irene vorbeizuspazieren.

Doch gibt es Tage, an denen Erscheinen von Markus ihre einzige Freude bedeutet und nur sein Lächeln so etwas wie Sonne in ihren anstrengenden Alltag bringt. Bald fällt er ihr auch an seinen dienstfreien Tagen auf, als er, in Jeans und kurzärmeliges Hemd gekleidet, wie zufällig an der Gruppe vorbeikommt und ihr sein schon vertrautes Gesicht zuwendet. Da sie sein Lächeln stets erwidert, gibt es zwischen den beiden bereits so etwas wie ein stilles Einvernehmen, ohne dass sie jemals miteinander gesprochen hätten. Bisher ist das niemandem aufgefallen, besteht doch zwischen Erzieherinnen und Heiminsassen eine derart tiefe soziale Kluft, so dass ein Flirt zwischen VertreterInnen dieser beiden Gruppen undenkbar erscheint. Lediglich Frau Hoffmann, voll Güte und unvoreingenommener Herzenswärme, scheint etwas bemerkt zu haben.

Eines Tages ergibt es sich, dass zufällig beide gleichzeitig dienstfrei haben und an zwei verschiedenen Tischen des hübschen Gastraumes neben der Küche ihre Suppe löffeln. Da erscheint Frau Hoffmann mit dem Hauptgericht, Linsen gibt es heute. „Na, so schweigsam?" erkundigt sie sich, zu Markus gewandt. „Du bist doch sonst so gesprächig in letzter Zeit?" Ihr gutgemeinter Scherz scheint nicht anzukommen, denn Markus reagiert bloß mit einem verlegenen Lächeln und sieht nicht auf. Sie blinzelt Irene vielsagend an, und wenn sich Frau Hoffmann nicht täuscht, ist es ein ermunternder Blick, der ihr begegnet. So versucht sie es ein zweites Mal: „Du, Markus, der Rainer hat ja heute Küchendienst; möchtest du nicht mit unserer neuen Erzieherin Federball spielen?" Irritiert sieht der Angesprochene auf, erhebt sich rasch, ergreift seinen bereits leeren Teller und verlässt schweigend den Raum. Schiefgegangen, denkt Irene und weiß nicht recht, ob sie es bedauern oder darüber bloß lachen soll.

Es ist schon eine ganze Weile, dass Irene fertiggegessen hat. Eigentlich weiß sie selbst nicht so genau, warum sie immer noch gedankenverloren bei Tisch sitzt, als sie auf einmal Markus gewahrt, der direkt vor dem Fenster mit einem Schläger in der Rechten gekonnt einen Federball balanciert. Jetzt oder nie, denkt sie bei sich, und begibt sich kurz entschlossen nach draußen. Frau Hoffmann lacht ihr aufmunternd zu.

Ohne eine Miene zu verziehen, reicht ihr Markus den anderen Schläger und wirft den Ball auf. Es ist windstill, und rasch haben sich die beiden eingespielt. Bald schaffen sie hundertfünfzig Sätze, ohne dass der Federball zu Boden geht. Wieder ist es da, das sympathische Lächeln in Markus' Antlitz, das sich im Verlauf des Spiels noch vertieft. Bald beginnt er sogar laut und herzlich zu lachen und steigert sich voller Eifer und Ehrgeiz in diese Partie hinein. Irene bemerkt die vielen verwunderten Blicke nicht, die sie aus den Anstaltsfenstern treffen. Sie empfindet vielmehr immer mehr Freude an diesem Spiel und hätte es gern über einen längeren Zeitraum ausgedehnt, als sich plötzlich Rainer nähert und ihr bedeutet: „Der Herr Direktor möchte Sie sprechen!" Etwas enttäuscht händigt sie Markus, der merkwürdig ernst geworden ist, ihren Federballschläger aus. „Danke!" murmelt er noch artig. „Spielen wir bald wieder?" versichert sich Irene, und Markus bejaht, nun wieder über das ganze Gesicht strahlend.

Herr Gerber präsentiert sich höflich, wie gewohnt, doch ernster als sonst, als er Irene die Frage stellt: „Wissen Sie, dass ich den Markus noch nie so fröhlich gesehen habe wie heute?" Die Wortwahl hört sich zwar wie eine Anerkennung an, doch verrät der Tonfall des Heimleiters doch eher Besorgnis. Irene sieht etwas verständnislos drein, und der Direktor fährt fort: „Ich weiß nicht, was Sie sich dabei gedacht haben, aber ich möchte Sie eindringlich warnen. Unsere Burschen sind allesamt völlig unberechenbar. Der Markus hat uns zwar noch nie irgendwelche Schwierigkeiten gemacht, aber es könnte trotzdem gefährlich für Sie werden, wenn Sie in dem Burschen Hoffnungen wecken, die Sie dann natürlich nicht erfüllen können!"

Herr Gerber hält kurz inne und wirft Irene einen prüfenden Blick zu. Ihre Augen verraten äußerstes Erstaunen und, wenn er sich nicht täuscht, eine Spur Verärgerung. „Zugegeben, man sieht es dem Burschen nicht an, dass er gestört ist", wird er dann noch deutlicher, „aber es ist Ihnen wirklich zu raten, aufzupassen!"

„Glauben Sie nicht, dass Markus sich auch außerhalb des Heimes bewähren könnte, dass er integrationsfähig ist?" fragt Irene dann geradeheraus. Der Direktor schüttelt energisch den Kopf. „Das können Sie sich mit Bestimmtheit aus dem Kopf schlagen. Zugegeben, es sind arme Teufel, die ja nichts dafür können, dass sie von klein auf herumgeschoben wurden. Und mit dreißig bleibt ihnen bislang nur mehr das Altersheim, länger können wir sie hier nicht behalten. Aber sie zu einer Selbstständigkeit draußen zu erziehen, bleibt eine Utopie. Und die meisten von ihnen muss man schon allein vor sich selber schützen! Deshalb auch die Entmündigung, die natürlich auch Markus nicht erspart bleiben kann. Glauben Sie mir, sie ist der einzig gangbare Weg für diesen Burschen!"

Noch etwas hat der Direktor auf dem Herzen. Mit gesenkter Stimme setzt er hinzu: „Sie müssen bedenken, dass auch geistig behinderte junge Männer eine ausgereifte Sexualität haben können. Und man weiß nie, wie abartig sie sich auf diesem Gebiet verhalten könnten, gäbe man ihnen Gelegenheit dazu. Dass Markus so friedlich wirkt, heißt noch lange nicht, dass er hier nicht auch gefährlich werden könnte. Auf das würde ich mich an Ihrer

Stelle keinesfalls einlassen!" Endlich begreift Irene, und einen Moment lang muss sie an ihr Erlebnis mit Hannes denken.

Den ganzen Abend lang kreisen ihr die Worte des Heimleiters durch den Kopf. Die Verallgemeinerung tut ihr weh. Nein, mit Markus ist es etwas anderes, er ist nicht so wie die anderen im Lehrkurs, das spürt sie ganz deutlich. Auch vermögen die Bedenken des Direktors ihre Freude über die gelungene Federballpartie keinesfalls aufzuwiegen. Sie verspürt vielmehr eine überwältigende Freude in sich, dass sie es geschafft hat, Markus aus seiner Reserviertheit herauszuhelfen. Und sie erkennt zu ihrer eigenen Überraschung, dass seine Person in ihrer Gedanken- und Gefühlswelt bereits einen dominierenden Stellenwert einnimmt. Wenn sie ganz behutsam vorgeht und Reaktionen von Markus genau beobachtet, kann doch nichts passieren!

Während Irene noch hin- und herüberlegt, gemütlich auf ihrem Bett ausgestreckt, vermeint sie plötzlich ein zartes Geräusch an der Türe zu vernehmen. Sie horcht auf, und tatsächlich klopft es ein zweites Mal. Vielleicht erlauben sich die Rangen von nebenan einen Scherz, überlegt sie noch. So schleicht sie leise zur Tür und öffnet sie mit einem Ruck. Wie groß ist ihr Erstaunen, als Markus davorsteht! Es ist nichts als riesige Freude, die sie durchströmt, als ihr der Bursch, sichtlich verlegen, ein Foto zusteckt. Mit dem gewohnten Lächeln und einem „Gute Nacht!" wendet er sich gleich wieder um und eilt die Treppe hinauf, drei Stufen auf einmal nehmend, ehe Irene reagieren kann.

Wie im Traum schließt sie die Tür. Das Bild, eine gelungene Polaroidaufnahme, zeigt Markus im blau-weiß gestreiften Schlafanzug vor dem Waschbecken seines Zimmers. Das Foto ist offenbar zu Weihnachten aufgenommen worden, da sich von links die Zweige eines Christbäumchens ins Bild drängen. Markus' weiche Züge tragen genau jenes Lächeln zur Schau, das sie so für ihn eingenommen hat, und treffen sie direkt ins Herz. Ja, so etwas wie Jubel erfüllt ihr Inneres, und ihr ist, als könnte sie ihre ganz persönliche Aufgabe gefunden haben.

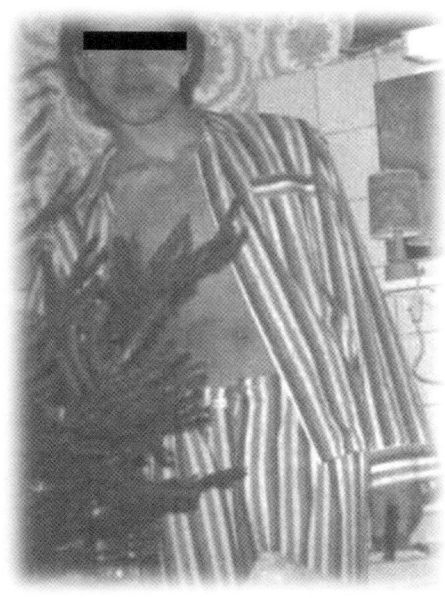

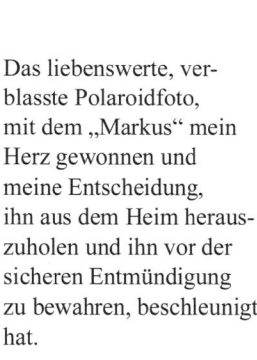

Das liebenswerte, verblasste Polaroidfoto, mit dem „Markus" mein Herz gewonnen und meine Entscheidung, ihn aus dem Heim herauszuholen und ihn vor der sicheren Entmündigung zu bewahren, beschleunigt hat.

Nun ist es aber höchste Zeit, endlich Näheres über die Herkunft von Markus zu erfahren. So beschließt Irene, einen ungewöhnlichen Schritt zu unternehmen und sucht das Heimsekretariat auf. Erst nach kurzem Zögern kommt die Bürokraft ihrer Bitte nach, die Mappe „Markus W." aus den unordentlichen Aktenstößen herauszusuchen. Das dauert eine Weile, und die junge Dame verbirgt nicht ihren Unwillen über Irenes Sonderwunsch. Barsch weist sie die Erzieherin dann an, mit dem Akt die Büroräume nicht zu verlassen. Irene rückt einen wackeligen Stuhl ans Fenster, um möglichst ungestört in den Aufzeichnungen zu blättern. Obenauf liegen neun Schulzeugnisse, die schlechter kaum sein könnten. Das erste ist von einer Volksschule in S., Bezirk Gänserndorf in Niederösterreich, ausgestellt, vier von einer Sonderschule am selben Ort und die übrigen vier von einer Sonderschule im benachbarten M. Markus ist über die fünfte Schulstufe nicht hinausgekommen und hat viermal repetiert. Doch wie war er überhaupt ins Landesjugendheim nach M. gekommen? Die Antwort erfährt Irene aus einem angeschlossenen Bericht der Heimleitung in M. Markus ist als zweitältestes Kind von fünf oder sechs Geschwistern in S. geboren worden und wird im kommenden Herbst sein neunzehntes Lebensjahr vollenden. Sein Vater, ein Hilfsarbeiter, hatte denselben Vornamen getragen und war neun Jahre nach Markus' Geburt an einem Leberleiden gestorben. Die Mutter hatte die Kinder nacheinander dem Heim in M. überlassen, sie war „offensichtlich zu einem gedeihlichen Erziehungsverhalten nicht mehr in der Lage" gewesen. Genaueres über die Familienverhältnisse ist hier leider nicht vermerkt. In M. bescheinigte man Markus „Unlust zum Lernen", jedoch „abgesehen von einer Neigung zu Widerborstigkeit und Streichen keine Auffälligkeiten". Etwas enttäuscht legt Irene den allzu knappen Bericht zur Seite. Der Akt enthält weiters neben einigen Papieren des Jugendamtes in G. nur noch eine zerknitterte Geburtsurkunde, einen Meldezettel und eine Untauglichkeitsbescheinigung der hiesigen Stellungskommission des Bundesheeres.

„Bitte, beeilen Sie sich, ich habe in fünf Minuten Dienstschluss!" Die Aufforderung der Sekretärin erlaubt es Irene nicht mehr, die Papiere des Jugendamtes genau durchzulesen. Sie entziffert etwas von einem Fünftelanteil eines Hauses samt Garten in der Umgebung von G., das Markus offensichtlich mit seinen Geschwistern gemeinsam geerbt hat. Bei diesem Jugendamt liegt die Vormundschaft für alle fünf Kinder. Die älteste Schwester ist mit Namen angeführt, Anna, sie ist schon voll entmündigt und lebt in einem Caritasheim. Die anderen drei Geschwister scheinen sich im Landesjugendheim E. zu befinden.

Damit ist der Akt zu Ende und Irene sehr ernüchtert. Nichts Medizinisches, kein Wort über eine Beeinträchtigung von Markus, das ihr Hinweise hätte geben können, auf was sie zu achten haben wird. Wie ist Markus in diese Anstalt gelangt? Und warum? Nun, sie hat jetzt wenigstens eine Ahnung von seiner familiären Disposition. Und seine „Behinderung" mag wohl einzig in Intelligenzschwäche und Retardierung begründet sein, verstärkt durch das Hin- und Hergeschobenwerden und eine nur sehr dürftige Förderung in den Heimen. Irene ist nun doch ziemlich beruhigt. Nein, Angst braucht sie wohl keine zu haben. Aber ein wenig Vorsicht kann freilich nicht schaden.

Am darauffolgenden Abend ist Irene zum Nachtdienst eingeteilt. Erstmals unterbricht sie ihren Rundgang, um Markus' Zimmer zu besichtigen. Er sitzt diesmal nicht, wie üblich, auf der Treppe, sondern steht an der Tür und winkt sie herein! Ein enger Raum mit abgeschrägter Decke und einem winzigen Dachfenster empfängt sie, warme, abgestandene Luft schlägt ihr entgegen. Sie tritt zwischen zwei ordentlich gemachte Betten mit blau geblumten Überzügen. Zwei schlichte Schränke, vollgeklebt mit Bildern prominenter Fußballspieler, ein Tisch, wie er sich auch in ihrem Zimmer befindet, und zwei Sessel drängen sich um den Fernsehapparat, der den Mittelpunkt des Raumes darstellt. Markus weist auf die Schlafstatt links neben dem Eingang: „Das ist meines!", und die beiden Stereogeräte stehen sicher nicht zufällig auf der Bettdecke. Also nimmt Irene darauf Bezug: „Gehören die alle zwei dir?" Sichtlich erfreut über diese Frage bejaht Markus und schildert ihr ausführlich, wie er monatelang gespart hätte, um sich die beiden Recorder leisten zu können. Dann öffnet er seinen Schrank, und fein säuberlich aufeinandergeschichtete Wäschestapel werden sichtbar, auf denen rote Etiketten, alle mit der Nummer „37" versehen, zu lesen sind. Markus greift hinter einen

Stoß Hemden und befördert zwei Kassettenkoffer zutage, die er beide geöffnet auf den Tisch legt: „Schauen Sie, die habe ich mir alle selbst gekauft. Wollen Sie sich welche ausborgen?" Irene bestaunt die umfangreiche Sammlung und bedauert, keinen Kassettenrecorder ins Heim mitgenommen zu haben. Da überlegt der Bursch nicht lange, ergreift das kleinere seiner Geräte und reicht es ihr: „Den können Sie haben, ich brauche ihn ja nicht mehr", meint er ungeschickt. Irene freut sich über die Aussicht, sich die Abende in ihrem Zimmer mit Musik zu verschönern. Vor allen Dingen möchte sie einmal etwas anderes zu hören bekommen als den Superhit „The Rivers of Babylon" der Popgruppe „Boney M.", der zu jeder Tageszeit aus allen Gruppenräumen ertönt und ihre Nerven schön langsam gewaltig strapaziert. Freilich, schenken lässt sie sich dieses Gerät nicht, aber für eine Weile ausleihen, das geht schon.

Während Irene dann zwei Kassetten von Cliff Richard und eine weitere von Whitney Houston auswählt, erscheint Siegmund, Markus' Mitbewohner, im Pyjama. Er hinkt etwas, sein Haar hängt ihm ungepflegt ins Gesicht, und er murmelt unverständliche Silben vor sich hin. Gesenkten Hauptes, ohne Irene eines Blickes oder gar Grußes zu würdigen, schlüpft er aus seinen Holzpantoffeln und wirft sich geräuschvoll auf sein Bett. Als kurz darauf aus seinem Kassettenrecorder in ohrenbetäubender Lautstärke die Stimme Rod Stewarts erdröhnt, greift Markus, ohne zu zögern, hinter Siegmunds Bett und stellt das Gerät einfach ab. „Hörst, merkst du nicht, dass eine Erzieherin da ist?" erkundigt er sich vorwurfsvoll, was der Zimmergenosse mit einem verlegenen Grinsen quittiert. Zwar setzt er sein Murmeln fort, wagt es aber offenbar nicht, gegen Markus aufzubegehren. Er wirkt auch ziemlich verwirrt auf Irene, ja fast etwas unheimlich. Sie erschrickt, in welcher Gesellschaft Markus hier hausen muss. Höflich stellt dieser seinen Kameraden vor und bemerkt dazu: „Mit

Siegmund verstehe ich mich gut; er lässt mich in Ruhe und ich ihn auch". Das kann Irene sich bei diesem wild aussehenden Burschen freilich nur schwer vorstellen! Einmal mehr fragt sie sich, wie viel Markus wohl mitgemacht haben mochte, ehe er im Lehrkurs dieses Heimes gelandet ist. Und dass er mit allen hier so gut auskommt, liegt wohl an seiner autoritätseinflößenden Körpergröße, seiner Gutmütigkeit und Wendigkeit.

Dieser Siegmund wird sprachlich sicher nicht in der Lage sein, über Markus und sie vorzeitig zu plaudern, dessen kann sie gewiss sein. Die Damen in der Küche wiederum halten ohnehin zu ihr, Rainer ist bestimmt zu anständig, um zu tratschen, und Karli begreift ihrer Einschätzung nach ohnehin nichts. Irene ist sich im Klaren, dass sie aufpassen muss, damit kein ungutes Gerede entsteht. Schließlich kann sie ja noch gar nicht wissen, wie sich ihre Beziehung weiterentwickeln wird. Noch schlägt Markus die Augen nieder, wenn er mit ihr spricht. Er ist eifrig bemüht, zu beweisen, dass er viel klüger als seine Mitbewohner im Lehrkurs ist und amüsiert sich gerne demonstrativ über die Begriffsstützigkeit seiner Arbeitskollegen in der Küche.

Bald erscheint Irene der Rahmen des Heimes als zu eng, um Markus besser kennen zu lernen. Markus macht freilich keinerlei Anstalten, ihr näher zu kommen, doch fühlt sie seine Bereitschaft dazu mit unzweifelhafter Gewissheit. Er ist nur ganz offensichtlich außerstande, die geringste Initiative dabei zu entwickeln. Allmählich wird Irene ungeduldig, sie muss endlich wissen, woran sie jetzt wirklich mit ihm ist, weiß aber nicht, wie sie es anstellen soll. Wieder ist es die Küchenchefin, die vermittelt. Eines Morgens, als beide dienstfrei haben, regt sie an: „Ich glaube, unsere Erzieherin hat den 'Seufzerberg' mit dem alten Kreuzweg noch gar nicht gesehen. Wollt Ihr da heute einmal hinaufgehen?" Irene überlegt blitzartig - ach ja, das ist ja der Hügel im Norden des Städtchens, der die stolze Bezeichnung „Berg" gar nicht verdient, überragt er doch die umliegenden Weinberge nur wenig. Es führt aber ein sehr steiler Weg hinauf, dem der „Seufzerberg" vielleicht seinen Spitznamen verdankt.

Hier stehe ich im Sommer 2020 nochmals bei der 6.Kreuzwegstation auf dem „Seufzerberg", wo „Markus" mir erstmals aus seinem Leben erzählt hat.

Markus ist pünktlich. Er trägt, wie immer in seiner Freizeit, Jeans, und hat diesmal ein beigefarbenes Kurzarmhemd mit Epauletten ausgewählt, das seine muskulösen Oberarme betont und seiner Erscheinung eine ausgesprochen sportliche Note verleiht. Sieht Irene über die unzähligen Pickel um seine Augen hinweg, ist Markus tatsächlich ein äußerst gutaussehender junger Mann, dessen Gesellschaft sie sich nicht zu schämen braucht.

Der Pfad führt anfangs zwischen Feldern und Weingärten steil hinan, das Zirpen großer, grüner Heuschrecken, das Gebrumme dicker Hummeln und der Gesang von Amsel, Meise und Zilpzalp vereinen sich zu einem herzerquickenden Konzert, dem die beiden meist schweigend lauschen, während Irene sich Mühe geben muss, den langen Schritten ihres Begleiters zu folgen. Die Strahlen der heißen Augustsonne überfluten die gesamte Landschaft nach wie vor klar und ungetrübt. Die wochenlange Trockenheit hat auf dem Heideland, das die oberen Regionen des Seufzerberges umspannt, längst ihre Spuren hinterlassen. Die Erde ist rissig, das Gras verbrannt, und die spitzen, gelben Halme stechen Irene durch ihre dünnen Sandalen hindurch. Lediglich das rosarote Heidekraut blüht unverdrossen, und die Bäume finden im tieferen Erdreich noch genügend Feuchtigkeit, um ihren Blättern das satte Grün zu erhalten.

Vom Plateau des Bergleins bietet sich ein phantastischer Fernblick unter dem azurblauen Himmel, weit über die Dächer des Städtchens und die nahe Staatsgrenze hinaus. Gegen Süden überwiegt das Gelb der Felder, an deren Rändern sich vereinzelte Bauernhöfe und Getreidespeicher aneinanderschmiegen, im Norden erstrecken sich die Ausläufer des Grenzwaldes. Eine matte Stille liegt über der gesamten Gegend, erschöpft von Trockenheit und Hitze.

Die vierzehn Kreuzwegstationen, Andacht gebietende, überlebensgroße Steinplastiken, sind in Abständen von etwa dreißig Metern ellipsenförmig angeordnet, den Mittelpunkt bildet die Kreuzigungsgruppe hinter einem Altarraum unter freiem Himmel. Nach kurzem Zögern gesellt sich Irene zu Markus, der auf dem heißen Steinvorbau jener Station Platz genommen hat, die die beste Aussicht auf das Städtchen ermöglicht und zugleich

Schutz vor dem gleißenden Sonnenlicht bietet. Helle Freude erfüllt sie, als sie das erste Mal mit diesem Burschen allein beisammensitzt. Während Markus auf das breite Dach des Heimes am Fuße des Berges weist und zu plaudern beginnt, hat Irene ausreichend Gelegenheit, sich in seine ansprechende Erscheinung zu vertiefen. Das in der Kopfmitte gescheitelte, braune Haar schimmert, die langen Wimpern über den graublauen Augen blitzen immer wieder in der Sonne auf. Die strahlenden, gesunden Zähne umgibt ein breiter Mund mit tiefroten Lippen. Die Pickel werden wir schon wegbekommen, denkt sie, und es erfasst sie Sehnsucht, diesen vernachlässigten Burschen ihre sorgenden Hände fühlen zu lassen.

Markus blickt in die Ferne, während er unzählige Geschichten über die Anstalt in R. und deren Insassen von sich gibt. So erfährt Irene, dass im Heim alle zwei Monate Friseurtag ist, an dem sämtliche Zöglinge und Lehrkursburschen nach einem bestimmten Schema Haare lassen müssen. Markus macht hier eine Ausnahme, da er jedes Mal kurz vorher auf seine Kosten einen eigenen Friseur in der Stadt aufsuchen darf. Unter die Hände des Zahnarztes, der zweimal im Jahr kommt, um Plomben zu verteilen, hat er sich noch nie begeben müssen. Als Markus wieder ausführlich auf seine Kassettensammlung zu sprechen kommt, wagt Irene die Frage nach seinem Verdienst als Küchenarbeiter. Ohne zu zögern, nennt er eine sehr bescheidene Summe, von der allerdings die Kosten für Essen und Quartier schon abgerechnet sind. Auch setzt die Verwendung des ausbezahlten Betrages eine Rücksprache mit dem zuständigen Erziehungsleiter, Herrn Kreisler (Name geändert), voraus. Mit ihm hat Irene bislang noch nichts zu tun gehabt, er ist ein etwa dreißigjähriger, beleibter, meist mürrisch wirkender Mann, der es nur selten für nötig erachtet, seine Autorität durch Gebrüll zu untermauern. Markus berichtet von seinem Sparbuch, dessen monatliche Einzahlungen regelmäßig kontrolliert werden. Ausführlich beschreibt er, wie es ihm gelungen ist, zur Anschaffung seiner beiden Recorder und des Fernsehgerätes immer wieder ansehnliche Beträge zu erübrigen. Es fällt auf, wie wichtig ihm diese Investitionen sind. Freilich, sie bedeuten seinen einzigen Kontakt zur großen, weiten Welt außerhalb dieses Städtchens. In leisem Tonfall, so, als erzählte er ein Geheimnis, schildert Markus, wie er seine Freizeit meist in seinem abgedunkelten Zimmer zu verbringen pflegt, den Tönen seiner technischen Errungenschaften lauschend. Kopfhörer sind verpönt, man möchte ja schließlich demonstrieren, was man sich geleistet hat. Nur hin und wieder beteiligt sich Markus am Fußballmatch, spielt Federball oder unternimmt ausgedehnte Spaziergänge in der Umgebung, meist allein. Auch liebt er Puzzlespiele, er besitzt davon schon sechzig, wie er stolz betont, und beschäftigt sich gern mit seinen Spielkarten.

Markus redet wie ein Wasserfall, doch fällt Irene bald auf, dass der Gesprächsstoff naturgemäß auch hier, außerhalb der Anstaltsmauern, über den Rahmen des Heimalltags nicht hinausgeht. Doch, sosehr sie auch darauf achtet, kann sie bei Markus auch heute nicht das geringste Anzeichen einer kognitiven Störung beobachten. Ihre Freude und die Zuversicht über eine gedeihliche Weiterentwicklung dieser Beziehung wachsen, und erst an diesem Tag gesteht sie sich ein aufkeimendes Gefühl des Verliebtseins in diesen jungen Burschen ein, dessen bisher verschlossenes Innenleben sich ihr allmählich, und nur ihr und sonst niemandem, wie ein geheimnisvolles Buch zu öffnen beginnt.

In den darauffolgenden Tagen träumt Irene von ihrem Näherkommen und malt sich eine Umarmung in den schönsten Farben aus. Nur selten mengt sich so etwas wie leise Besorgnis in diese Träumereien, entsinnt sie sich der Warnungen des Direktors. Sie empfindet Markus gegenüber so etwas wie eine Mischung von romantischer Verliebtheit und starken mütterlichen Impulsen, und dies ist ihr voll bewusst. Irene weiß, dass sie jetzt den ersten Schritt tun muss, und versucht abzuwägen, wie lange sie sich noch Zeit lassen soll. Ist es nicht noch zu früh? Soll sie ihn nicht doch noch länger aus einer gewissen Distanz beobachten? Auch hat der Bursch ja sicherlich noch keinerlei Erfahrung und könnte sich vielleicht schockiert zurückziehen. Schließlich ist es Irenes Abneigung gegenüber der Heimlichtuerei der Anstalt gegenüber, die sie den Entschluss fassen lässt, nun doch nicht mehr länger zu warten. Je rascher sie weiß, woran sie mit ihm wirklich ist, umso besser.

Sie hat noch keine genaueren Pläne, als Markus wenig später etwas außerhalb des Städtchens an einer Straßenkreuzung zu ihr ins Auto steigt. Sie haben einen Ausflug in den nahen Grenzwald vor, und Irene fragt sich, ob ihren heute so schweigsamen Beifahrer ähnliche Gedanken bewegen wie sie. Als sie die letzten Häuser hinter sich lassen, schlängelt sich die Straße in engen Serpentinen durch den hohen Wald. Auf einmal fällt ihr wieder die besorgte Miene des Direktors ein, widersprüchliche Gedanken kreisen durch ihren Kopf. Noch kann sie umkehren, noch ist Zeit. Ihr Vorhaben erscheint ihr auf einmal wahnwitzig.
Wenigstens will sie nicht allzu weit fahren. So biegt sie bald auf einen leeren Parkplatz ab, nur wenige Kilometer vom Heim entfernt. „Bleiben wir hier?" fragt sie, und Markus nickt zustimmend, um dann hinzuzufügen: „Da war ich schon einmal, oben gibt es einen schönen Waldweg. Vorher aber müssen wir noch die Geleise überqueren!" Das wundert Irene. Hier soll eine Bahnlinie verlaufen? Mit einer gelben Badedecke unter dem Arm und einem kleinen Picknickkorb in der Rechten geht es neben ihrem stattlichen Begleiter den Hang hinauf. Als sie sich eine Viertelstunde lang ihren Weg zwischen hohen Eichen und schlanken

Buchen gebahnt haben, gelangen sie tatsächlich an stark ange-
rostete Schienenstränge. Sie sind teilweise von Unkraut und Ge-
sträuch überwuchert und überzeugen Irene davon, dass hier
schon lange kein Zug mehr gefahren sein kann. Überhaupt ist an
diesem Ort weit und breit kein Mensch zu sehen oder zu hören,
sie hat sich der angeblichen Unberechenbarkeit von Markus völlig ausgeliefert.

Etwas Angst marschiert mit Irene mit, als sie nach einer kurzen
Verschnaufpause ihren Weg fortsetzen. Es ist heute besonders
schwül und ganz windstill, auch der Wald scheint den Atem anzuhalten. Nur ein Habicht erhebt sich laut schimpfend von einem
nahen Ast, und ein Eichhörnchen huscht vorbei, um mit einem
weiten Satz auf dem Stamm einer knorrigen Eiche zu landen.
Nach kurzer Zeit haben die beiden eine Lichtung erreicht, an die
ein junger, dichter Föhrenwald grenzt. „Hast du diesen Weg gemeint?" erkundigt sich Irene, auf den engen Waldpfad deutend,
der sich wenige Meter vor ihnen vorbeischlängelt. „Ja, hier bin
ich schon einmal spazieren gegangen", entgegnet Markus. Sie hat
ihn ständig verstohlen von der Seite her im Auge behalten. Seine
Miene verrät nichts, keine Nervosität und schon gar keine bösen
Absichten.

Kurz entschlossen breitet Irene ihre Decke auf dem Waldboden
zwischen Heidelbeerstauden auf und nimmt erst einmal einige
Schluck Mineralwasser zu sich. Inzwischen hat Markus sich ein
Stück weiter niedergelassen, kramt in seiner Hosentasche und
zieht einige Fotos hervor. „Schauen Sie, die wollte ich Ihnen zeigen!" Er beugt sich herüber und reicht ihr mit seinem langen Arm
die Bilder. Bevor sie den ersten Blick darauf wirft, sagt Irene
schnell: „Du kannst gerne Du zu mir sagen, wenn wir allein
sind!" Markus erwidert nichts, hat aber wieder sein liebenswür-
diges Lächeln aufgesetzt und blickt sie unentwegt an. Irene sieht
sich die drei Aufnahmen an, die Markus mit einigen anderen

Lehrkursburschen zeigen, alle an einem langen Tisch werkend. „Das war, als ich ins Heim gekommen bin, da habe ich Wäscheklammern machen müssen!" erklärt er ihr. Irene entsinnt sich des langgezogenen, einstöckigen Gebäudes an der anderen Seite des Parkplatzes innerhalb des Anstaltsgeländes, in dem die älteren Behinderten und einige Lehrkursburschen nach dem Frühstück zu verschwinden pflegen. Hier gibt es so etwas wie eine Arbeitstherapie, und nur, wer sich in dieser Werkstatt als halbwegs verlässlich erweist, hat die Chance, zu verdienstvolleren Tätigkeiten wie Küchen- oder Gartenarbeit herangezogen zu werden. Für etliche Burschen, welche sich der Arbeitstherapie in der Werkstatt nicht gewachsen erweisen, bleibt hingegen nur mehr eine Rückstufung in bloße „Verwahrung" in den Gruppenräumen, notfalls ruhig gestellt durch Medikamente. Die Aufgaben von Markus als Abwäscher und Speisenträger bedeuten also so etwas wie eine kleine Karriere im Heim, auf die er sichtlich stolz ist.

„Wie lange bist du eigentlich schon in diesem Heim?" erkundigt sich Irene. „Schon drei Jahre, zwei Jahre habe ich das aushalten müssen, bevor man mich in die Küche eingeteilt hat!" Markus scheint auf Anerkennung zu hoffen. „Da warst du bis sechzehn in E.?" setzt sie ihre erste, gezielte Befragung fort, gespannt, ob und wieweit Markus darauf eingehen wird. „Dazwischen war ich noch in T.", gibt er bereitwillig Auskunft, „aber da habe ich es nicht lange ausgehalten!" „Warum? Was hast du dort gemacht?" fragt Irene weiter. „Ich habe in der Gärtnerei gearbeitet. Aber im Glashaus war es so heiß, da bin ich umgefallen wie ein Stück Holz!" Ob dieser Schwächeanfall wirklich der einzige Grund dafür gewesen ist, den Burschen gleich in ein „Behindertenheim" zu stecken? Hat es da keine besseren Möglichkeiten gegeben? Immer noch sieht Markus Irene unablässig an, als warte er auf irgend etwas. Um Zeit zu gewinnen, kramt sie etwas in ihrem Korb und trinkt noch ein paar Schluck. Die sanfte Art bewegt sie tief, mit der der Bursch bemüht ist, auf sie Eindruck zu machen. Ihre Angst ist gewichen, sie verspürt nur mehr herzinnige Zuneigung zu seinem so liebenswerten Wesen. „Setz dich doch ein Stück näher!" fordert sie ihn auf, Mut fassend. Markus gehorcht und nimmt nur wenige Zentimeter entfernt von ihr Platz. Schweigend sitzen sie so nebeneinander, und sie weiß immer noch nicht, wie es weitergehen soll. Schließlich legt sie sich zurück, ihr Haar streift die hohen Heidelbeerstauden. Zu ihrer Überraschung tut Markus dasselbe, ihr sein Gesicht zuwendend, und sieht ihr nun aus nächster Nähe direkt in die Augen. Bald legt Irene ihren Arm vorsichtig um den breiten Rücken von Markus, und der seine umfasst ihre Schultern.

Lange liegen sie so und bemerken, die Augen noch immer geschlossen, die gewaltigen Wolkentürme erst spät, die den Himmel verdunkeln, und deuten das erste, ferne Donnergrollen als Geräusch eines Flugzeuges. Endlich begreifen sie, springen auf und laufen den Abhang hinunter, so schnell sie können. Dabei macht sich ihre innere Anspannung Luft, und sie lachen und lachen.

An diesem Abend löst sich auch die Spannung, die wochenlang über der Natur gelegen ist, und ein mächtiges Gewitter entlädt sich über der Landschaft. Mensch und Tier atmen auf, und Irenes Herz jubelt, als hätte sie einen Sieg errungen. Zugleich aber fühlt sie so etwas wie Erschöpfung, und nachdem sie Markus' Foto mit einigen innigen Gutenachtküssen bedeckt hat, schläft sie bis zum nächsten Morgen tief und traumlos.

Inzwischen ist der Schulbeginn herangenaht. Die ErzieherInnen sind angewiesen, ihre Zöglinge auf dem Weg zum Unterricht zu begleiten. Irene versteht deren Auflehnung gegen diese Maßnahme sehr gut, zumal sie vor anderen Mitschülern lächerlich wirken muss. Allerdings gibt es einige Jungen, die es lieben, ihr

Frühstück mit Früchten aus den Gärten am Straßenrand zu ergänzen. Und so marschiert auch Irene die knapp fünfzehn Minuten in Richtung neue Hauptschule, die erst vergangenes Jahr inmitten des Städtchens nahe der Bahnlinie fertiggestellt worden ist. Sie verzichtet aber auf Zweierreihen, und als sie nach einer Woche hundert Meter vorher umkehren will, zeigen sich einige ihrer Schützlinge sogar enttäuscht, und Michael, der Zweitälteste der Gruppe, meint bedauernd: „Sie wollen uns schon verlassen? Es ist viel schöner, wenn Sie dabei sind!" Klar, dass Irene wieder einmal sehr warm ums Herz wird!

Derselbe Junge ist es auch, der als erster hinter ihr Geheimnis mit Markus kommt. Und bald wissen alle „Rowdies" Bescheid. Sie finden es toll, was sie vorhat, und sie versprechen, das Geheimnis bei sich zu behalten unter der Voraussetzung, dass Irene die Gruppenleitung nicht aufgibt. Und Markus mögen sie ja auch recht gern. Ganz wohl ist Irene nicht bei dem Gedanken, dass es schon so viele Mitwisser gibt. Zu zart erscheinen ihr noch die neuen Bande, die Beziehung zu wenig gefestigt. Sie hat Angst, dass sie allzu bald vor eine folgenschwere Entscheidung gestellt werden könnte.

Ihre Sorge soll sich als berechtigt erweisen, denn irgend jemand hat doch geplaudert. Als sie eines Abends nach Dienstschluss die Küche betreten will, pflanzt sich plötzlich der Erziehungsleiter von Markus vor ihr auf: „Ein Wahnsinn, was Ihnen da eingefallen ist!" Aus seiner Stimme klingt zweifellos höchste Missbilligung. „Lassen Sie den Markus in Ruhe! Der arme Kerl! Eines Tages haben Sie genug von ihm, und was geschieht dann mit ihm?" Bevor Irene, gewaltig erschrocken, etwas entgegnen kann, kommt Herr Kreisler noch einen Schritt näher und zischt mit gesenkter Stimme: „Der Markus fährt jetzt für vier Wochen mit uns auf Urlaub, daran werden auch Sie nichts ändern. Und wenn er zurückkommt, hoffe ich, dass Sie inzwischen Vernunft angenommen haben. Und den Markus überlassen Sie ruhig mir. Ich weiß besser, wie man mit diesen Burschen umgeht, glauben Sie mir! Und solche Extravaganzen passen überhaupt nicht hierher, merken Sie sich das! Sonst sind Ihre Tage hier bald gezählt, das schwöre ich Ihnen!"

Das war deutlich genug. Irene macht kehrt, geht auf ihr Zimmer zurück und verschließt die Tür. Für einen Augenblick ist sie wie gelähmt. Als sie wieder halbwegs zu sich kommt, ist Entrüstung das erste, was sie verspürt, Aufgebrachtheit über die Meinung, sie würde Markus von heute auf morgen einfach stehen lassen. Freilich sieht sie die Verantwortung, die sie auf sich zu nehmen im Begriff ist, jetzt noch viel klarer. Am deutlichsten aber ist ihr eines geworden: sie wird Markus ein für allemal verlieren, wenn sie nicht ganz schnell handelt. Denn vier Wochen Trennung würden lang sein und die Entmündigung rasch vorangetrieben werden, davon kann Irene jetzt mit Bestimmtheit ausgehen. Ist es doch nur mehr sechs Wochen bis zu seinem neunzehnten Geburtstag!
Schließlich steht ihr mit aller Dringlichkeit vor Augen, dass ihr nur zwei Alternativen geblieben sind: Die eine ist, Markus noch vor seinem 19. Geburtstag aus dem Heim zu holen und zu sich zu nehmen, was auch hieße, ihn raschest zu heiraten. Denn es könnte, würde sie Markus nicht ehelichen, seine Entmündigung auf Anraten der Heimleitung auch außerhalb der Anstalt vorangetrieben werden. Die andere Möglichkeit bedeutet also, ihn für immer zu verlieren, ihn aufzugeben entgegen ihrer gewonnenen Überzeugung, dass sie ihn der Entmündigung entreißen und zu einem Leben in Freiheit befähigen kann; die wunderbare Hoffnung, die sie mit soviel Feingefühl in dem Burschen geweckt und genährt hat, mit Füßen tretend. Wieder muss Irene an die

Zuckerrohrsklaven denken, an die vielen, denen niemand aus ihrem Elend heraushilft, deren letzte Hoffnung von Soldatenstiefeln niedergetrampelt wird.

Da plötzlich steht es Irene ganz klar vor Augen: Sie könnte mit Markus vielleicht eine gemeinsame Zukunft in einer „Josefsehe" finden, der in den Siebzigerjahren noch einzigen Möglichkeit, ihr weiterhin in ihrer geliebten Katholischen Kirche die volle sakramentale Gemeinschaft zu gewähren! Hat sie doch bereits zwanzigjährig bereits eine erste, überstürzte Ehe hinter sich gebracht: Nach einem kurzen Klosteraufenthalt als Postulantin in der Missionsgemeinschaft hat sie, erst achtzehn geworden und damals noch gar nicht volljährig, nicht mehr ins Elternhaus zurück dürfen, wie erhofft, nachdem die Mutter und die jüngere Schwester sich weigerten, ihr das kleine, inzwischen anders genutzte Kabinett wieder zuzugestehen. Nicht einmal den Wohnungsschlüssel hat man Irene wieder anvertraut. Statt dessen hat man sie, ohne sie zu fragen, noch am selben Tag in zwei winzigen Untermietzimmern einquartiert, wo sie sich gar so einsam fühlte, ohne jede professionelle oder auch nur menschliche Hilfe, das Geschehene zu verarbeiten, und - nicht zuletzt - auch ohne Geld, von einem bescheidenen Stipendium abgesehen. Und das tägliche Klingeln-Müssen zum Mittagessen an der elterlichen Wohnungstür ist dann gar so demütigend gewesen.

Dem Werben des um neunzehn Jahre älteren Römers im Sommer 1975, der sich erst später als laiisierter Priester zu erkennen geben würde, hat Irene dann - an Leib und Seele geschwächt und emotional ausgehungert - allzu schnell nachgegeben und ihn nach wenigen Monaten geheiratet. Die Eile war durch die Aufenthaltserlaubnis des Italieners in Österreich sowie, nicht zuletzt, moralische Aspekte bedingt. Zwei traumatisierende Kranken-

hausaufenthalte sind dann die Folge gewesen, bis ihr ein Telefon-
seelsorger bereits nach eineinhalb Jahren die Möglichkeit einer
Annullierung der Ehe verhieß und Irene sich, darauf hoffend,
scheiden hat lassen. Unter Aufbietung all ihrer Kräfte hat sie es
dann, kaum einundzwanzigjährig, geschafft, für ihre erste, eheliche Wohnung in der Wiener Wilhelminenstraße eine sehr gute
Ablösezahlung zu erkämpfen, womit sie sich, wieder zurück in
Wien-Leopoldstadt, ihre derzeitige, bescheidene Mietwohnung
leisten konnte, anfangs noch mit Wasser und WC am Gang. Ihr
früherer Mann ist nach Italien zurückgekehrt.

Wie sieht es jetzt aus? Die kirchliche Eheannullierung steht noch
aus; erste Erfahrungen am Wiener Diözesangericht deuten aber
eher auf eine zu schwache Beweislage einer Ungültigkeit der Ehe
hin, so dass Irene jetzt damit rechnen muss, keine zweite, diesmal
gültig geschlossene, kirchliche Ehe mehr eingehen und als bloße
Lebensgemeinschaft auf die Sakramente Buße und Kommunion
„lebenslang" verzichten zu müssen. Und daneben auch, über den
Religionsunterricht hinaus, auf jede kirchliche Anstellung. Vermag eine „Josefsehe" mit Markus, eine Verbindung unter Verzicht auf die volle, eheliche Gemeinschaft, hier nicht die Lösung
für sie beide, die geschiedene Frau und den jungen Mann mit Beeinträchtigung, bedeuten?

Die erste Ehe noch nicht aufgearbeitet, drängt sich für Irene daneben auch eine Art Bußgedanke auf: eine besonders mühevolle
Beziehung als Sühne für ihre erste, vorschnell eingegangene Ehe
und damit verbundene, kurzschlüssig vermeintliche Schuld. Die
Gesamtsituation in all ihren Aspekten zu erfassen vermag sie
nicht. Daneben appelliert Markus auch erheblich an ihren Mutterinstinkt; diesem vermeint sie als ein „großes Kind" in ganz besonderer Weise gerecht zu werden.

Und auf einmal erscheint ihr alles glasklar. Mit Markus an ihrer Seite vermag sie alle Aspekte unter einen Hut zu bringen: ihr Bedürfnis nach Liebe, Geliebtwerden und Geborgenheit bei einem sie allein bejahenden Menschen, ihren Mutterinstinkt, die Bewältigung ihrer beider Vergangenheit und - vielleicht an erster Stelle? - ihren Konflikt mit der Amtskirche als Geschiedene, da sie ohne Eheannullierung keine gültige, kirchliche Ehe mehr eingehen und keine Kommunion mehr empfangen würde können. Und vielleicht wäre dann irgendwann sogar wieder eine kirchliche Anstellung möglich, wenn sie in der Lage sein würde, ihre „Josefsehe" zu erklären?

3. SPIRITUELL MOTIVIERTER RÜCKBLICK

Irene ahnt, dass ihr eine schlaflose Nacht bevorsteht. Doch morgen wird dienstfrei sein und sie sich ausruhen können. Obwohl sie in ihrem Herzen längst schon die Entscheidung getroffen hat, Markus aus dem Heim herauszuholen, steht ihr die Gewichtigkeit dieses Schrittes dennoch klar vor Augen.

Sie nimmt auf dem Fenstersims Platz und blickt ins Halbdunkel hinaus. Ein sanfter Wind spielt mit den lange herabhängenden Zweigen der Weiden, und sie spürt auf einmal wieder intensiv die Nähe Gottes. Auch er ist da, unsichtbar, aber doch unaufhaltsam wirkend, belebend und ständig verändernd. Sie erlebt zuweilen sehr eindringlich, wie alles um sie herum von Gott spricht, ihn transzendiert. In der Sonne erblickt sie seine unermessliche Kraft und wärmende Liebe, im Wasser die vollkommene Klarheit und Reinheit. Die Berge vermitteln ihr eine tröstliche Ahnung davon, dass Gott nicht unerreichbar ferne ist, der Gipfel vielmehr durch Beharrlichkeit und Opfergeist erkämpft werden kann, und im Wind erahnt sie das Wehen des Heiligen Geistes und die Wirksamkeit der Gnade.

Doch obwohl Irene die ganze Welt als von Gott durchdrungen erlebt, empfindet sie ihn doch auch als Person an ihrer Seite. Sie hat keine optische Vorstellung von Jesus Christus und sieht ihn nur mit geistigen Augen, doch sie weiß ihn ihr ständig näher als alle Menschen. So befindet sie sich auch häufig in stillem Zwiegespräch mit ihm; in Problemen und vor Entscheidungen ist immer er es, dem sie sich am liebsten anvertraut. Daraus resultiert freilich ein häufiger, starker Drang, sich irgendwohin zurückzuziehen, um mit ihm allein zu sein, ihm ungestört lauschen zu können - ein Ansinnen, das in ihrem bewegten Alltag oft auf Schwierigkeiten stoßen muss. Doch im Moment ist alles ruhig, man merkt, dass die Burschen von nebenan für zwei Tage ausgeflogen sind.

Es ist dunkel geworden. Irene tritt weg vom Fenster, knipst die Nachttischlampe an, nimmt ihr Tagebuch zur Hand und streckt sich auf dem Bett aus. Ein Herz-Jesu-Bildchen fällt heraus, das ihr die Novizenmeisterin bei ihrem ersten Besuch im Kloster übergeben hat. Auf der Rückseite steht ein Pauluswort aus dem Philipperbrief zu lesen: „Seinetwillen habe ich alles aufgegeben, um Christus zu gewinnen und in ihm zu sein" (Phil 3,8f). Ja, das hat sie so dringend gewollt: alles aufgeben und nur für Jesus leben.

Irene schließt die Augen. Da sieht sie wieder mit erstaunlicher Klarheit ein Traumbild von damals vor sich: ein aufgeschlagenes Buch, auf dessen linkem Blatt sie die römischen Ziffern I, II und III lesen kann, auf dem rechten Blatt stehen die Zahlen IV bis X untereinander. Schon im Traum hat sie in diesem Bild die Zehn Gebote Gottes gesehen. Quer über dem offenen Buch liegt eine weiße Lilie, in der sie sich symbolhaft im Zeichen der gottgeweihten Jungfräulichkeit selbst wiedererkennt.

In dieser ersten Zeit des Bewusstseins ihrer Berufung hatte sie überdies ein sehr intensives, inneres Erlebnis, das in den folgenden Jahren vor ihrem geistigen Auge stehen geblieben ist und ihr in der Erinnerung immer wieder als Kraftquelle dient. Es geschah vor dem ausgesetzten Allerheiligsten in ihrer Pfarrkirche während des Rosenkranzgebetes: „Beim Anblick dieses Kostbarsten, das uns Menschen hier auf Erden gegönnt ist, empfand ich dies wie in Blut und Feuer gehüllt", liest sie. „Es war ein überwältigendes Gefühl von Kraft und Stärke, und mich befiel so eine ungeheure Ehrfurcht im wahrsten Sinne...".

Kurz darauf hat Irene noch einen weiteren Traum notiert, konnte ihn aber, wie sie ihrem Tagebuch anvertraute, „... nicht ganz deuten, eine Aussage nur erahnen. Es war wie ein Gedankenblitz im

Halbschlaf, als ich einen goldenen Tabernakelschrein vor mir sah. Im Inneren brannten drei Kerzen. Als sich der eine Schreinflügel öffnete, war darauf nur eine Flamme im Spiegelbild zu sehen".

Irene blättert weiter in ihren Aufzeichnungen und vergisst darüber bald, dass sie nicht mehr das junge Mädchen von damals ist, das sich mitunter zu kühnen Gedankengängen hinreißen ließ. „Sicher braucht man eine gewisse Richtlinie, doch diese soll ja einzig und allein die Liebe darstellen, die Gott selbst ist. Ein Teil von ihr zu werden, ein winziger Teil, in ihr zu verschwinden wie die Heiligen - möge Gott diesen, den schönsten aller Wünsche, tief in mein Herz einsiegeln! Jesus Christus, zu dessen Braut ich mich durch Gottes Gnade berufen glaube, möge geben, dass ich ein Werkzeug in seiner Hand werde, mir immer bewusst, ohne ihn nichts zu sein. Jeder Augenblick soll angenommen, bejaht und mit größtmöglicher Liebe erfüllt sein. Jede Stunde mit neuem Eifer und neuer Liebe! Ohne die momentanen Launen zu beachten, stets aufs Neue mein Kreuz auf mich nehmen und das Opfer Gott anempfehlen, wo immer er es wirksam werden lassen will. Der 'kleine Weg' der hl.Therese vom Kinde Jesu möge auch der meine werden!")[1]

---

[1]Die „kleine" hl.Therese von Lisieux (zu unterscheiden von der „großen" hl.Teresa von Avila) wurde als Thérèse Martin am 2.1.1873 in Alencon, Frankreich, geboren. Erst 15-jährig trat sie 1988 in das Karmelitinnenkloster von Lisieux ein, wo sie nach schwerem Leiden bereits am 30.9.1897 verstarb. Sie ging den „kleinen Weg der Vollkommenheit", ein Weg, der jede Besonderheit, Wunder und Visionen vermissen lässt. Ihr einziges Bestreben war es, die kleinsten Obliegenheiten des Alltags mit größtmöglicher Liebe und hingebender Treue zu erfüllen; ein tägliches Dienen ohne Klagen, aber auch ohne stumpfe Gleichgültigkeit. Den tiefen Sinn dieses Lebensweges sah sie in einer Aufopferung ihres „Martyriums der Nadelstiche" für ihre Mitmenschen,

Ihr Seelsorger ist es gewesen, der Irene zur Lektüre der „Geschichte einer Seele" aus der Hand der „kleinen" heiligen Therese von Lisieux geraten hat. Er wusste, wie schwierig es sich für Irene gestalten würde, fünf Jahre lang an ihrer schon mit dreizehn erfahrenen Ordensberufung festzuhalten. So hat er in der jugendlichen Therese vom Kinde Jesu die beste Wegweiserin zur Vorbereitung auf das klösterliche Leben gesehen, die kleinen Dinge des Alltags mit Liebe zu erfüllen und ertragen zu lernen. Ebenso bot

sie eine hervorragende Gebetsschule, und Irene führte wahrhaftig ein treues und - für ihre Verhältnisse als Schülerin eines öffentlichen Gymnasiums - ziemlich anspruchvolles Gebetsleben. Dazu zählten auch Schriftmeditationen und die fast tägliche Mitfeier

---

besonders Priester und Missionare. Sie wurde schon bald nach ihrem Tod heilig gesprochen und gilt als Patronin der Mission. Dargestellt wird die Heilige häufig im Karmelitinnenkleid, im Arm Rosen haltend. In ihren Aufzeichnungen „Geschichte einer Seele" hat sie uns ein beispielhaftes Zeugnis ihrer liebenden Hingabe hinterlassen.

der hl. Messe. Nur samstags blieb sie dem Gotteshaus fern, um zu vermeiden, dass die Messfeier für sie zur bloßen Gewohnheit würde. Die Gebete verrichtete Irene, einem Herzensbedürfnis folgend, meist auf den Knien, denen man die Strapazen bald ansah. Sie war auch ein bisschen stolz auf ihre rauen Knie, die ihr auch ein wenig das Gefühl vermittelten, sich für Gott wirklich anzustrengen. Vor der Öffentlichkeit aber verbarg sie diese Zeichen ihrer Frömmigkeit und cremte die Knie jeden Tag gründlich ein.

Irene hatte sich eine beachtliche Anzahl an guten Vorsätzen zurechtgelegt und ging mit sich selbst auch immer wieder streng ins Gericht.

„1) Mein Gebetsleben: Dieser Punkt wurde treu befolgt. Nur rede ich bei den Gebeten oft zu schnell und komme ins Ratschen (besonders bei Zeitmangel!).

2) Nicht so viel tratschen in der Schule: Auch so ziemlich gehalten, doch reizt es mich immer wieder sehr, von meiner Berufung zu sprechen (Will ich angeben? Bis heute habe ich noch nichts gesagt. Wenn es nur nicht so furchtbar lange bis zum Eintritt wäre!).

3) Burschen meiden: Das 'schreckliche' Kapitel. Manchmal habe ich da zu viele Gedanken, die sich zu lebhaften Vorstellungen entwickeln. Besonders was H. betrifft... muss aber noch viel vorsichtiger sein, vor allem, wenn ein Gefühl entsteht! (Ist aber immer nur für kurze Momente vorhanden, denn die Liebe zu Jesus erfüllt mich immer inniger!).

4) Engere Freundschaften zu Mädchen vermeiden: Ich glaube, in der Klasse so ziemlich die richtige Mitte gefunden zu haben (bin in erster Linie sehr hilfsbereit, auch Einsagen gehört dazu). Mit Sissi verstehe ich mich sehr gut, aber gefühlsmäßig ist bei mir nichts da.

5) Mehr Opfer: Bisher Verzichte auf Fernsehen, Eis, Mickey-Maus-Hefte, Zeitungen, Fotos von meinem früheren Schwarm Rex Gildo. Hin und wieder auf einen Vorteil verzichtet, aber viel zu selten irgendwo zugegriffen, wo es not tut.

6) Mehr Geduld: Kaum Fortschritte. Ungeduld, wenn etwas anders geht, als ich es mir vorgestellt habe. Beim Lernen auch ungeduldig, doch reagiere ich nicht mehr immer zornig, sondern verschlucke den Ärger und weine mich aus. Ungeduld, wenn etwas langsamer geht, als ich es haben will, oder wenn jemand begriffsstützig ist.

7) Nächstenliebe: Da sieht's schlecht aus! Ich muss bereiter sein, zu helfen und zu trösten, den Mut dazu aufbringen, nicht mein eigenes Kreuz als Vorwand zu nehmen, den anderen nichts Gutes zu tun. Nicht andere beneiden, wenn ich glaube, es ginge ihnen besser als mir. Oft schlampig, mache einfach alles mit zu wenig Liebe, Unfreundlichkeit Prof.Mayerhofer gegenüber, die es uns oft schwer macht. Wütend, wenn ich jemandem etwas aufhebe und er nicht dafür dankt. Kleine Erfolge: Schon etwas mehr 'geschluckt' bzw. mich mit Tagebucheintragungen 'begnügt', wenn mir etwas nicht gepasst hat."

Irenes Bestreben, nach dem Vorbild der kleinen heiligen Therese von Lisieux in die Dinge des Alltags mehr Liebe hineinzulegen, bewies manchmal einen Einfallsreichtum, über den sie heute lächeln muss: „Noch zwei weitere, winzige Vorsätze:

1) Fischfutterlade nicht mehr mit dem Fuß zuschlagen, sondern bücken und sorgfältig mit der Hand schließen (aber nicht in erster Linie deshalb, weil die Zwergwelse jedes Mal zusammenfahren!).

2) Im Badezimmer nach dem Waschen die Bodenfliesen nicht mit dem Fuß aufwischen, sondern das Bodentuch in die Hand nehmen (kostet mich Überwindung, ich bin ja so heikel!)."

Schwierig wurde es, wenn Irene für einige Tage von zu Hause fort war und sich neuen Gegebenheiten anpassen musste. Wie ihre Gebete unterbringen? „Ich vertraute dem lieben Gott so sehr, dass ich gar keine Angst hatte, ich könnte es ihm nicht Recht machen. Ich wusste: er hilft immer, und er tat es auch. Am ersten Morgen (ich wachte stets als erste auf) ging ich leise in die Küche, um meine Gebete zu sprechen. Kaum hatte ich begonnen, erschien Sissis Vater an der Tür: 'Ah, schon auf?' Ich war (ein Glück, dass ich ihn durch die Glasscheibe gesehen hatte!) rechtzeitig aufgestanden, lächelte kurz und verließ die Küche. Ich seufzte: Wie sollte ich das beginnen? 40 Minuten brauche ich! Die ersten zwei Tage war es sehr verwirrend: ein Teil im Bett, ein Teil in diesem, ein Teil in jenem Zimmer, ein Teil in der Küche, der Großteil schließlich im Bad. Ich war zwar von Anfang an auf die Idee gekommen, am Morgen gleich aufzustehen und in die nahe Ortskirche beten zu gehen, doch wollte ich nicht den Eindruck erwecken, mich absondern zu wollen. Auch genierte ich mich, schließlich geht mein Innenleben ja niemanden etwas an! Am Samstagmorgen wagte ich doch zum ersten Mal unter dem Vorwand, spazieren gehen zu wollen, den Weg zur Kirche (was, glaube ich, nicht einmal eine Notlüge ist - vielleicht ein klein bisschen?). Am Sonntag wollte ich des Morgens vor der Messe nicht schon weg, um nicht das Tagesprogramm von Sissis Familie durcheinanderzubringen, kam aber am Abend wegen ständiger Besuche im Haus in solche Schwierigkeiten, so dass ich Sissi schließlich meine Not anvertraute - freilich unter dem Siegel der Verschwiegenheit! Ihr Vater gab mir daraufhin einen Schlüssel zu einer unbenützten Kammer, wo ich endlich ungestört meinen religiösen Pflichten nachkommen konnte."

Irene wollte damals ganz einfach, wie die kleine heilige Therese, „etwas Schönes für Gott tun" mit ihrem Gebet. Auch war sie überzeugt davon, nur durch Konsequenz den nötigen Halt zu finden, in ihrer Berufung durchzuhalten und schon selbst so etwas wie ein Klosterleben zu führen. So litt sie zunehmend darunter, dass ihre Klassenkameradinnen sie nicht verstehen konnten. „Wiederholt habe ich schon festgestellt, wie mich meine Berufung von den anderen unterscheidet und distanziert. Ich leide ja schon länger darunter, dass ich dadurch so alleine dastehe und niemanden Gleichgesinnten habe, mit dem ich meine Gedanken und Wünsche austauschen könnte. Hin und wieder habe ich versucht, Sissi meine inneren Erlebnisse anzuvertrauen. Das Echo blieb aber jedes Mal aus, obwohl wir uns sonst gut verstehen. Denn wer etwas nicht empfindet, kann ein Gefühl niemals nachvollziehen. Doch wenn Sissi mir auch nur ohne Anteilnahme zuhörte, so war es für mich im ersten Moment doch eine Erleichterung, mich überhaupt ausgesprochen zu haben. Ich fühlte mich dann nicht mehr so allein. Wenig später allerdings befiel mich dann stets ein Gefühl des Unbefriedigtseins, das sich oft auch durch Groll gegen die Person, der ich meine Mitteilung gemacht hatte, bemerkbar machte. Auch in Deutsch- und Englischaufsätzen habe ich schon versucht, ein Stückchen meiner Begeisterung hineinzulegen, was mich aber am Ende auch nicht befreiter werden ließ. Auch kam ich mir dann fast wie eine Angeberin vor, als eine, die besser sein will als die anderen. Mein Wunsch zur Kommunikation mit einer Person, die von meinem inneren Leben etwas verstehen, es teilen kann, wächst ständig. Und daheim wird oft mein stilles, gedankenverlorenes Auftreten gerügt. Man deutet meine (ohnehin seltenen) unbeherrschten Reaktionen dann ganz einfach als 'Alterserscheinung'. Es ahnt ja niemand, wie tief mich das trifft!"

Immer wieder führte Irene Zwiesprache mit Jesus in ihrem Tagebuch. „Lieber Jesus, du gibst mir schon die Kraft, ohne die ich nicht reifen und mich nicht entfalten könnte. Durch Gebet, Opfer und in Enttäuschungen reift der Mensch und gewinnt, wenn er sich bewährt und den Schwierigkeiten ins Auge blickt. Dazu gehört Mut und Kraft, die man aber nur unter bestimmten Bedingungen erringt. Ich darf in Gebet und Sakramentenempfang nicht nachlassen und lege mein Leben ganz in deine Hände. Wo du mich hintragen willst? Das weißt nur du allein. Wenn ich auch jetzt diese Prüfungszeit durchzustehen habe und ich mich ungewollt von lieben Menschen distanzieren muss, so weiß ich doch, dass du vorangegangen bist. Über meinem Schreibtisch hängt ein Bildchen, das an dich in deiner schrecklichen Verlassenheit am Ölberg erinnert. Du sagtest zum Vater: Dein Wille geschehe. Ich will das auch sagen, hier und jetzt. Muss man nicht fallweise durch eine Nacht hindurch, um dem Licht eines neuen Tages ins Auge blicken zu können? Für mich ist diese Dunkelheit nicht finster wie ein Brunnenschacht; du bist der leuchtende, silberne Stern, der mit seinem strahlenden Licht die Nacht erhellt."

Irene hält für eine Weile inne. Sie überlegt, ob sie nicht doch in jener Zeit einen Fehler beging, ihre Gebete nicht zu reduzieren, und nicht flexibler war. Aber sie wollte damals ja schon so etwas wie ein Klosterleben führen und wusste, dass im Kloster den Gemeinschaftsgebeten immer und unter allen Umständen der absolute Vorrang eingeräumt wird. Auch, überlegt sie jetzt, hätte sie ohne konsequentes Gebetsleben wahrscheinlich nicht durchgehalten, zumal ihre Umgebung allem Religiösen gegenüber gleichgültig bis ablehnend eingestellt war, glücklicherweise mit Ausnahme ihrer Eltern, die sie aber nicht ganz ernst nahmen. Auch war sie der irrigen Meinung, die Qualität ihres Gebetes hinge primär davon ab, wie gut und wie fromm sie sich dabei fühlte. Missbrauchte sie nicht manchmal - freilich unabsichtlich - das Gebet sogar dazu, um in sich religiöse Gefühle zu wecken und zu pflegen? Und schuf sie sich damit nicht doch auch - parallel zu ihren lauteren Absichten - eine Art innerer Selbstzufriedenheit, ein wenig besser zu sein als die anderen rund um sie herum? Irgendwie mag das alles unentwirrbar ineinander verflochten gewesen sein. Eines steht Irene jedenfalls jetzt klar vor Augen: Sie hatte sich im guten Glauben, nur so und nicht anders richtig zu handeln, zu sehr abgesondert und es damit auch an Nächstenliebe fehlen lassen. Und das war ihr letzten Endes zum großen Problem geworden.

Schließlich erkannte Irene dann, „...dass vierzehntägige Aussprachen bei Pater P. wirklich sehr notwendig sind. Innerlich staut sich sonst so viel auf, dass es nicht mehr abgetragen werden kann." Und die Schuljahre waren ja nur allzu langsam vergangen! „Seine Ratschläge: Nach dem Mittagessen eine Stunde schlafen legen, zumindest aber flach liegen und entspannen (doch das ist so schwer: der Lärm von der Straße, die schrille Türglocke, das Telefon, das mich aus dem Halbschlaf reißt...). Ein großer Fehler, der mir bisher unterlief: War ich beim Gebet unandächtig oder wurde ich gestört, wiederholte ich nachher einen Teil. Das ist aber ganz falsch! Auch ahme ich die hl. Therese nach, anstatt zu ihr aufzuschauen! (Gestern bat ich sie um Verzeihung.) Ich erzählte Pater P. auch, dass ich zwar gelernt habe, kleine Bosheiten anderer wortlos hinzunehmen, dass es mich aber innerlich sehr trifft. Er riet mir, solche Gelegenheiten zur Rettung einer Seele aufzuopfern, und mein Kummer würde sich in Freude verwandeln. Die Messen soll ich auf keinen Fall reduzieren. Und das Gebet ist im Sitzen oder Liegen genauso viel wert. Es heißt ja nicht, den Körper, sondern das Herz zu Gott zu erheben!"

Aber: Ist ihre geistliche Führung nicht doch eher einseitig gewesen? Bedeutete jahrelange Absonderung von den anderen tatsächlich eine optimale Vorbereitung auf das Klosterleben in Gemeinschaft? Hätte sie nicht eher darin unterrichtet werden sollen, sich mit den Reaktionen der anderen in Familie, Schule und Pfarre auseinanderzusetzen? Und eine Anweisung des Paters, aus

„Nächstenliebe" die Schulkolleginnen ihre Hausaufgaben in Englisch und Französisch abschreiben zu lassen und dafür sogar jeden Morgen früher in die Schule zu kommen, erscheint ihr heute eher seltsam, zumal etliche Mädchen sich bald abgewöhnt hatten, in diesen Fächern überhaupt selbst ihre Hausarbeiten zu verrichten, und das über Jahre! Wäre ein Rat, die Mitschülerinnen zu selbstständiger Arbeit und Pflichterfüllung zu motivieren, ihnen darüber hinaus vielleicht Nachhilfeunterricht anzubieten, nicht der bessere, zielführendere für alle gewesen?

Als Irene weiterblättert, muss sie auf einmal herzlich lachen über den allzu originellen Gedankengang, den sie da liest: „Wenn ich jetzt meine Freesien, die ich zum Namenstag bekommen habe, für meine heiligen Fürsprecherinnen blühen lasse (hl. Muttergottes, 'meine' kleine hl.Therese, sel.Klara Fietz, sel.Edith Stein, hl.Corona und hl.Mechthild von Magdeburg), soll dies ein kleines Zeichen der Dankbarkeit für ihren Beistand sein. Es sind nur sechs Freesien in der Vase, zuerst dachte ich, es wären sieben, die heilige Zahl. Könnte diese vielleicht einmal durch mich erreicht werden?"

Irgendwann stellte Irene erstmals fest, „...dass ich einen großen Fehler mache. Ich spreche ständig im Gebet, ich wolle immer mehr in Gottes Liebe hineinwachsen, um das höchste Ziel zu erreichen, das Gott mir möglich gemacht hat. Gott hat sich ja von jedem Menschen ein Idealbild gemacht, denn jeder Christ ist zur Heiligkeit berufen. Doch ist dieser Gedankengang irgendwie egoistisch und richtet sich nicht auf Gott, sondern auf mich selbst. Ich laufe Gefahr, selbstgefällig zu sein, wenn ich einmal ein 'gutes Werk' vollbracht zu haben glaube, hingegen mutlos und unzufrieden, wenn ich versagt habe. Doch muss man sich auch selber ertragen und die feste Überzeugung gewinnen, dass von einem selbst allein nichts Gutes kommen kann."

Als Irene weiterliest, wird ihr fast ein wenig unbehaglich zumute. Allzu verkrampft ist sie geworden, und eine äußerliche Annahme der Sprechweise der heiligen Therese von Lisieux mutet sie heute

Schon seit meiner Jugend, als vom „Corona-Virus" noch keine Rede war, hatte ich auch die hl.Corona zu einer meiner Fürsprecherinnen erkoren. Oft habe ich dann viel später, mit meiner Familie, St.Corona am Wechsel aufgesucht, und wir konnten immer wieder neue Kraft tanken für die Herausforderungen des Alltags und für Entscheidungen, die zu treffen waren.

fast peinlich an. Sie hatte soeben ihr sechzehntes Lebensjahr vollendet, als diese Phase ihren Höhepunkt erreichte. Von der „kleinen Nonne" ist hier die Rede, die „jede freie Minute ausnützen, um ihre Gebete so recht und schlecht unterzubringen und oft bis in die Nacht hinein verzweifelt um Andacht ringen muss, um ihrem Bräutigam auf bessere Weise ihre Liebe zu zeigen... Wenn ich einmal zu viel in Ausgelassenheit mit den anderen verfallen sollte, will ich mich still und gesammelt mit meinem Büchlein von der Heiterkeit absondern." Da steht es also wortwörtlich da: „absondern"! Irene schüttelt den Kopf. Wieweit ist das wirklich notwendig gewesen? Hätte sie nicht vielleicht aus einem geduldigen, liebevollen Sich-Einlassen auf ihre andersgesinnten Kameradinnen mehr Gewinn für ihr späteres Klosterleben in Gemeinschaft gezogen? Doch hat auch Pater P. der intensiven geistlichen Einübung Vorrang vor dem Aspekt der Nächstenliebe und Gemeinschaftsfähigkeit eingeräumt. Ist es der einzig mögliche Weg gewesen, in der geistlichen Führung Risikofaktoren möglichst zu umgehen, weitestgehend auszuschalten, um das höhere Gut, die Berufung zur ungeteilten Hingabe an Gott, sicherer zu bewahren? Doch ist diese ihre Berufung, die Pater P. von Anfang an äußerst ernst genommen hatte, nicht doch als junges, noch allzu zartes Pflänzchen vor rauen Witterungseinflüssen zu schützen gewesen, umso mehr, als Irene in jenen Tagen auch noch mit den Problemen der heranwachsenden Jugend fertigwerden musste?

Vielleicht ist die Verkrampfung unvermeidlich gewesen und die Zeitspanne bis zum Eintritt ins Kloster unter den gegebenen Umständen tatsächlich zu lang. Irene denkt jetzt, dass es in ihrem Falle doch richtiger gewesen sein könnte, die Schule abzubrechen, schon zum ehestmöglichen Zeitpunkt einzutreten und im Kloster eine Krankenpflegeausbildung zu beginnen. Irgendwie ist sie mit achtzehn von dem vielen Anstrengen und Durchhalten schon sehr erschöpft gewesen. Allerdings hätte sie freilich einen anderen Orden wählen sollen. Ist nicht alles hauptsächlich eine tragische Verkettung von Umständen gewesen? Ein Gefühl des Bedauerns steigt in ihr hoch. Nein, lieber nicht zu viel nachgrübeln, was sie anders hätte machen sollen. Jetzt ist es ohnehin nicht mehr zu ändern.

Den „Kleinen Weg der Vollkommenheit" hat Irene überaus konsequent beschritten, das beweisen auch ihre Aufzeichnungen von einer Schullandwoche: „Es gab heute eine Menge kleiner Gelegenheiten dazu. Ich habe mich im Bus direkt gefreut, als ein Papier zu Boden fiel und ich es aufheben konnte, als ich die Koffer tragen geholfen habe und später den Tischdienst übernehmen konnte. Auch wollte ich in unserem Vierbettzimmer das Bett nehmen, das übrigblieb (am Ende bekam ich aber doch das neben dem Fenster, welches mir am besten zusagte!). Doch habe ich immer noch Vorbehalte: im Bus beanspruchte ich einen der vordersten Sitzplätze (aber auch, weil mir hinten leicht schlecht wird), beim Essen war ich, trotz Platzmangels an den Tischen, doch nicht unter jenen, die sich freiwillig zur A-Klasse setzten. Für morgen nehme ich mir vor, bei der Führung durch die Ausgrabungen die anderen vorzulassen und hinten stehen zu bleiben, obwohl ich dort schlechter höre."

Noch in diesen Tagen scheint Irene allmählich gemerkt zu haben, „...dass ich kitschig werde. Ich glaube fast, ich soll über diese Dinge nicht mehr so genau schreiben! Diese Erkenntnis kam mir in letzter Zeit schon mehrmals. Es war bisher so, dass ich einfach ein 'richtiges' Tagebuch führen wollte, um später zu wissen, was ich erlebt habe. Aber es beunruhigt mich manchmal, und ich habe das Gefühl, ich werde von jemandem zurückgehalten, und das, obwohl es für mich fast schon so etwas wie ein Zwang ist, alles aufzunotieren. Doch dies soll sich jetzt aufhören. Wenn ich nämlich ganz ehrlich bin, muss ich sogar zugeben, dass ich mir selber beweisen will, welch tolle Fortschritte ich mache. Ja, noch schlimmer: Heimlich, ganz versteckt, hoffe ich auch irgendwie, dass das jemand anderer einmal lesen wird, der mich dann bewundert, wie 'heilig' ich schon bin. So, das ist mir jetzt ganz besonders schwergefallen, niederzuschreiben!"

Nach dieser Selbsterkenntnis ist sie sogar noch tiefer gegangen: „Ich will doch gut sein und für dich allein leben, kann ich denn da phantasieren und übertreiben, quasi mich selbst im Tagebuch belügen? Bitte, zeig' mir, dass es kein leeres Gerede ist! Ich habe direkt Angst davor! Angst, dass ich dich ein wenig verleumdet habe! Ich will diesen Gedanken zwar wegschieben, negieren, doch ist in mir etwas Süßes, das zugleich irgendwie sehr bitter ist. Nein, am Abend sieht die Welt immer unglücklich aus... Bitte, zeige mir den rechten Weg! Doch den weiß ich doch: In Liebe handeln! Nicht reden und auf Gefühle achten! Doch nein, das auch, denn ich will doch Jesus die ganze Zeit durch immer wiederkehrendes Zwiegespräch in meinem Herzen bewahren! Aber vielleicht bin ich so verwirrt, weil mir die tägliche hl.Messe hier so abgeht? Lieber Gott, bitte, bitte hilf mir! Mich macht es auch fast unruhig, Jesus so oft vertraut angeredet zu haben! Darf ich das überhaupt? Was soll ich nur tun, was denken?"

Wieder muss Irene lächeln, als ihr ein schon vergilbter, sogar auf der alten Schreibmaschine ihrer Mutter getippter Zettel in die Hände fällt, der wenige Seiten später eingelegt ist. Viele Wörter sind mit einem dicken Rotstift angestrichen, und neben einem langen Rufzeichen am linken Rand liest sie: „In diesem Zusammenhang hat Jesus auch das Vaterunser empfohlen, in dem es uns die Orientierung für unser Gebetsleben vorgibt: den Blick auf das Reich, den Willen und die Barmherzigkeit Gottes, die wir auch unseren Mitmenschen erfahrbar machen sollen. Unser Gebet steht also in untrennbarem Zusammenhang mit dem praktischen Leben und soll in dieses hineinwirken. Der Wert unseres Gebetes hängt somit nicht von religiösen Gefühlen ab, sondern von seiner Auswirkung auf unser Verhalten im Alltag und unserem Ausmaß an tätiger Nächstenliebe in Barmherzigkeit und Vergebungsbereitschaft.

Überkommt uns während unserer Zwiesprache mit Gott auch ohne unser willentliches Dazutun hin und wieder innere Freude, dürfen wir freilich dankbar sein. Doch darf sie nicht das heimliche Ziel unseres Betens sein. Auch sollten wir nicht genießerisch dabei verweilen, sondern unsere Freude gleich nutzen zu umso intensiverer Beschäftigung mit dem Wort Gottes. Hier können auch Heiligenbiographien hilfreich sein, doch bergen diese auch eine gewisse Gefahr in sich, wenn man sie nicht mit dem nötigen inneren Abstand liest, besonders wenn von Visionen und Verzückungen die Rede ist, wo Menschen hohe Stufen der Gottesnähe erreicht haben. Die Versuchung drängt sich auf, Vergleiche anzustellen, ob wir nicht da oder dort Parallelen entdecken, ob wir mit dem Allerhöchsten nicht in ähnlich vertrauter Weise umgehen dürfen. Hier sollten wir uns vor Augen halten, dass jeder Mensch seinen ganz individuellen Weg zu gehen hat, der sich letztlich mit keinem zweiten vergleichen lässt. Aber wir dürfen uns erfreuen an den Berichten über das Wirken Gottes in diesen Heiligen, die schließlich nur dadurch eine so hohe Stufe der Gottähnlichkeit erreichen konnten, indem sie sich vor dem Herrn und den Mitmenschen klein gemacht und sich vorbehaltlos dem Willen Gottes zur Verfügung gestellt haben.
Es lohnt sich sicherlich, wenn wir den Mut aufbringen, die festgefahrenen Geleise unserer oft noch unentdeckten Ichbezogenheit zu verlassen und unser Inneres so weit als möglich Gott zu öffnen, um ihn in uns wirken zu lassen, ja ihm Raum zu geben: 'Wie glücklich ist ein Herz, das all sein Lieben und all sein Denken auf Gott gerichtet hat!' (Teresa von Avila)."

An dieser Stelle des Tagebuches findet sich überdies eine Eintragung Irenes quer über beide Seiten mit Rotstift gemalt und mit bunten Blümchen verziert: „Wenn ich alles nach eigener Planung zu lenken versuchte, so kam es dann aber doch immer anders, und meine so gut und ehrlich gemeinten Pläne waren dahin. Das Richtigere ist doch, wie ich auch durch die hl.Therese erkennen hätte können, die Dinge auf mich zukommen zu lassen, wie es Gott will, und sonst einfach meine Pflicht zu tun. Nein, es hat keinen Zweck, sich lange Einteilungen zu machen, wie man diese oder jene Tugend üben sollte. Denn wer bestimmt denn meinen Tagesablauf, wie er sich wirklich gestaltet? Nicht ich, sondern Gott. Er kann mich immer wieder vor ganz neue Situationen stellen, meine Pläne sind durchkreuzt, und ich werde unwillig. Nein, es kommt nicht darauf an, was ich mache und wie ich mir in meinem Gehirn alles einteile, sondern wie ich die Wirklichkeit annehme, die Gott mir gegenüberstellt."

Irene gähnt und sieht auf die Uhr. Halb drei Uhr morgens! In dieser Nacht wird sie tatsächlich nicht mehr zum Schlafen kommen! Sie erhebt sich langsam, räkelt sich ausgiebig und gießt sich ein Glas Mineralwasser ein. Dann setzt sie sich aufrecht an das Kopfende ihres Bettes, um nicht einzuschlafen. Sie blättert weiter in ihrem Tagebuch, denn jetzt wird es erst richtig spannend, als das letzte Schuljahr angebrochen war. Irene hat Kontakt zu einem Missionsorden aufgenommen und ihre Vorstellungen vom Ordensberuf präzisiert: „Klosterleben: Gemeinschaft, in der Gott im Mittelpunkt steht, alles dreht sich um sakrales und praktisches Christentum. Ungehinderte Ausübung des Glaubens in einer Gemeinschaft, in der sich alle durch Jesus verbunden wissen, um ein rechtes geistliches Leben gemeinsam bemühen und in allem gleiche Meinungen haben. Geteilte Freude am Verzicht, offen zeigen können, dass ich für Gott lebe: Gelübde, Ordenskleid, Missionsdienst. Ferner auch passende Interessen: Geographie,

Musik, Freude am Helfen, auch bin ich ein ausgesprochener Morgenmensch."

Später folgen ausführlichere Details: „Wie herrlich wird es dann sein, wenn all die einsame Suche nach meinem Weg ein Ende haben wird und ich mich auch von allen irdischen Sorgen lösen kann. Ich bin überzeugt, dass diese Ordensfamilie der beste Nährboden für das Gedeihen einer Seele wie die meine ist. Denn ich finde dort wirklich alles, was ich mir unter einem Ordensleben vorstelle: die tiefste Frömmigkeit, die größte Liebenswürdigkeit, die natürlichste Freude, Liebe und viel Aufopferung. Diese Schwestern haben, denke ich, genau die richtige Balance gefunden zwischen 'ora et labora'. Sie sind weder von zu großer Offenheit zur Welt, so dass sie ihre Identität verleugnen würden, noch weltfremd. Die Novizenmeisterin, Sr.G., ist die deutlichste Repräsentantin einer solchen Schwester. Ihre Worte bedeuten bei jedem Besuch eine Befreiung aus all meinen Besorgnissen und Zweifeln. Sr.Oberin ist noch per Sie mit mir und würde auch in keinster Weise versuchen, mich einseitig zu beeinflussen. Eine bessere Ordensmutter und eine fähigere Novizenmeisterin würde ich kaum woanders finden können. Es ist so schön, dass ich alle paar Wochen vorbeikommen kann, sogar bei der Vesper darf ich dabei sein, obwohl ich da einen Teil der Klausur durchschreiten muss. Das macht mich besonders stolz. Irgendwie spüre ich da schon ein Gefühl der Zugehörigkeit. Und - ich weiß nicht recht, wie ich es ausdrücken soll - in allen Schwestern dort findet sich auf irgendeine Weise dasselbe, dieselbe Mitte, die es mir fast gleichgültig macht, ob ich mit Sr.Oberin, Sr.G. oder einer anderen der Schwestern spreche.

Sr.G. hat auch gemeint, im Haus sei eine 'Familie', wovon ich mich überzeugen konnte. Das ganz besonders Schöne ist auch, dass ich im Kloster nicht mehr so aufpassen muss, dass meine Berufung zerstört wird. Sr.G. betont immer, dass ich dann nur hundertprozentig tun muss, was sie und Sr.Oberin mir sagen, also den Gehorsam leisten. Auch erzählte sie mir schon wiederholt von Kandidatinnen der letzten Jahre, die alle aus demselben Grund wieder gegangen sind: sie hatten immer wieder eigene Meinungen geäußert, sich gegen bestehende Ordnungen aufgelehnt, den Tagesablauf kritisiert usw. Und allen diesen Kandidatinnen, die wieder ausgetreten sind, ist nachher irgendein Unglück passiert. Das kommt immer so, wenn man seiner Berufung nicht treu bleibt (wenn man wirklich eine gehabt hat, ansonsten nicht!). Ich jedenfalls habe Sr.G. mein Wort gegeben, dass ich mich hundertprozentig anpassen werde. Die Besuche, die ich jetzt vor dem Eintritt mache, geben mir ja etwas Einblick in das Ordensleben, und so wird die Umstellung nicht mehr zu schwierig sein!"

Irene gerät in hellste Aufregung. Da steht ja der gravierendste Irrtum, dem sie anheimgefallen ist, ganz deutlich da! Dieselbe Meinung haben, hundertprozentig anpassen, keine Kritik, ja nicht einmal eine andere Meinung äußern - das Scheitern ist auf diese Weise ja fast vorprogrammiert gewesen!

Irene gerät auch heute noch ins Schwärmen, wenn sie sich das Ordenshaus vor Augen stellt: eine hübsche Villa inmitten eines geräumigen, gepflegten Gartens. Wie oft hat sie mit den Schwestern den kleinen Rundweg beschritten, vorbei an prächtigen Rosenhecken, zwei ausladenden Magnolienbäumen und einem gepflegten Gemüsegärtchen, entlang dem von duftenden Glyzinien umrankten Pavillon, in dem sich die Asiatinnen gerne ihren heimatlichen Gesängen hingaben, vorbei an dem niedlichen Gartenhäuschen, das bei Bedarf Besucherinnen aus fernen Ländern beherbergte, und schließlich am Rande des dichten Föhrenwäldchens ganz droben, wo die Aussicht am schönsten war und zum Verweilen auf einer der selbst gezimmerten Bänke einlud.

„Nein, Weltflucht möchte ich keine," liest Irene weiter, „im Gegenteil: der 'Welt' in einer besonderen Weise dienstbar sein. Ich kann mir meine Zukunft nicht vorstellen, ohne sie ganz vom Gottesdienst durchweht zu sehen. Freilich kann ein Christ auch im 'normalen' Alltag sich für andere hingeben. Doch glaube ich immer mehr zu sehen, dass diese Wege nicht die meinen sind, dass ich vielmehr einen direkteren Pfad wählen soll. So kann ich in ganz besonderer Weise für die anderen fruchtbar sein. Ich möchte mich Gott weihen und Abstand halten von den (wenn auch guten) Dingen in der Welt, die ich nicht unbedingt brauche. Ich ringe nach Worten, um meine Überzeugung deutlicher zu präzisieren, doch kommt mir vor, ich renne im Kreis damit, weil ich keine in Worte gefasste Erklärung finden kann. Vielleicht heißt diese Erklärung ganz schlicht 'Gott'. Dass man eine Ordensberufung nicht so leicht darlegen kann, beweist vielleicht auch das Wort Christi: 'Wer es fassen kann, der fasse es'! Aus der scheinbaren Abgeschiedenheit im Orden will ich umso mehr in die Not der Menschen eingreifen, indem ich mich von Gott tragen lasse. Ich spüre ja schon lange, dass ich nicht so viele Dinge mein eigen nennen möchte. Mir genügt es, sie zu gebrauchen, soweit es nötig ist. Die Bindung an einen Menschen erscheint mir immer ferner. Es gibt eben Menschen, die in ihrer Beziehung zu Gott ein 'Entweder - Oder' fühlen, und ich scheine in dieser Haltung immer mehr zu verwurzeln."

Irene erinnert sich gut: sie wusste, wovon sie sprach, wenn es sie auch nachträglich verwundert, dass H. hier so gar nicht zur Sprache kommt. Ein gutes Jahr lang umwarb er sie, ja sie kannten einander schon seit Beginn der Gymnasialzeit. Irene mochte den liebenswerten Burschen, fühlte sich in seiner Nähe wohl, strebte aber zugleich weg von ihm. Sie merkte jedes Mal rasch, dass es da jemanden gab, den sie mehr liebte und dem sie näherstand, ja der ganz einfach stärker war. Und das hatte sie H. von Anfang an klar gesagt. Doch er wollte sie gewinnen und sprach oft von einer gemeinsamen Zukunft, einer hübschen Wohnung, von Kindern. Doch all das erschien ihr als zu wenig, zu eng. Warum eigene Kinder bekommen, wenn es so viele gab, die in Heimen, Gefängnissen, auf der Straße landeten, weil sich ihrer niemand annahm? Wie Geld investieren in eigenen Wohlstand, wenn so viele in Not- und Elendsquartieren, in Flüchtlingslagern, am Straßenrand oder gar auf Müllhalden dahinvegetierten, weil ihnen niemand Heimat bot?

Irene erinnert sich an die befriedigte Miene ihres Seelsorgers, der diese Erfahrung der nun fast Achtzehnjährigen kurz vor ihrem Klostereintritt für äußerst positiv erachtete. „Einmal tritt so eine Entscheidungssituation ja doch auf, also besser vorher!" sagte er damals zu ihr. Doch wenn sie jetzt darüber nachsinnt, wird ihr klar, dass sich diese Erfahrung auf sie absolut nicht förderlich ausgewirkt hat. Nicht deshalb, weil sie an ihrer Berufung gezweifelt hätte, o nein. Doch wurden durch die Nähe von H. neue, frauliche Empfindungen in ihr geweckt, obwohl sie diese nach Kräften abblockte, ja nicht wahrhaben wollte. So konnte sie ihre Gefühle nicht einordnen und noch weniger verarbeiten. Überdies war sie damals ja auch intensiv mit den Vorbereitungen für ihren Schulabschluss beschäftigt und hat nach diesem sofort den Eintritt vollzogen. Sie hätte im Kloster einer kundigen Hilfe bedurft, die sie aber dort nicht fand.

Während der Pfingstferien ist Irene das letzte Mal mit ihren Eltern auf Urlaub gefahren. „Heute gab es viele Tränen - wegen des Alleinfühlens? Wegen Angst vor irgend etwas, einer Art Torschlusspanik? Oder einfach aus einer tiefen Sehnsucht nach dem Klostereintritt heraus? Oder hat es mir so viel ausgemacht, dass mir meine Eltern vorwarfen, ich wolle 'ja schon gar nichts mehr'? Ich spüre mich ja wirklich schon zu keiner der Urlaubsfreuden mehr hingezogen (Bootfahren, Schwimmen, Radfahren), da haben sie ja Recht. Aber ich muss froh sein, dass sie mir bezüglich meiner Zukunftsvorstellungen nichts in den Weg legen! Trotz allem aber vermeine ich zu spüren, dass sie das alles nach wie vor nicht ganz ernst nehmen. Und dies bedrückt mich schon zuweilen, wenn ich es mir auch selten eingestehe. Vor ihnen konnte ich halt wenig geheim halten. So haben sie auch sicher mitgekriegt, dass ich heute um sieben Uhr früh in der hiesigen Freskenkirche war anstatt, wie angegeben, nur spazieren zu gehen. Ich sehne mich so nach dem Ordensleben, umso mehr, als ich halt so wenig Ruhe zum Gebet habe. Immer bin ich dabei am Sprung und rechne mit Störungen, was die Betrachtung manchmal zu einem wahren Opfer macht. Andererseits kann ich bei Gesprächen daheim oft nicht so recht anwesend sein, nicht auffassen, was die anderen sagen. Irgendwie interessieren mich die Dinge auch gar nicht, die ihnen Sorgen bereiten. Man umgibt mich mit so vielem, was ich bedenken, tun oder worauf ich klug antworten soll. Manchmal glaube ich schon, es nicht mehr auszuhalten und zwei Monate vor Schulabschluss auf- und davonrennen zu müssen! Aber das wäre ja unvernünftig!"

Vor der Rückfahrt hatte Irene noch einen Traum notiert, der ihr über die Zeit der Abschlussprüfungen an der Schule hinüberhelfen sollte: „Ich musste weit draußen im Wasser auf eine Insel zuschwimmen, die ich ganz, ganz weit am Horizont ausnehmen konnte. Ich schwamm mit kräftigen Tempi und fühlte, dass mich jemand begleitete, der unentwegt ermunternd auf mich einsprach. Ich konnte diesen Jemand aber nicht sehen. Ich bin sehr, sehr lange geschwommen, das Ende war nicht abzusehen, ich verlor die Insel immer wieder aus den Augen. Auf einmal aber war das Ufer ganz nahe. Ich erklomm es und blickte auf eine endlose, sturmgepeitschte Wasseroberfläche zurück."

Während Irene einige Seiten weiterblättert, vernimmt sie von den Weiden her das vertraute Tschilpen der Spatzen. Aufblickend gewahrt sie, dass es schon dämmert. Sie erhebt sich, öffnet einen Fensterflügel und nimmt die frische Morgenluft in sich auf. Bald wird ein Stockwerk unter ihr wieder das vertraute Geklapper von Geschirr zu hören sein.

Auf einmal steht Irene der größte und heiß ersehnteste Augenblick ihres bisherigen Lebens wieder ganz deutlich und in aller Lebendigkeit vor Augen: ihr Eintritt ins Kloster. Doch es war trotz aller gegenteiligen Überzeugung das einzig Mögliche gewesen, die Gemeinschaft im Mutterhaus dieses Ordens nach nur sechs Monaten als Postulantin, kurz vor ihrer vorgezogenen Einkleidung als Novizin, wieder zu verlassen. Groß war die Überraschung der Schwestern gewesen, war sie doch in jeder Hinsicht überaus angepasst, ja perfekt erschienen!

Wie ist es zu dieser schlussendlichen Entscheidung gegen den Ordensberuf gekommen? Noch ein letztes Mal lässt Irene die Monate als Postulantin vor ihrem geistigen Auge vorbeiziehen. Ja, sie hat im Kloster die spirituelle Mitte gefunden, nach der sie sich so sehr gesehnt hatte; Tagesablauf, Gebets- und Meditationszeiten waren ihr von vielen Besuchen und einer „Schnupperwoche" bereits vertraut. Aber musste sie nicht fast zwangsläufig an der Gemeinschaft scheitern?
Schon sehr bald hat sie damals, im Sommer 1974, zu ahnen begonnen, dass sie sich in diesem Kloster in ein allzu starres System hineinbegeben hatte. Ängstlich bemüht, den vermeintlich einzig reinen Ordensgeist zu bewahren, wurde jede Neuerung, jede Reform krampfhaft ferngehalten. Aus Sorge vor Aufweichung der Ordensregeln schirmten sich die Schwestern auch anderen, in

ihren Augen verweltlichten Missionsorden gegenüber ab und vergaßen über ihren Ängsten, dass ja auch sie zu dem einen, „pilgernden" Gottesvolk gehörten. Sie bedachten nicht, dass auch jedes Kloster Menschenwerk ist, in dem der Geist Gottes weht, wo und wie er will, und sei es auch durch einen Neuzugang. Sie hätten jede Weiterentwicklung als Verlust an Spiritualität empfunden, den sie schon in kürzeren Röcken und hervorlugenden Haarsträhnen unter einfacheren Schleiern witterten. Irene erinnert sich da an eine Novizinnentagung in einem nahen Bildungshaus zum Zweck eines lebendigen Austauschs unter Postulantinnen, Novizinnen und jungen Professsschwestern verschiedener Orden. Die Nachwuchsschwestern „ihres" Ordens waren die einzigen gewesen, die sich an den Gruppenarbeiten nicht beteiligt hatten und durch die Sr.G. sicherheitshalber an einem Extratisch mit mitgebrachtem Essen selbst verköstigt worden waren. So war die Novizenmeisterin stets bemüht gewesen, jeder „Verweltlichung" ihrer jungen Nachwuchsschwestern Vorschub zu leisten.

In das Elitedenken im Kloster passte auch die Erinnerung an die jüngste einheimische Schwester, erst dreißig Jahre alt, die während ihres Heimaturlaubs beim Schwimmen ertrunken ist. Als das Schlimme an dieser Nachricht wurde aber nicht der frühe Tod dieser Schwester gewertet, sondern die Tatsache, dass man sie im Badeanzug (anstatt im Ordenskleid) aus dem Wasser gezogen hat.
In Krankheitsfällen wiederum wurde von den Ärzten erwartet, dass sie die Schwestern in voller Ordenskleidung untersuchten, soweit irgendwie möglich. Das alles hatte für Irene mit jesuanischer Demut nichts zu tun, sondern erschien ihr eher wie Arroganz, mit der sie sich nicht identifizieren konnte und wollte. Dagegen zu argumentieren hat die damals kaum Achtzehnjährige nicht vermocht. Auch war sie ja, angeregt durch ihren lang-

jährigen Beichtvater, um größtmöglichen, klösterlichen Gehorsam bemüht!

Zunehmend ernüchtert und befremdet, hat Irene eines Tages erwogen, sich einer älteren, verdienstvollen Ordensfrau anzuvertrauen, die sich nach jahrzehntelanger Missionstätigkeit hier im Mutterhaus zur Ruhe gesetzt hatte. Daneben empfand sie für diese gebrechliche Nonne, einquartiert in das einzige Dachzimmerchen bei der Kapelle ganz oben, Mitgefühl, wollte ihr Gesellschaft leisten und nebenbei, quasi aus erster Hand, mehr über die Missionsarbeit erfahren. Doch leider wurde ihr die Kontaktaufnahme untersagt mit den Argumenten, diese Schwester müsste ihre Lebensgeschichte mit Gott allein ausmachen und sie, Irene, müsse zuerst in allgemeiner Glaubenslehre unterrichtet werden, bevor sie sich auf die Missionsarbeit konzentrieren würde können. Hätte Irene Fragen oder Zweifel, solle sie sich weiterhin in Demut und Gehorsam üben, und die Unsicherheiten würden sich von selbst legen.

Vor dem künstlich erzeugten Abstandhalten gab es nirgendwo ein Entrinnen. Sogar ihre bescheidenen Habseligkeiten waren schon vom Tag ihres Eintritts für Irene nicht mehr greifbar, die Novizenmeisterin hatte sie in den zimmerhohen Schränken im Vorraum verteilt, wo noch Platz gewesen war, möglichst hoch oben und ohne Leiter ohnehin unerreichbar. Irene musste sich rechtfertigen, wenn sie etwas benötigte. So war auch der spontane Rückgriff auf das bewährte Tagebuch unmöglich geworden.
Geblieben war Irene lediglich eine Waschschüssel mit Wasserkrug, Seife, Handtuch und ein Kamm, alles verstaut hinter einem weißen Betttuch, zweckentfremdet als Rundvorhang zum Umkleiden am Abend und am Morgen neben dem Bett. Da sich Irene das Zimmer mit drei asiatischen Schwestern teilte, waren auch

die Betten mit weißen Leintüchern umkleidet. Jede Kontaktaufnahme zu den Schwestern war untersagt. Irene als einziger einheimischer Neuzugang war nicht nur von den im Flüsterton geführten Gesprächen der drei Zimmergenossinnen ausgeschlossen; die künstliche Distanz reichte bis in die nachmittägliche Rekreation im Garten hinein, wo die Novizenmeisterin darauf achtete, dass die Gespräche über belangloses Geplänkel nicht hinausreichten: den drei- oder vierblättrigen Klee am Wegesrand, das aktuelle Wetter, den letzten Fauxpas des betagten Ordensseelsorgers, der nicht müde wurde, die Schwestern vor der Anschaffung des „Götzen" Waschmaschine an Stelle von bewährtem Zuber, Waschbrett, Bürste und Seifenlauge zu warnen.

„Das Abstandhalten", liest Irene in einer Tagebucheintragung aus den letzten Tagen ihres Klosteraufenthaltes, „spüre ich ja auch bei den asiatischen Schwestern; sie sind nett zu mir, doch völlig unzugänglich, als ob eine Mauer zwischen uns bestünde. Vielleicht auch das Kastensystem aus ihrer Heimat? Komisch, dass ich das während der früheren Besuche noch nicht so empfunden habe! Es gehört offenbar zu den Ordensregeln, sich von den anderen Schwestern und ihren Nöten zu distanzieren, sie allein zu lassen in dem, was Gemeinschaft sein sollte."

Ja, dieses Abstandhalten war es weitgehend, welches Irene sechs Monate nach ihrem Eintritt wieder aus dem Orden wegtrieb. Sie vermochte sich damit nicht zu identifizieren, ja auf einer solchen Basis keine klösterliche Identität entwickeln. Irene meint heute, dass in dieser Haltung der Schwestern der Weg mit dem Ziel verwechselt wurde; dass eine besondere Begnadigung, in der „Gott allein genügt" (Teresa von Avila) und die nur Gott schenken kann, zu einer Verhaltensregel und Pflichtübung gemacht wurde. Nicht, dass Irene damals der Mut gefehlt hätte, einen solch radikalen Weg zu beschreiten. Vielmehr konnte sie die damit verbundene Missachtung der liebenden Fürsorge um die Mitschwestern nicht mit ihrem Gewissen vereinbaren. Daneben vermochte sie nach wie vor nicht mit dem Elitedenken in diesem Kloster zurechtzukommen. So wollte sie nicht werden!

Irgendwann hat sich dann gezeigt, dass Irene doch nicht die Einzige im Kloster war, die unter den Distanzregeln litt. Eine einheimische, sympathische, lebenslustige Schwester mittleren Alters hatte unmissverständlich begonnen, ihre Aufmerksamkeit auf sich zu ziehen, wenn auch nicht auf rein geschwisterliche Art. Sie setzte bald eindeutige Signale einer Annäherung, suchte „zufällige" Berührungen, steckte ihr heimlich kleine Geschenke zu und eröffnete ihr alsbald das klare Angebot, sie mit auf ihr Einzelzimmer zu nehmen, was in diesem Kloster eine Ungeheuerlichkeit bedeutete. Ihr auszuweichen war Irene nicht möglich, nachdem die Betreffende zu ihrer Lehrmeisterin in allgemeiner Glaubenslehre erklärt worden war. Mit einer ratsuchenden Andeutung bei Sr.G., zu der sich Irene in ihrer Zwickmühle durchgerungen hatte, stieß sie auf deren Unglauben. Sie nahm Irene einfach nicht ernst.
Damit hat sich für Irene jede freie Entscheidung für oder gegen das Klosterleben mit einem Mal erübrigt. Beinahe fluchtartig hat sie den Sehnsuchtsort ihrer Jugend wieder verlassen (müssen).

Später hat Irene der Generaloberin - eine große Missionarin, die zu ihrem Leidwesen während ihrer Postulantinnenzeit in Asien geweilt hatte - einen ausführlichen Brief geschrieben. In sieben Punkten legte sie ihre Beobachtungen dar und schlug konkrete Reformen vor.
Bereits zwei Tage darauf erhielt sie die Antwort der Generaloberin: „Es ist alles richtig, was Sie sagen... Mit diesen Problemen

beschäftige ich mich seit Jahren." Sie bedaure ihre langen Abwesenheiten, aber sie wolle die Reformen so bald als möglich angehen.

„Markus", 19-jährig, und ich, 22-jährig (Foto : Soyka)

4. THERAPEUTISCHES EXPERIMENT „JOSEFSEHE"

Ein Kitzeln an der Nase weckt Irene. Es währt eine ganze Weile, bis sie sich zurechtfindet. Da liegt sie auf ihrer Schaumstoffcouch, und ein böiger Wind weht ihr den vertrauten Macraméevorhang ins Gesicht. Sie ist wieder zu Hause, wirklich und wahrhaftig, daheim in ihrer hübschen, kleinen Wiener Stadtwohnung in der Taborstraße 83 im dritten Stock, gleich neben dem Augarten! Irene erhebt sich, tritt ans Fenster und erfreut sich an dem heimeligen Blick auf das viele Grün zwischen den gepflegten Mauern der Nachbarhäuser. Liebevoll betrachtet sie die dichte Krone der bis an die Fenster des zweiten Stockes langenden Robinie, das von Wildem Wein umrankte Gemäuer rund um den kleinen Rasen im Hof. Wenn sie sich nicht täuscht, dann mischt sich in die typische Wiener Großstadtluft ein Hauch von Landgeruch, den der frische Westwind mit sich bringt. Obwohl das Haus in einer Geschäftsstraße liegt, ist die südseitige Hofwohnung doch angenehm ruhig. Der Vorraum mit der Küche und die beiden Zimmer sind nebeneinander angeordnet, so dass ausreichend Licht und Sonne durch die fünf Fenster hereindringen können. Und in klaren Nächten taucht der helle Mond den freundlichen Hof in ein gespenstisches Licht. Hin und wieder durchbricht dann der durchdringende Schrei eines Falken die Stille, ja sogar Fledermäuse, die in einem nahen Flakturm nisten, verirren sich manchmal hierher.

Tief unten ist die Blumenfreundin vom zweiten Stock mit dem Gießen ihrer vielen Topfpflanzen, deren Blüten während der warmen Jahreszeit bunte Farben in den Hof zaubern, beschäftigt. „Wieder zurück?" ruft sie, als sie Irene erblickt. „Ja, und jetzt bleibe ich auch da!" entgegnet diese. Als die Nachbarin ihr herzlich zulächelt, fügt sie hinzu: „Ich habe Heimweh bekommen!"

Ein verständnisvoller Blick der gebürtigen Ungarin trifft sie, weiß sie doch nur zu gut, was dieses Wort bedeuten kann.

Markus schläft immer noch tief und fest, zusammengekauert wie ein Embryo und lautlos atmend. Liebevoll betrachtet Irene den friedlichen Ausdruck im Gesicht ihres Mannes, das zerzauste, schimmernde Haar und den leicht geöffneten Mund. Du hast es also geschafft, denkt sie, hast deine große Chance, um die dich im Nachhinein viele beneiden werden, wahr genommen und hast es gewagt, die Sicherheit einer sozialen Organisation gegen die Ungewissheit eines neuen, aber freien Lebens einzutauschen, von dem du noch gar nicht wissen kannst, ob du ihm gewachsen sein wirst. Ja, dein Vertrauen macht mich stolz und froh, es wird mir die größte Verpflichtung sein. Wie lange ist es her, dass du von jemandem geliebt wurdest, zu jemandem gehörtest? Hast du es überhaupt erlebt, und wie gut kannst du dich an die Zeit erinnern, bevor du die Nummer 37 wurdest?
Für einen Moment muss Irene wieder an den Schrecken denken, als sie - wenige Tage vor ihrer Heirat am Standesamt - die Koffer schon gepackt hatte und auf Markus wartete, er aber nicht erschien. Wollte er doch nicht mitfahren? Hatte ihn im letzten, entscheidenden Augenblick der Mut verlassen? Klopfenden Herzens ging sie hinauf auf sein Zimmer, wo er regungslos und mit gesenktem Kopf am Fenster stand. „Packst du jetzt auch deine Sachen?" wagte sie ihn dann in zaghaftem Ton zu fragen. „Jaja, ich fang' schon an", antwortete er leise, ohne sie anzublicken. Der kommt nicht, schoss es ihr durch den Kopf, und es war ihr, als fasste eine eiskalte Hand an ihr Herz. Doch Markus kam und schleppte sich gehörig ab. Irene staunte, wie viel Kleinzeug er besaß, ihr kleiner Wagen wurde randvoll. Und seltsamerweise fanden auch sie und Markus noch in dem Auto Platz.

Ihr Mann! Noch einmal streicht Irene über Markus' Haar, er schläft immer noch tief. Ja, er gehört zu ihr, sie hat ihn geheiratet, wenn auch allein standesamtlich. Und sie liebt ihn ehrlich und aus ganzem Herzen. Dennoch, wenn sie an die übereilte Heirat zurückdenkt, erscheint ihr dieses Ereignis eher wie ein Schauspiel. Als sie, ihr schweigsamer Bräutigam den Blick verlegen zu Boden geheftet, die Gratulationen einiger weniger Gäste entgegennahm, von denen sie ahnte, was sie sich insgeheim dachten, ist ihr die Situation auf einmal schon sehr merkwürdig vorgekommen. Ja, sie stand auf einer Theaterbühne und spielte die Hauptrolle ihres eigenen Stückes „Josefsehe"! Aber, tröstet sie sich jetzt, vielleicht mag es anderen Frauen ähnlich ergehen. Und vielleicht muss sie sich einfach erst an den Zustand gewöhnen, in einer „Josefsehe" verheiratet zu sein, genauso wie Markus, dem das alles ja auch viel zu schnell gegangen ist. Aber ist ihr denn eine andere Wahl geblieben?

Noch heute muss Irene lachen über die verdatterte Miene des Beamten am Jugendamt, als sie ihr Anliegen vortrug. Markus hatte schon auf der Hinfahrt an Schwindelgefühlen gelitten und war kurz vor dem Ziel auf dem Beifahrersitz zusammengesackt. Leichenblass saß er nun daneben, und es war kein Wort aus ihm herauszubringen. Der Beamte verließ den Raum, um kurz darauf mit zwei Kollegen wiederzukommen, die Irene teils verwundert, teils amüsiert betrachteten. Sie hatte dann allerhand Fragen zu beantworten, die auf ihre Zuverlässigkeit anspielten und ihr alle Konzentration abverlangten. Sie musste überzeugend wirken, sonst hätte noch alles schiefgehen können. Zu guter Letzt hielt Irene dann tatsächlich ein Papier in Händen, das Markus die Erlaubnis zu seiner Verehelichung mit ihr einräumte.

Der Heimdirektor gab zu dem Papier keinen Kommentar ab, drückte aber Irenes Hand länger als sonst und sah ihr tief in die

Augen, so, als wollte er sagen: Ich glaube nicht, dass das gut geht. Aber meinen Segen habt ihr trotzdem!

Allmählich scheint es Irene an der Zeit, Markus zu wecken. Alles Gepäck liegt noch wahllos im Zimmer herum, denn sie haben am Vorabend ihre Habseligkeiten nur noch mit letzter Kraft hinaufgeschleppt und sind dann gleich todmüde ins Bett gefallen. Nachdem zartes Rufen nichts nützt, rüttelt Irene Markus an den Schultern, um ihn wach zu bekommen. Er rührt sich nicht und reagiert nicht einmal auf ein Kitzeln seiner Fußsohlen. Nun greift Irene zum Wecker und lässt ihn neben seinem Ohr rasseln. Keine Reaktion. Angst erfasst sie: Was ist los mit Markus? Ist er ohnmächtig? Sie beschließt, es aufzugeben. Irgendwann wird er ja von selber aufwachen, tröstet sie sich. Ist Markus' ohnmachtsähnlicher Tiefschlaf als so etwas wie ein Warnsignal zu deuten? Haben ihn die raschen, tiefgreifenden Veränderungen der letzten Wochen überfordert?
Sie entsinnt sie sich ihrer ersten gemeinsamen Nacht im Heim. Da Männerbesuche in den Unterkünften der ErzieherInnen grundsätzlich verboten waren, ist dem Paar nur das Nachtdienstzimmer als Refugium geblieben. Das Beisammensein musste aber auch hier unbemerkt vor sich gehen. An jenem Abend hatte sich nichts Außergewöhnliches ereignet, Irene ihre Runden ohne Zwischenfälle absolviert, und in allen Gruppen war es ruhig gewesen. Das Nachtdienstzimmer lag im ersten Stock neben der Krankenstation, in der bei Tage eine resolute Pflegeperson für die kleineren Unpässlichkeiten zuständig war. Auch das Krankenzimmer war leer, also eine günstige Gelegenheit. Irene war nicht sicher, ob Markus wirklich kommen würde, obwohl sie sich sehr danach sehnte. Es mag etwa elf Uhr gewesen sein, als sich dann ein dunkler Schatten lautlos dem winzigen Nachtdienstzimmer näherte. Gott sei Dank, durchfuhr es Irene, es war tatsächlich

Markus! Seine Erscheinung verwirrte sie einen Moment lang, denn er war lediglich mit einer weißen Unterhose bekleidet und trug seine Holzpantoffeln in der Hand, um nicht gehört zu werden. „Es hat mich niemand gesehen!" meinte er zufrieden und blickte sich in dem kleinen, engen Raum um. Dann nahm er auf der Bettkante Platz.

Nun, da Markus gekommen war, erschien Irene die Situation auf einmal grotesk. Zu deutlich fühlte sie in diesem Moment das Unnormale an dieser ins Auge gefassten „Josefsehe". Da saß Markus nun neben ihr auf dem Bett und tat nichts anderes, als sie erwartungsvoll anzusehen. Für wenige Sekunden schwanden ihre zärtlichen Gefühle, und sie hätte Markus am liebsten mit einer Ausrede wieder weggeschickt. Zwar fasste sie sich rasch wieder, fühlte sich aber minutenlang nicht ganz wohl in ihrer Haut. Auch, als sie die Türe geschlossen und das Licht gelöscht hatten und sich wie Bruder und Schwester aneinanderschmiegten, horchte Irene mit einem Ohr hinaus, vernahm aber nichts als das Rauschen der Weiden im Wind.

Nachdem Markus noch immer nicht erwacht ist, begibt sich Irene in die Küche und setzt Teewasser auf. Ein liebevoller Blick streift das hübsche Muster auf den ockergelben Tapeten und den originellen Bastvorhang, der die Kochnische vom winzigen Vorzimmer optisch abgrenzt. Sogar ein einfacher Küchentisch mit vier Stühlen hat hier noch Platz gefunden, und nach wenigen Minuten schlürft Irene genüsslich, in Gedanken versunken, den ersten Frühstückstee nach ihrer Rückkehr. Kühlschrank und Brotdose sind leer, also knabbert sie einige Kekse, die von der Reise übriggeblieben sind.

Endlich vernimmt sie vom Wohnzimmer her ein Geräusch, und kurz darauf steht ein völlig verschlafener Markus gähnend in der Tür: „Du, gerade ist ein Traktor vorbeigefahren!" sind seine ersten Worte an diesem Morgen. Sie schmunzelt, erwidert aber nichts. Als Markus, noch im Pyjama, sich in der Wohnung umblickt, nimmt sein Gesicht auf einmal beinahe einen verklärten Ausdruck an: „So schön ist es da! Und so klein ist alles!" Er weist dabei auf die Küchengeräte, die, nachdem sie monatelang die Großküche des Heimes gewohnt war, auch Irene winzig anmuten. Markus geht von einem Möbelstück zum anderen, besieht jedes ganz genau und bestaunt die Gobelinbilder an den Wänden. „Die habe alle ich gemacht!" erklärt ihm Irene nicht ohne Stolz. Viel Geduld hat sie beim Sticken gebraucht; es hat ihr einst aus dem Tief nach den Spitalsaufenthalten herausgeholfen. Am meisten begeistert Markus das Motiv eines Straußes von Klatschmohn, Kornblumen und Margeriten auf schwarzem Grund, ein erster Blickfang, gleich wenn man bei der Wohnungstür hereinkommt.

Dann entdeckt Markus die kleine Kaminuhr im Wohnzimmer, die auf dem alten Vitrinenschrank thront. „Darf ich sie stellen?" fragt er auf einmal voll Eifer. Irene bejaht nicht ohne Verwunderung, da die Uhr ihrer Ansicht nach ohnehin richtig geht. Markus greift in eine seiner Taschen hinein, zieht seinen Radiorecorder heraus und schließt ihn an die nächstbeste Steckdose an. Nachdem dieser eingeschaltet ist, meldet sich der Nachrichtensprecher, und der 10-Uhr-Gong ertönt. Mit hastigen Bewegungen verrückt Markus den großen Zeiger der Uhr um vielleicht zwei Millimeter, um danach mit ernster Miene der Informationssendung zu lauschen. Was hat er jetzt vor? überlegt Irene verwundert, interessiert es ihn denn wirklich sosehr, was hier gesagt wird? Markus' Stirne ist leicht zerfurcht vor Konzentration, und irgendwie hat Irene den Eindruck, dass sie ihn jetzt nicht stören darf. Also wartet sie ab, und bald klingt es vom Radio her: „Es ist zehn Uhr sieben!" Nun hantiert Markus an seiner Armbanduhr herum, und Irene begreift auf einmal, dass die exakte Uhrzeit für ihn etwas sehr Wesentliches sein muss.

Ihr Kleiderschrank im Schlafzimmer erweist sich als viel zu klein, um sämtliche Habseligkeiten von Markus darin unterzubringen. Und obwohl sie dann noch den Bettzeugraum vollstopfen, müssen die Puzzlespiele doch auf dem Holzboden aufgeschichtet werden. Außer dem einfachen Schrank, dem Bett und einem hellblauen Langflorteppich ist dieser Raum noch leer; die Böden in beiden Zimmern hat Irene eigenhändig braun übermalt und auch alle Türen selbst hellweiß gestrichen. Nur die schon morschen Rahmen der Innenfenster konnten nicht mehr ausgebessert werden, doch fällt dieser Mangel hinter den Vorhängen nicht weiter auf, zumal die sorgfältig ausgewählten Tapeten ohnehin die Blicke jedes Besuchers auf sich ziehen. Im Schlafzimmer sind es weiße Lilien auf hellblauem Grund, der Wohnraum ist ganz in freundlichem Orangerot gehalten. Feuerlilienartige Gewächse ranken sich die Wände empor, die nur den Nachteil haben, dass man in der Wahl der Bilder ebenfalls an diesen Farbton gebunden ist. Ein Poster zeigt ein Verkehrsflugzeug, das vor dem Hintergrund der untergehenden Sonne zur Landung ansetzt, gegenüber hängt ein langes, breites Gobelinbild, ebenfalls in Abendrot getaucht, mit zwei schwarzen Schwänen eingestickt, die im dichten Schilf nach Nahrung suchen. Die Sonne, eben im Begriff, hinter Dunstschleiern unterzutauchen, widerspiegelt sich im stillen Wasser. Außerdem gibt es noch einen kleinen Wandteppich, auf dem ein weißes und ein braunes Pferd auf gelbem Grund eingearbeitet sind.

Endlich hat das junge Paar alles verstaut. Irene klappt die Schaumstoffcouch im Wohnzimmer zu, die den beiden als Schlafstatt gedient hat, da das Bett sich nicht nur als zu schmal, sondern auch als zu kurz für Markus erwiesen hat. Dazu passend gibt es noch zwei Fauteuils aus Schaumstoff und einen Couchtisch aus Nussholz. Den Schreibtisch vor dem Fenster, ebenfalls aus Nussholz, hat Irene sogar selbst zusammengeschraubt.

Nun ist es an der Zeit, einiges einzukaufen, schließlich müssen die beiden ja auch irgendwann etwas Ordentliches zu sich nehmen. Zwei Häuser weiter, kurz vor der Straßenkreuzung, liegt das Feinkostgeschäft Heinrich, in dem Irene früher immer gerne eingekauft hat. Die zwei liebenswürdigen Verkäuferinnen begrüßen sie mit gewohnter Herzlichkeit. Irene stellt ihnen Markus vor und erwähnt auch seine Herkunft. Sie hält das vor allem deshalb für notwendig, da Markus sich anfangs beim Einkaufen vielleicht recht ungeschickt anstellen könnte. So ist es sicher besser, sie wissen gleich Bescheid. In einem ausführlichen Rundgang durch den Selbstbedienungsladen lernt Markus die wichtigsten Lebensmittelregale kennen. Wieder nickt er zu allem, stellt aber nie eine Frage, so dass Irene wieder rätselt, wie viel er nun auch wirklich mitbekommen hat. Rasch ist daheim ein einfaches Gericht zubereitet, und Irene staunt, welche Nudelmengen ihr Mann auf einmal zu verschlingen in der Lage ist. Immer noch trägt Markus eine kindlich verträumte Miene zur Schau, so, als könne er noch gar nicht fassen, wie ihm geschieht. Alle paar Minuten sieht er auf seine Armbanduhr und stellt zur nächsten vollen Stunde wieder die Zeiger.

Am Nachmittag sind noch einige Wege zu erledigen, und Markus tut überall ohne viele Worte mit, immer gleichmäßig freundlich lächelnd, aber zugleich ohne das lebhafte Interesse, das sich Irene erhofft hat. Sicher dauert das seine Zeit, tröstet sie sich, er muss sich ja erst an die Großstadt gewöhnen, ist er doch über den engen Rahmen des Heimes bisher kaum hinausgekommen. Auch ist bisher alles Lebenswichtige für ihn durch die Heimorganisation geregelt worden, und die Sorge um die alltäglichen Dinge hat er dort auch nicht kennenlernen können. Trotzdem aber spürt Irene immer mehr, dass sie eine sehr schwierige Aufgabe auf sich genommen hat, die sie nicht mit Hilfe ihres Durchhaltevermögens allein bewältigen wird können. Aber der liebe Gott wird ihr zur

Seite sein, er weiß ja um ihre lauteren Absichten. Welcher Art Markus' Retardierung nun wirklich sein soll? Sie vermag es auch nach diesem Tag noch nicht zu sagen. Doch empfindet sie seine Abhängigkeit von ihr nicht als Last, sein Vertrauen verleiht ihr vielmehr Befriedigung und ein bislang unbekanntes Gefühl innerer Ausgefülltheit. Irene ist voll Zuversicht, die Liebe werde die gravierenden Unterschiede ausgleichen und Markus' hingebungsvolle Zärtlichkeit ihr Kraftquelle genug sein, ihr begonnenes Werk fortzusetzen und das nachzuholen, was in seiner Erziehung versäumt wurde.

Gegen Abend verspürt sie zunehmend Sehnsucht, diesen ersten Tag daheim in den starken Armen ihres Mannes zu beenden. Es soll ein romantischer Abend werden, und sie tut alles, um Stimmung zu erzeugen. Nachdem sie die Couch mit hübschen, zartblau gemusterten Überzügen versehen und in die Nachttischlampe eine orangerote Glühbirne geschraubt hat, wird noch ein kleines Nachtmahl bei Kerzenlicht in der Küche eingenommen. Die Möbel werfen dunkle, flackernde Bilder auf die Tapeten, und die Ringe des Bastvorhanges tanzen in fröhlichen Schatten über den Plafond. Vom Kassettenrecorder her ertönen gedämpfte Geigenklänge, sonst ist es geheimnisvoll ruhig. Markus lässt sich gefangen nehmen von der Gemütlichkeit ihres kleinen Reiches, seine Züge nehmen denselben verklärten Ausdruck an wie am Morgen. Gleich werden sie ihre junge, zarte Liebe erstmals in friedvoller, geschwisterlicher Atmosphäre erleben können, und das völlig ungestört. Hier werden sie nicht mehr hinaushorchen müssen, ob nur ja niemand kommt.

Als sich Irene noch in die Küche begibt, um ein Glas Wasser zu holen, gewahrt sie schon beim Hinausgehen, wie sich Markus erneut zu seinem Radiogerät begibt, den Blick aufmerksam auf seine Armbanduhr gerichtet. Ach ja, es ist wieder die volle

Stunde, entsinnt sie sich, 21 Uhr. Aber, tröstet sie sich, gleich wird er aufblicken und sich ihr liebevoll zuwenden. Und tatsächlich, Markus sieht zu ihr auf, senkt jedoch den Blick gleich wieder und fährt fort, seine Uhr zu beobachten. Das kann doch nicht wahr sein!, schießt es ihr durch den Kopf, doch sie bleibt ruhig. Die Nachrichtensendung geht zu Ende, die Zeiger werden nachgerückt. Markus erhebt sich mit zufriedenem Ausdruck. Er sieht seine Frau ganz gleichgültig an, als er entschuldigend meint: „Die Kaminuhr habe ich jetzt nicht eingestellt, sie geht noch auf die Sekunde genau!" Ohne jede Reaktion geht er an ihr vorbei in die Küche und nimmt einen Schluck aus der Fruchtsaftflasche. Irene ringt einige Sekunden lang nach Fassung, tut aber nichts dergleichen und beschließt, noch abzuwarten. Als Markus sich dann allerdings darauf einrichtet, die abendliche Hitparade anzuhören, wird es ihr zu viel. Trotzdem klingt ihre Stimme ganz gefasst, als sie ihm vorschlägt: „Möchtest du nicht doch ins Bett kommen? Da begreift er allmählich, zieht seinen Pyjama an und legt sich gehorsam neben sie. Schließlich wird es doch noch ein zärtlicher Abend vor dem Fernsehapparat, und Irene sie für's erste dann doch einmal sehr glücklich.

Als Irene am nächsten Morgen erwacht, ist der Platz neben ihr leer, und sie hört Markus in der Küche hantieren. Aha, er macht Frühstück, stellt sie erfreut fest. Wieder durchfließt ein Gefühl inniger Zuneigung für diesen vom Schicksal geprüften, einfachen Menschen, der ihr sein Leben so bedingungslos anvertraut hat, ihr Herz.

Es vergehen zehn, fünfzehn Minuten, aber Markus erscheint nicht. In der Küche ist es merkwürdig ruhig geworden. Irene beschließt nachzusehen, und da steht ihr Mann gesenkten Hauptes vor dem Gasherd, den Anzünder in der Hand. „Kannst du damit nicht Feuer machen?" fragt sie ihn verwundert. Markus schüttelt den Kopf und sieht immer noch nicht auf. Freilich, fällt ihr ein, eine häusliche Kochstelle muss für Markus, der nur an Großküchen gewöhnt ist, etwas völlig Neues sein! „Aber warum hast du mich nicht gefragt, wie du den Anzünder benützen sollst?" erkundigt sie sich mit leisem Vorwurf in der Stimme. „Ich weiß nicht, ich glaube, ich habe mich nicht getraut!" lautet die verblüffende Antwort.

Irene versucht Markus mit wenigen, einfachen Worten zu erklären, dass er sich nicht scheuen solle zu fragen, wenn ihm etwas unklar sei, da sie seine Schwierigkeiten ja nicht immer erraten könne. Sie merkt, es ist für Markus schwer zu begreifen, dass er sich jetzt nicht mehr schweigend zu fügen hat, wie er es jahrelang widerspruchslos praktiziert hat. Jetzt ist ja sie da, Irene, seine Frau, die auf seine persönlichen Bedürfnisse eingeht. Aber sie fühlt, dass es viel Einsatz bedeuten wird, Markus jenes Bewusstsein der Individualität zu vermitteln, das sich im Massenbetrieb des Heimes nicht entfalten hat können und dort im geregelten Gruppenleben vielmehr eher hinderlich gewesen wäre. Wieder ein Problem der Anpassung, muss Irene sogar lächeln, denkt sie an ihre Zeit im Kloster zurück, nur mit dem Unterschied, dass Markus sich im Heim tatsächlich total angepasst hat - zumindest nach außen hin. Noch ein zweites hat sie heute früh begriffen: Dass sie in ihrer Arbeit mit Markus bei den elementarsten Dingen des täglichen Lebens ansetzen werde müssen.

So verwundert es sie nicht mehr allzu sehr, dass Markus nicht in der Lage ist, einen Zahlschein auszufüllen. Als sie ihn darüber aufklären will, stellt sie mit Erschütterung fest, dass ihrem Mann jede Übung im Schreiben fehlt. Seine Federführung ist zittrig und unbeholfen, das Schriftbild fast unleserlich, fehlerfreie Worte selten. Sie legt mit Markus ein Heft an und lässt ihn zunächst ihre Namen, Daten und die Wohnadresse richtig zu Papier bringen.

Dann schlägt sie ihm Abschreibübungen beliebiger Texte vor, mit denen er noch am selben Abend mit Eifer beginnt.

Beim Lesen gibt es keine nennenswerten Probleme, doch sieht es mit dem Rechnen bei weitem schlimmer aus. Markus braucht nicht nur seine Finger, um 7 und 8 vielleicht richtig zusammenzuzählen, es fehlt ihm vielmehr jedes Verständnis für Zahlen. Für ihn besteht kaum ein Unterschied zwischen Hundert und Tausend, beide Begriffe stellen für ihn Mengen dar, die er nicht mehr einzuschätzen und einzuordnen in der Lage ist. Daher hat er auch keinen Überblick über den Rechnungsbeleg beim Einkaufen, und Irene wird klar, dass sie das Wechselgeld kontrollieren wird müssen. Sie ist den netten Verkäuferinnen dankbar, die Markus' Unvermögen im Umgang mit Geld zwar rasch erkennen, diese Eigenschaft jedoch nicht ausnützen und ihn vielmehr mit besonderer Geduld und Zuvorkommenheit bedienen.

Wenig später aber wird es doch zuweilen geschehen, dass Markus aus manchen Geschäften zu wenig Wechselgeld heimbringt. Und das ist weiter nicht verwunderlich, da man ihm beim Einkauf seine Ungewandtheit ansehen kann. Er verhält sich noch sehr unsicher, spricht nur das Allernötigste, und die Eigenschaft, die Augen niederzuschlagen, wenn er mit anderen spricht, wird sich erst nach geraumer Zeit gelegt haben. So lebt Irene vom ersten Tag an in der ständigen Sorge, jemand könnte sich die Ungeschicklichkeit und Schüchternheit von Markus zunutze machen. Freilich muss sie die Geldgebarung voll in der Hand behalten, das macht sie ihm klar, und Markus nimmt das als ganz selbstverständlich hin. Da entsinnt sich Irene auch des geerbten Hausanteils in G., von dem sie im Heim gelesen hat. Auch hier muss sie ja bald etwas unternehmen. Aber eines weiß sie ganz sicher: Sie wird einen künftigen Erlös nicht in ihrem eigenen Interesse verwenden, obwohl sie genau weiß, dass Markus sich jede

Erklärung dafür einreden ließe. Eben dieses uneingeschränkte Vertrauen verpflichtet sie zu hundertprozentiger Fairness.

An diesem Morgen macht sich Irene auch zum ersten Mal ernstliche Sorgen, wie sich Markus an einem neuen Arbeitsplatz bewähren wird. Schließlich weiß sie noch gar nicht, wo sie für ihn Arbeit finden kann. Und sie beginnt sich mit Schaudern auszumalen, was Kollegen mit Markus anstellen könnten, geriete er in die falschen Hände. Dem Alltag in keiner Weise gewachsen, könnte man ihn zu vielem missbrauchen, vielleicht auch zur Beihilfe bei kriminellen Handlungen.

Nicht nur Markus' Vertrauen ist es, das Irene ihre Mühen um ihn zuweilen als sehr befriedigend erleben lässt, zumal sie Markus wirklich von Herzen lieb hat. Markus erweist sich in den meisten Bereichen als äußerst williges und gelehriges, wenn auch sehr groß gewachsenes und kräftiges Kind. Er zeigt sich überaus aufnahmebereit, „abholfähig", und Irene „holt ihn ab". Immer wieder erscheint ihr sein unschuldiges Innenleben wie ein leeres Blatt, das sie nach ihrem besten Gewissen und mit viel Feingefühl beschreiben darf. Es ist ihr freilich von Anfang an bewusst, dass sie Geduld haben werde müssen, und nimmt sich vor, jede sich bietende Gelegenheit situationsgemäß zu nützen, Markus vieles zu erklären und ihn unaufdringlich weiterzubilden. Sie wird daneben jede Begegnung mit Dritten, das Tagesgeschehen und gemeinsam geschaute Fernsehfilme auf ihn bezogen auswerten, in Gesprächen zu verarbeiten suchen und auch mit ihm zusammen das Gebet suchen.

In den Höhen und Tiefen ihrer „Josefsehe" wird sie noch wiederholt ein Empfinden von innerer Befriedigung und Genugtuung überkommen, diesem liebenswerten Individuum ihre ganz persönliche Prägung verleihen zu dürfen. Und in den doch zahlreichen Enttäuschungen, die sie erwarten, wird dieses Bewusstsein sie immer wieder motivieren, nicht aufzugeben. Dass sie mit

Markus überdies verheiratet ist, steht ihr hingegen seltener vor Augen - meistens dann, wenn Dritte auf sie reagieren, als wären sie ein „normales" Ehepaar.

Wie sehr er ihr bereits ans Herz gewachsen ist, erkennt sie mit erschreckender Deutlichkeit einen Abend später, als sie ihn zu einem Zeitungsverkäufer schickt, der, nur eine Straßenecke weiter, die Abendausgabe ihres gewohnten Tagesblattes verteilt. Es verstreicht ein längerer Zeitraum, doch Markus kehrt nicht wieder. Irenes anfängliche Sorge wandelt sich in regelrechte Furcht, und da sie von ihren Hoffenstern aus nicht nach ihm Ausschau halten kann, hält sie es daheim bald nicht mehr aus. Sie läuft die drei Stockwerke hinunter, springt in ihren Wagen und fährt um die benachbarten Häuserblocks herum, kann Markus aber nirgends entdecken. Was ist passiert? Nach einer halben Stunde kann sie ihre Tränen nicht mehr zurückhalten. Sie stellt den Wagen irgendwo ab und eilt die Stufen wieder hinauf. Wahrscheinlich ist Markus längst zu Hause, versucht sie sich vergeblich zu beruhigen. Warum hat sie ihn denn überhaupt weggeschickt, weiß sie doch, wie schwer er sich bei allem tut!

Als sie schon der Verzweiflung nahe ist, vernimmt sie auf einmal vertraute, schwere Schritte auf der Stiege. Sie reißt die Türe auf, und da ist endlich Markus, die Zeitung in der Rechten. „Wo warst du so lange?" stößt Irene hervor. „Ich hab' mich verlaufen", entgegnet Markus lachend, „ich bin in die falsche Richtung weitergegangen!" „Verlaufen?" erwidert Irene ganz fassungslos, „Verlaufen, wo doch die Zeitung am nächsten Eck verkauft wird?" Markus mustert seine Frau erstaunt, sie so aufgelöst vorzufinden. Versteht er, wie sehr sie sich um ihn gesorgt hat? Und an diesem Abend fragt sie sich zum ersten Mal, ob Markus' Gleichmut ihren totalen emotionalen Einsatz überhaupt rechtfertigt. Wie viel begreift er von ihren Empfindungen, wie nahe steht er ihrem Herzen überhaupt?

Nach einigen Tagen sind die letzten Gehälter aus dem Heim und Markus' kleine gesparte Geldsumme eingelangt. Nun ist es an der Zeit, seine bescheidene Garderobe zu ergänzen. Hemden besitzt er genug für den Anfang, auch einen Mantel hat er glücklicherweise mitgebracht, doch mangelt es ihm an Hosen, Stiefeln und Handschuhen. Da Irene auch hofft, ihren Mann bald dafür begeistern zu können, mit ihr an einer geselligen Veranstaltung teilzunehmen, überredet sie ihn zur Anschaffung einiger Krawatten. Allerdings stellt sich bald heraus, dass beide im Binden derselben keine Ahnung haben. Doch Irene weiß sich zu helfen und greift kurzerhand zum Anstandsbuch einer Tanzschule. Hier ist der Werdegang eines Krawattenknopfes genau beschrieben, und bald haben sie es geschafft. Markus steht so ein Schlips ganz ausgezeichnet, stellt Irene befriedigt fest, er sieht richtig fesch damit aus!

Langsam wird es höchste Zeit, an Arbeitssuche zu denken. Klar, dass für Markus nur eine Hilfsarbeit in Frage kommt. Ein erster Versuch bei einem Flaschengroßhandel schlägt fehl, da Markus vor dem Firmenchef kein Wort herausbringt. Auch ist es sicher nicht an der Tagesordnung, dass ein Bewerber seine Frau zum Vorstellungsgespräch mitbringt. Irene versucht es also ganz gezielt mit einem Zeitungsinserat: „Ehemaliger Heimzögling, kräftig, ehrlich und verlässlich, sucht Hilfsarbeit. Wer gibt ihm eine Chance?" Es meldet sich ein einziger Anrufer, der sich als Druckereibesitzer vorstellt. Er sucht einen Anlernling für seine neue Druckmaschine, Vorkenntnisse sind keine erforderlich. Auch betont er, er hätte soziale Ambitionen, und es würde ihm Freude bereiten, Markus diese Chance zu bieten.

Frohen Herzens machen sich die beiden auf den Weg, die Druckerei liegt nur wenige Gehminuten von zu Hause entfernt. Herr Pirker (Name geändert) erweist sich als ein Mann mittleren Alters, dessen angenehme Stimme schlecht zu seinem Auftreten passt. Seine Wangen sind eingefallen, der Blick undurchsichtig, und ein ansehnlicher Bierbauch bildet einen auffälligen Gegensatz zu seiner ansonsten eher hageren Erscheinung. Ohne viele Worte zu machen, geleitet er Markus zu seiner neuen Maschine, die offensichtlich nicht allzu schwer zu bedienen ist. „Meinetwegen kannst du morgen anfangen", meint Herr Pirker dann, ohne weitere Fragen zu stellen, und Markus ist ganz begeistert.

Irene aber teilt seine Freude ganz und gar nicht. Irgend etwas, was sie aber nicht erklären kann, gefällt ihr an diesem Menschen nicht. Ist es bloß die Unordnung in der Werkstatt, die auffällige Staubschicht auf den Geräten, oder ist ihr Herr Pirker einfach nur unsympathisch? Sie hat sich in seiner Gegenwart merkwürdig unbehaglich gefühlt, und eine innere Stimme scheint sie zu warnen. Schließlich greift sie zum Telefonhörer und sagt Herrn Pirker ab, der ihren Rückzug ohne Einwände zur Kenntnis nimmt.

Es wird nicht lange dauern, und Irene erkennt den Druckereibesitzer auf einem Fahndungsbild in ihrer Zeitung wieder, obwohl als Name statt „Pirker" „Berger" darunter steht. Er wird wegen Kokainschmuggels über die südliche Landesgrenze gesucht. Und schon einen Tag später wird er gefasst, als er, im Begriff, den Grenzfluss zu überqueren, mit seinem Motorboot kentert. In seiner Begleitung befindet sich ein achtzehnjähriger Fritz K., ehemaliger Heimzögling.

Irene beschließt, lieber kein Inserat mehr aufzugeben. Trotzdem soll Markus schon kurze Zeit später Erfolg haben. Er liest die fettgedruckte Anzeige eines namhaften Vertriebes von Radio- und Fernsehgeräten. Eine männliche Hilfskraft wird für Verladetätigkeiten gesucht. Irene ist begeistert, das wäre doch etwas nur allzu Geeignetes für Markus! Auch dieses Lager befindet sich nur wenige hundert Meter von ihrer Wohnung entfernt, und Markus wird in der Mittagspause nach Hause kommen können - ein Umstand, auf den Irene so sehr gehofft hat.
Sie starten sofort, um die ersten Bewerber zu sein. „Diesmal redest du aber schon selber mit dem Firmenchef!" ersucht Irene Markus noch eindringlich. Eine riesige Lagerhalle empfängt die beiden, vollgepfropft mit größeren und kleineren Kartons, die allesamt die Aufschrift „Bitte, nicht stürzen!" tragen. Die Tore stehen offen, davor einige Lastautos, dunkelblau gestrichen, mit geöffneten Planen und der Firmenaufschrift „Schier, Otten & Co.".
Eine Menge Arbeiter ist emsig damit beschäftigt, Kartons in das Innere der Laderäume zu transportieren. Die leichteren werden getragen, die schwereren auf Sackkarren herbeigeschafft. Draußen fahren ständig Lastwagen und Stapler vorbei, ein dumpfes Poltern ist zu hören, durch das Einschlichten der Kartons auf die Verladeflächen verursacht.
Neugierige Blicke folgen Irene, als sie mit Markus in Richtung Büroraum steuert, der sich in übersichtlicher Position in der Mitte der Lagerhalle befindet. Der lange Weg kostet sie schon etwas Mut. „Wollen Sie bei uns anfangen?" hört sie eine Stimme hinter sich, „Eine Frau, das ist ja ganz was Neues!" Gelächter ertönt,

und ein anderer meint: „Wirst sehen, die verlädt dich im Handumdrehen!" Der andere protestiert, Geschrei wird laut. Markus
reagiert nicht, dreht sich nicht einmal um.

Endlich ist der Büroraum erreicht. Ein sympathischer Herr mit
einem gutmütigen, runden Gesicht, etwa fünfundvierzig, erhebt
sich sofort, als er sie eintreten sieht. Mit einem gar nicht so er-
staunten Lächeln schüttelt er ihnen die Hände, stellt sich als Personalchef Trummer vor und heißt sie auf den einfachen Holzses-
seln Platz zu nehmen. Während Irene von Markus' Herkunft berichtet und um seine Aufnahme als Magazinarbeiter bittet, betrachtet der Personalchef Markus wohlwollend. Wenn er heute
nur seinen Mund aufmacht! „Wissen Sie, mich interessiert das
Woher nicht", erklärt Herr Trummer dann freundlich, „ich ver-
lasse mich auf meinen persönlichen Eindruck." Dann richtet er
einige Fragen an Markus, die dieser, wenn auch knapp und mit
niedergeschlagenen Augen, beantwortet. „Fest zupacken müssen
Sie bei uns schon, wenn Ihnen das nichts ausmacht. Glauben Sie,
dass Sie das schaffen?" erkundigt sich der Chef dann, und Markus sieht ihm erstmals ins Gesicht, als er eifrig antwortet: „O ja,
ich bin es vom Heim gewöhnt, schwer zu tragen!" Herr Trummer
sieht Markus nochmals prüfend an, bevor er das erlösende Wort
spricht: „Gut, probieren wir's. Die blaue Arbeitskleidung bekommen Sie aber erst nach dem Probemonat. Haben Sie selber etwas
Passendes für die erste Zeit?" Bevor Markus antworten kann, entsinnt sich Irene seines weißen Arbeitsanzuges, den ihr Mann in
der Großküche getragen hat. Herr Trummer lacht herzlich, als sie
diesen erwähnt, und sagt nur: „Naja, schmutzig wird er halt!"

Schon am nächsten Tag soll Irene verstehen, was den Personalchef so erheitert hat. Vom strahlenden Weiß des Anzugs bleibt
nichts übrig, das Kleidungsstück wird total verschmutzt und der
Saum heruntergerissen. Irene begreift erst allmählich, dass es

sich um eine Schwerarbeit handelt, die weitgehend unter freiem Himmel ausgeführt werden muss. Markus wird jeder Laune des Wetters ausgesetzt sein, und sie denkt mit Bangen an den nahenden Winter. Als sie Markus am Abend fragt, wie er mit den Arbeitskollegen zurechtkommt, meint er etwas verwirrt: „Die haben so gelacht, als ich gekommen bin. Ich glaube, sie haben den weißen Anzug so komisch gefunden!" „Naja, weiß ist er ja nun nicht mehr!" lächelt Irene, froh, dass sonst nichts los gewesen ist. Trotzdem rät sie ihm, sich nur auf seine Arbeit zu konzentrieren und jeden näheren Umgang mit seinen Kollegen zu meiden, die seine Naivität sicherlich vom ersten Moment an durchschaut haben. Markus scheint zufrieden mit seinem ersten Arbeitstag, doch hat ihn die Plackerei todmüde gemacht. Bald versinkt er in einen tiefen Schlaf, ohne noch etwas zu sich genommen zu haben.

Erst am Abend des darauffolgenden Tages erfährt Irene Näheres über die neue Tätigkeit von Markus, die hauptsächlich im Beladen von Lastwägen mit Fernsehgeräten besteht. Dabei gehen manche Arbeiter äußerst unachtsam vor, weswegen der Partieführer, „Bani" mit Spitznamen, seine Untergebenen häufig verwarnen muss. Die Arbeitszeit von 8 bis 17 Uhr wird unterbrochen durch ein kurzes Frühstück und eine einstündige Mittagspause, in der Markus zum Essen nach Hause kommt. Die übrigen Kollegen werden in der Firma von einer Großküche verköstigt. Auch nach Dienstschluss fährt Markus sofort heim, ohne von der Möglichkeit, im gemeinsamen Waschraum zu duschen, Gebrauch zu machen. „Die reißen immer so blöde Witze", ist Markus' Argument, der es daheim mit dem Waschen allerdings wesentlich schwerer hat, da es in der Kleinwohnung noch keine Dusche gibt. Überhaupt fällt Irene bald auf, dass es ihr Mann mit dem Waschen nicht allzu genau nimmt. Morgens wäscht er sich nie, ans Rasieren muss sie ihn meistens erinnern, und die Zahnbürste bleibt grundsätzlich unbenützt. Schon jetzt fühlt sie an manchen Abenden Unbehagen, wenn Markus nach nur oberflächlicher Reinigung mit schmutzverkrusteten Händen und ungewaschenen Füßen zu ihr ins Bett steigt. Aber er befolgt ihre Bitten, das Versäumte nachzuholen, und begibt sich, wenn auch etwas widerwillig, nochmals zum Waschbecken. Freilich hofft Irene, dass sich diese Bitten bald erübrigen werden.

Inzwischen hat der Herbst seinen Einzug gehalten. Kräftige Stürme reißen das welkende Laub von den Bäumen und wirbeln es durch die Straßen. Lediglich die Robinie im Hof trägt immer noch ihr grünes Kleid, das sie allerdings auch erst gegen Mai anzulegen pflegt. Die Sonne verliert an Kraft, entschädigt die Menschen aber ein wenig dafür, indem sie gegen Abend bunte Farbenpaletten ans Firmament zaubert. Das „Ziwitt" der unermüdlich über den Dächern kreisenden Mauersegler ist längst verstummt.

Nun, da es mit Markus' Arbeitsverhältnis zu klappen scheint, ist es auch für Irene an der Zeit, eine Beschäftigung zu suchen. Ihren Beruf als Erzieherin kann sie freilich jetzt nicht ausüben, solange Markus ihr noch so viel an Zeit und Kraft abverlangt. Auch muss es ein Arbeitsplatz sein, der in der Nähe liegt, damit sie zu Mittag nach Hause kommen kann. Sie spürt sehr deutlich, dass in der Mittagspause die größte Gefahr lauert; dass Markus Einflüssen ausgesetzt werden könnte, die ihren Bemühungen zuwiderlaufen. Völlig vermeiden kann sie diese Beeinflussung freilich nicht. Aber sie möchte sie wenigstens auf ein Minimum reduzieren. So sucht Irene für die nächste Zeit eine Anstellung, die nur wenig persönlichen Einsatz erfordert, und findet sie in einem schlecht frequentierten Tapeziergeschäft. Die Mittagssperre ermöglicht es ihr, heimzufahren und Markus zu verköstigen.

Endlich langen auch die Unterlagen über den Fünftelanteil des Hauses und die drei Grundstücke in G. ein. Es handelt sich um einen uralten Bauernhof, der zur Zeit an ein betagtes Ehepaar vermietet ist, ferner um zwei Weingärten und einen Acker, alle verpachtet. Die übrigen Anteile gehören also den anderen vier Geschwistern von Markus, alle vertreten durch das Jugendamt in G. Außer der voll entmündigten Anna, die in einer betreuten Einrichtung lebt, gibt es da noch Marianne, siebzehn Jahre alt, Hartmut, fünfzehn, und Petra, zwölf (Namen geändert). Die beiden Jüngsten befinden sich noch im Heim von E., Marianne ist ein Lehrverhältnis als Schneiderin eingegangen. Das Schicksal der Mutter liegt weiterhin im Dunkeln, sie ist seit Jahren unauffindbar. Markus hat Irene einmal gesagt, er wolle sie nie mehr sehen. Zu tief hat sich der grenzenlose Schmerz in seine Seele eingegraben, als ihn die Mutter nach einigen Besuchen im Heim für immer verlassen hat. „Mach's gut, Markus", soll sie zu dem damals Elfjährigen unter Tränen gesagt haben, „ich gehe jetzt weg von hier. Seit Papa tot ist, schaffe ich es nicht mehr. Ich kann einfach nicht mehr. Ich muss weg von hier. Sei mir nicht böse, ja? Und vergiss mich, es ist besser so!" Dann umarmte sie ihren ratlosen Sohn ein letztes Mal hastig und verschwand tatsächlich auf Nimmerwiedersehen. In welch schrecklicher Not mag sich die Mutter von Markus damals wohl befunden haben, überlegt Irene, um eine solche Entscheidung treffen zu müssen?

Immer, wenn Markus von damals erzählt, pflegt sein Blick mit einem unendlich traurigen Ausdruck in die Ferne zu schweifen, und Irene erkennt bald, dass es besser ist, dieses Thema ruhen zu lassen. Anfangs hat sie erwogen, Erkundigungen über die Mutter einzuholen, lässt diese Idee aber bald wieder fallen. Es scheint hier besser zu sein, alte Wunden, die kaum vernarbt sind, nicht wieder aufzureißen. Und Markus' familiäre Vergangenheit erscheint ihr als etwas, das sich ihrem Einfluss entzieht. Auch vermeint sie aus den eher abweisenden Reaktionen auf seine zerstreute Familie so etwas wie innere Reserviertheit zu verspüren, die sie respektieren muss, um keine „schlafenden Hunde" zu wecken. Und irgendwie hofft sie, nicht eines Tages urplötzlich und unvorbereitet mit seinen Geschwistern konfrontiert zu werden.

Am Jugendamt sitzt Markus wieder einmal mit gesenktem Haupt da, was Irene hier fast ein wenig ärgert. Sie muss alle Fragen allein beantworten und bemüht sich um ein selbstbewusstes Auftreten, damit man sie ernst nimmt. Schließlich geht es ja um eine ansehnliche Geldsumme für Markus, und sie weiß noch nicht, wie sie es schaffen soll, die Beamten davon zu überzeugen, dass sie für die Grundstücksanteile einen Käufer suchen will. Irgendwie hat sie den Eindruck, dass man sie für eine kleine Spekulantin hält, der es hauptsächlich um diese Besitztümer geht. Und der Leiter des Jugendamtes versucht alles, um ihr den Verkauf auszureden: „Schauen Sie, wer kauft denn ein Fünftel eines Hauses, das noch dazu bewohnt, und eines Grundstücks, das verpachtet ist? Das schaffen Sie nicht, so einen Idioten gibt es nicht. Machen wir es kurz: Ihr Mann unterschreibt dieses Papier, in dem er die Schenkung seiner Anteile an seine Geschwister erklärt. Damit sind Sie die Sorgen los und müssen sich um nichts mehr kümmern!"

Mit diesem Vorschlag ist Irene aber keinesfalls einverstanden. Schlimm genug, dass Markus keinen Groschen der Miet- und Pachteinnahmen ausbezahlt bekommt, da diese Gelder zur verspäteten Abdeckung der Heimkosten herangezogen werden. Sie will nichts unversucht lassen, denn sie hat für Markus die Verantwortung übernommen, und eine Schenkung an die Geschwister käme einer solchen ans Jugendamt gleich. Nein, Markus muss zu seinem Recht kommen! So besteht sie, freundlich aber bestimmt, auf ihrem Vorhaben, einen Käufer zu finden. Der Miene des

Beamten allerdings entnimmt sie Missbilligung und große Zweifel am Gelingen ihres Vorhabens. Zum Abschied sagt er noch: „Ich gehe jede Wette ein, dass Sie in spätestens einem halben Jahr wieder hier sitzen werden. Und dann reden wir weiter!" - eine Tatsache, die mit großer Bestimmtheit nie eintreffen wird, das weiß Irene jetzt schon. „Ich fürchte, da warten Sie vergebens!" entgegnet sie deshalb noch kampfeslustig, bevor sie dem Jugendamt für immer den Rücken kehrt.

Der neunzehnte Geburtstag von Markus soll würdig begangen werden, und Irene deckt den Tisch liebevoll, arrangiert hübsche Servietten, einen silbernen Kerzenleuchter und nicht zuletzt einen Strauß bunter Herbstblumen um die appetitlich zubereitete Geburtstagstorte, bestückt mit neunzehn gelben Kerzchen. Daneben liegen, hübsch verpackt, ein Regenschirm, zwei Kassetten mit den neuesten Hits und, nicht ohne Hintergedanken ausgewählt, eine elektrische Zahnbürste, die allerdings nur kurz in Verwendung sein wird, um dann neben der einfachen, alten Zahnbürste ein eher staubiges Dasein zu fristen. Das Hauptgeschenk allerdings, ein nagelneues Fahrrad mit achtzehn Gängen, befindet sich im Keller. Es soll den Arbeitsweg von Markus verkürzen und erleichtern helfen, zumal er an den Abenden von der schweren Arbeit oft sehr erschöpft scheint.
Irene ist sehr gespannt: Wie wird ihr Mann reagieren? Nach ihren bisherigen Erfahrungen müsste er für solche Details eigentlich etwas übrig haben. Und die Mühe war wirklich nicht umsonst. Markus' Augen beginnen zu leuchten, als er die festlich gedeckte Tafel erblickt: „So einen tollen Tisch habe ich noch nie gesehen, außer im Film!" versichert er strahlend. Die obersverzierte Obsttorte quittiert er mit einem begeisterten „Jööö!", bläst die Kerzchen aber nicht aus, sondern lässt sie ganz herunterbrennen. Jedes Detail wird bestaunt, und Irene empfindet wieder große

Genugtuung und Befriedigung. Wie schön ist es für sie, Markus so glücklich zu sehen! Über das Fahrrad ist er natürlich hellauf begeistert, und es muss noch am selben Abend ausprobiert werden. Irene kann kaum mithalten mit ihrem alten Klapprad, tritt aber tapfer mit Markus gemeinsam in die Pedale. Von da an werden die beiden an den Wochenenden noch häufig kleinere Radtouren aus der Stadt hinaus in die umliegenden Wälder und Auen unternehmen.

Eines Sonntags läutet das Telefon. Markus hebt ab, um den Hörer kurz darauf Irene weiterzureichen. „Für dich! Ein Freund von dir?" Gespannt hängen seine Augen an jenen seiner Frau, als sie erfreut ausruft: „Hansi, du?" Es ist ein früherer Studienkollege, der schon wieder eine Enttäuschung hinter sich gebracht hat und sich mit Irene treffen möchte - rein kameradschaftlich, wie er betont. Da Markus aufmunternd nickt, sagt sie zu, bedeutet Hansi aber, dass sie „jemanden mitbringen" will.

Markus freut sich auf diese Herausforderung. Er wird diesem jungen Mann schon zeigen, wie sehr er ihm überlegen ist. Hansi trägt eine gönnerhafte Miene zur Schau, als er die alte, geschmacklos dunkelrot gestrichene Eingangstüre öffnet. Keine Sekunde später schwindet der überlegene Ausdruck aus seinem Gesicht, und er sieht Markus fragend an. „Mein Mann!" stellt sie ihn Hansi vor, dem vor Erstaunen der Mund offenbleibt. Irene weiß, dass sie ihn genauer aufklären muss, denn schon sehr bald würde er ohnedies merken, dass diese Ehe keine alltägliche ist. So beginnt sie bei Kaffee und Kuchen zu erzählen, und auch Markus erweist sich auf einmal als erstaunlich gesprächig. Hansi kommt jedenfalls kaum zu Wort, trägt die unerwartete Situation aber mit Fassung. Auf einmal bemerkt Markus ein Tischfußballspiel in der Ecke des Zimmers. Hansi folgt seinen Blicken, und gutmütig wendet er sich an Markus: „Magst du spielen? Ich warne dich aber, ich kann es recht gut!" Markus lacht, springt auf und nimmt die Herausforderung an.

Es stellt sich heraus, dass Markus, gewandt und flink, Hansi keine Chance lässt, auch nur ein einziges Tor zu erzielen. Mehrmals möchte Irene am liebsten laut herauslachen, verzichtet aber darauf. Es tut ihr unsäglich gut, einmal so richtig stolz sein zu können auf ihren Mann. Erheitert beobachtet sie, wie Hansis Gesicht immer länger wird, und bald kann er seinen Ärger kaum verbergen. Er könnte sich offenbar ohrfeigen, dass er diesen Vorschlag gemacht hat! Schließlich lässt Markus ihn sogar ein Tor schießen und quittiert es mit einem betont gönnerhaften „Sehr gut, sehr gut!".

Am Ende gibt Hansi das Spiel auf. „Ich bin heute schlecht in Form", entschuldigt er sich überflüssigerweise. In den darauffolgenden Minuten steht er betreten herum und scheint nur von dem einen Gedanken erfüllt, die beiden bald loszuwerden. Für einen kurzen Moment tut er Irene fast leid. Er scheint ein recht einsames Privatleben zu führen, überlegt sie und erinnert sich an seine vielen, vergeblichen Versuche, seiner Kollegin näher zu kommen. Irene hat er nicht beachtet, er musste damals aber bemerkt haben, dass er ihr hingegen sehr gut gefallen hat. Ob es ihm nun nicht doch ein wenig leid tut? Jetzt bist du eben zu spät dran, denkt sie und kann sich ein wenig Schadenfreude nicht verbeißen. Aber ein einziges Mal misst sie ihn doch noch von oben bis unten ab, ehe sie geht. Er schaut schon sehr gut aus, muss sie zugeben, und sie wundert sich, wieso es sie immer noch interessiert, ob sie bei ihm einen Eindruck hinterlassen hat.

Kurz darauf teilt Markus Irene eines Abends mit, Herr Trummer verlange sie persönlich zu sprechen. Was mag da los sein, was will er von ihr? „Hast du Ärger gehabt mit irgend jemandem?" argwöhnt sie. Markus verneint: „Überhaupt nicht. Ich weiß wirklich nicht, was er von dir will!" Freilich, das hat nur wenig zu bedeuten, merkt er doch oft gar nicht, wie er sich danebenbenimmt.

Irenes Nervosität hält sich in Grenzen, als sie gleich am nächsten Morgen das Büro in der Lagerhalle der Firma Schier, Otten & Co. aufsucht. Der Weg zwischen Arbeitern und Kartons erweist sich wieder als reichlich lang. Endlich erreicht sie das Büro, nachdem sie beinahe über eine der unzähligen, leeren Bierflaschen gestolpert wäre. Als sie die freundliche Miene des Personalchefs sieht, wird ihr wieder wohler zumute.

Herr Trummer kommt gleich auf sein Anliegen zu sprechen. „Markus ist einer unserer verlässlichsten Arbeiter", betont er, „Sie sehen ja, was sich hier für Typen herumtreiben. Schließlich verlangen wir kein polizeiliches Führungszeugnis und fragen nicht nach Vorstrafen. Wir sind bereit, jedem eine Chance zu geben. Und wer macht schon eine so schwere Arbeit bei Wind und Wetter, wenn es für ihn bessere Möglichkeiten gibt? Hauptsache, es bringt einer einen guten Willen, die ausreichende Körperkraft und Ausdauer mit. Denn den ganzen Tag Fernsehapparate zu schleppen, ist keine Kleinigkeit!" Das ist Irene freilich rasch klar geworden, Markus kommt schließlich oft genug sehr erschöpft nach Hause.

„Weswegen ich Sie zu mir gebeten habe", schließt der Personalchef an, „ist Folgendes: Markus tut brav, was man ihm sagt, und erledigt prompt und verlässlich seine Arbeit. Doch ist es bei uns üblich, dass man nach Beendigung seines Auftrages zum nächsten Tor wechselt und dort hilft, denn es ist im Interesse aller, dass wir rascher fertigwerden. Das aber will Ihr Mann nicht kapieren; hat er seinen Lastwagen fertiggeladen, setzt er sich hin und sieht mich mit großen Augen erwartungsvoll an. Dass er sich aus eigenem Antrieb woanders nützlich machen könnte, scheint ihm nicht aufzufallen!" Irene begreift sofort. „Das ist bestimmt keine Nachlässigkeit", beeilt sie sich zu versichern, „er ist es vom Heim her gewöhnt, immer nur nach Aufforderung aktiv zu werden. Er hat es noch nicht gelernt, Eigeninitiative zu entwickeln!"

Herr Trummer nickt. „Daran zweifle ich ganz und gar nicht", gibt er ihr zur Antwort, „aber es geht um die anderen, die ihm das bald sehr übelnehmen könnten. Außerdem muss er sich in der nächsten Zeit besonders bewähren, und deshalb habe ich Sie zu mir gerufen. In unserer Firma gibt es demnächst eine Rationalisierung, und ich möchte nicht, dass Ihr Mann, einer der wenigen anständigen Burschen hier, dabei draufzahlt." Irene fällt ein Stein vom Herzen, dass sie rechtzeitig vorgewarnt ist. „Ich bin Ihnen wirklich sehr dankbar!" betont sie, „Ich werde Markus das alles erklären, und er wird es bestimmt verstehen!"

„Warum hat er mir das nicht selber gesagt?" fragt Markus seine Frau kopfschüttelnd, als sie ihn noch am selben Abend ins Gebet nimmt. „So blöd bin ich ja auch nicht!" Und tatsächlich, Markus kann vorderhand bleiben. Leider treten aber in den nächsten Wochen wieder neue Probleme auf, für die Markus allerdings überhaupt nichts kann. Die Rationalisierung hat für die Arbeiter eine noch höhere Arbeitsbelastung zur Folge, so dass Markus an manchen Tagen zehn bis zwölf Stunden arbeiten muss. Als er den Partieführer einmal vorsichtig fragt, ob er diesmal früher heimgehen könne, gibt dieser ihm barsch zur Antwort: „Du weißt, wir müssen arbeiten, bis wir fertig sind. Wenn's dir nicht passt, kannst du ja gehen, es warten schon zehn andere auf deinen Platz!" Auch Irene bedrückt die verschärfte Arbeitssituation, da sie nie weiß, wann Markus nach Hause kommen wird. An manchen Abenden fühlt sie sich schon sehr allein.

Als es aber eines Tages geschieht, dass Markus über Mittag zusätzlich als Beifahrer eingesetzt wird und um seine ihm gesetzlich zustehende und auch sehr nötige Pause kommt, sieht sich Irene gezwungen, etwas zu unternehmen. Es schmerzt sie, dass man Markus ganz offensichtlich doch ausnützen will. Sie nimmt allen Mut zusammen und betritt noch zur Mittagsstunde die Lagerhalle. Sie ist menschenleer, nur vom Pausenraum her ertönt Gelächter. Kurz entschlossen nähert sich Irene der Eisentür, als sich ein bärtiger, beleibter Arbeiter kauend nähert. „Wo finde ich den Partieführer?" erkundigt sie sich mit möglichst forscher Stimme. Der unsympathische Mann mustert sie herablassend. „Der Bani? Da drin!" Er weist, immer noch mit vollen Backen, auf die Türe nebenan. „Aber er ist gerade beim Essen. Wir haben ja Mittagspause!" Das ist mir egal, denkt Irene noch kampfeslustiger als zuvor, und begehrt klopfend Einlass.

Ein korpulenter Mann, etwa fünfzig, öffnet und sieht sie erstaunt und irritiert an. Irene gibt sich zu erkennen, worauf der Partieführer ein klein wenig freundlicher wird, ihr die Hand drückt und sich als Herr Bannerl vorstellt. Allerdings bittet er sie nicht herein. Noch an der Türe muss sie ihre Bitte an ihn richten, Markus nicht um sein Mittagessen zu bringen. Sie spricht sehr bestimmt, die ungastliche Atmosphäre steigert ihren Zorn und verleiht ihrer Forderung die nötige Schärfe. Bani fühlt sich ertappt, das merkt sie deutlich, seine Miene verrät alles. Es war also richtig zu kommen, schießt es ihr durch den Kopf. Weiß sie doch vom Heim her ganz genau, dass manchen Leuten nur durch autoritäres Auftreten beizukommen ist. Mit einem verlegenen Grinsen versucht Bani ihr weiszumachen, es handle sich ohnehin um eine einmalige Ausnahme, auch könne Markus die Mittagspause ja um 16 oder 17 Uhr nachholen. Das wäre ungesetzlich gewesen, wagt Irene noch einzuwerfen.

Sie verlässt die Lagerhalle mit einer ordentlichen Portion Stolz und Genugtuung im Herzen. Hast geglaubt, du kannst mit meinem Mann machen, was du willst! denkt sie, sehr zufrieden über ihre gelungene Intervention. Nach diesem Tag wird Markus noch öfter zu Auslieferungsfahrten mitgenommen werden, denn die Chauffeure schätzen seine Tüchtigkeit und Verlässlichkeit. Die Mittagspause aber wird in Zukunft immer respektiert werden.

Bald erfährt Irene von Herrn Trummer, Markus hätte die Hürde genommen und packe jetzt überall an, wo Not am Mann sei. Einem Verbleib in der Firma steht also nichts mehr im Wege, und Irene ist sehr erleichtert. Sie weiß es mittlerweile Markus' Körpergröße und Muskelkraft zuzuschreiben, dass er von den anderen respektiert und meist in Ruhe gelassen wird. Pflegt er doch zuweilen stolz von Kräftemessungen in freien Minuten zu berichten, aus denen er als klarer Sieger hervorgeht. Ganz besonders aber schätzt Irene Markus' Eigenschaft, sich nie in Gespräche seiner Kollegen über Ehefrauen und Freundinnen zu mischen. Für ihn ist dieses Thema tabu. Fallweise Sticheleien in dieser Richtung pflegt Markus mit einer einzigen Drohgebärde zu beenden, mit ihm will sich ja doch lieber niemand anlegen.

Inzwischen ist der Winter hereingebrochen. Die Tage sind kürzer geworden, und schon tanzen die ersten Schneeflocken herab. Wie bezuckert erscheinen die Äste des Baumes im Hof und die Weinranken an der Mauer. Den Tauben scheint es Spaß zu bereiten, kreuz und quer über das schneebedeckte Vordach im Hof zu marschieren und ihre Zehenabdrücke im Schnee zu hinterlassen. Am frühen Morgen hat die nette Ungarin noch rasch die letzten Topfpflanzen in die warme Stube hinaufgetragen. Spatzen, Meisen und hin und wieder ein Grünfink machen eifrig Gebrauch von dem prall gefüllten Futterhäuschen im zweiten Stock, Amseln und Tauben streiten sich um die herabfallenden Körner.

Auch Markus ist für den Winter gerüstet. Er zieht in die Arbeit einen warmen Anorak über zwei Pullover an, die Füße stecken in hohen Stiefeln, und auf dem Kopf trägt er zwei dicke Mützen übereinander. Jedes Mal, wenn er am Abend nach seiner Arbeit im Freien nach Hause kommt, läuft sein Gesicht in der Wärme des Raumes tiefrot an, und die noch eiskalte Nase tropft. Auch seine Hände sind ausgefroren, die Arbeitshandschuhe spenden bei weitem nicht den nötigen Schutz gegen den Frost. So versucht es Markus mit Wollhandschuhen, von denen er die Fingerspitzen abschneidet. Das erweist sich aber als eine schlechte Lösung, da sich zwei Paar übereinander bei der Arbeit als hinderlich erweisen. Wenigstens wird in der Firma jetzt heißer Tee mit Rum ausgegeben, so dass die Beschäftigten hin und wieder etwas Warmes in den Magen bekommen. Markus fährt auch im Winter mit dem Rad zur Arbeit, wenn es nur irgendwie möglich ist. Bei Schneelage allerdings bleibt der Drahtesel im Keller stehen, und Irene übernimmt es, ihren Mann mit dem Auto in die Arbeit zu fahren und ihn abends wieder abzuholen. So sitzt sie manchmal recht lange im kalten Wagen vor der Lagerhalle, wird aber jedes Mal von Markus' dankbarem, fröhlichem Gesicht dafür entschädigt. Gott sei Dank erfreut sich Markus einer stabilen Gesundheit, und er erweist sich als robust genug, auch extremen Wetterverhältnissen zu trotzen.

In den ersten Adventtagen gerät Markus allmählich in vorweihnachtliche Stimmung. Seine Aufmerksamkeit gilt den mistelbewachsenen Bäumen im nahen Park, er liebt diese eigentümlichen Gebilde, in seltsamem Grün und mit vielen weißen Beeren bestückt, ganz besonders. Spontan erklettert er den nächstbesten Baum, und schon hat er eine ansehnliche Anzahl Mistelzweige abgebrochen und zu Boden geworfen. „Die hängen wir zu Hause auf!" erklärt er eifrig, „Du wirst sehen, was wir dann für eine Adventstimmung zu Hause haben!"
Irene nützt den Übereifer ihres Mannes, um gezielt seine Kreativität zu fördern. So beginnt sie noch am selben Abend, mit

Markus gemeinsam Christbaumschmuck zu basteln. So entstehen im Handumdrehen Strohfiguren, vergoldete Nüsse und Foliensterne, bei deren Herstellung sich Markus sogar geschickter als seine Frau anstellt. Auch beim Backen von Weihnachtskeksen hilft er mit, und die Vanillekipferl, Zimtsterne und Orangenherzen gelingen beinahe professionell. Schon wenige Tage vor dem Heiligen Abend vereint sich der süße, appetitanregende Geruch der Bäckereien mit dem aromatischen Duft einer drei Meter hohen Doppeltanne, die, einstweilen an den Schreibtisch gelehnt, ihrer eigentlichen Bestimmung als Christbaum noch entgegensieht.

Nicht nur die vorweihnachtliche Atmosphäre zu Hause ist es, die Markus in eine feierliche Stimmung versetzt und seine unschuldigen Augen noch mehr leuchten macht als sonst. Er besinnt sich auch ohne Irenes Zutun auf den Anlass des bevorstehenden Festes, die Ankunft des Herrn. Längst schon hat Irene mit Freude feststellen können, dass ihren Mann ein feines Gespür für Werte des Glaubens auszeichnet, und sie hat sich vorgenommen, in unaufdringlicher Weise das religiöse Interesse ihres Mannes zu fördern. Sie nötigt ihn nicht zu Gebet und Sonntagsmesse, trotzdem hat Markus schon mehrmals auf langes Ausschlafen, ja sogar auf die Hitparade verzichtet, um seine Frau in die Sonntagsmesse zu begleiten. Freilich bekundete sie dann jedes Mal ihre Freude ganz besonders! Irene hat ein Weihnachtsbüchlein erstanden, in dem eine Menge Anregungen geboten werden: Gedichte, Lieder, einfache, erbauliche Geschichten um das Christfest, Berichte über Bräuche und vieles mehr. Und Markus liebt es, sich an den Abenden in diese Zeilen zu vertiefen und lernt sogar zwei Gedichte auswendig, die er eines Tages urplötzlich und ohne jede Vorankündigung zum Besten gibt. Daraufhin holt Irene ihre alte Blockflöte hervor, und Markus singt im Schein der Adventkerzen kräftig, wenn auch nicht ganz tonrein, mit.

Weiße Weihnachten werden es dieses Jahr nicht werden, am Nachmittag des 23.Dezember erklettert das Thermometer sogar zehn Plusgrade, der Himmel ist wolkenverhangen, und es nieselt ununterbrochen. In der Nacht zum Heiligen Abend sinkt die Temperatur dann aber unvorhergesehen ab. Auf den Straßen gefriert das Wasser, und die Windschutzscheiben der Autos müssen erst mühsam von einer dicken, hartnäckigen Eisschicht befreit werden. Endlich kann auch Irene zu den nötigen Feiertagseinkäufen aufbrechen, und sie ärgert sich, als wenige Stunden später die Temperatur auf einmal wieder über die Nullgradgrenze ansteigt und das Eis von selbst schmilzt.

Am Heiligen Abend muss Markus noch eine Viertelstunde lang in der Küche ausharren, während Irene Krippe und Weihnachtspakete unter der geschmückten Tanne arrangiert. Als die beiden Glöckchen ertönen, tritt er mit erwartungsvoller Miene ein. Und während Irene das Weihnachtsevangelium vorliest, schiebt er unbemerkt ein violettes Päckchen unter den untersten, hervorstehenden Ast des Baumes.

Das Christkind hat es gut gemeint mit Markus. Mit feierlichem Blick besieht er ein neues Sakko samt Krawatte, einen bunten Pyjama, ein Geschicklichkeitsspiel, ein Puzzle aus tausend Teilen und einen Taschenrechner, von dem sich Irene im Stillen eine Verbesserung seiner Rechenkenntnisse erhofft. Obwohl Markus im Moment sehr begeistert erscheint, soll sich diese Hoffnung doch als trügerisch erweisen. Markus wird sich zwar eine Weile mit Eifer dieses Rechners bedienen und mit Vergnügen Einkaufsbelege kontrollieren, doch sein Zahlenverständnis wird davon kaum profitieren.

Als Irene ihr weiches Päckchen geöffnet hat, prallt sie ganz überrascht zurück. Vor ihr liegt ein Kleidungsstück aus ockergelber Seide, stellenweise mit violettem Blütenmuster bedruckt, samt passender Halskette. Staunend entfaltet sie es, das sich als bezauberndes Rock-Blusen-Ensemble entpuppt. Da entsinnt sie sich plötzlich einer beiläufigen Frage nach ihrer Konfektionsgröße, der sie damals allerdings keine Bedeutung beigemessen hat. Sofort schlüpft sie in die zauberhafte Kombination, die ihr tatsächlich passt und ausgezeichnet zu Gesicht steht. „Wo hast du dieses wunderschöne Geschenk her?" bricht es spontan aus ihr hervor. Markus, voll Freude über die gelungene Überraschung, zögert anfangs etwas mit der Ant-

wort. Schließlich rückt er doch damit heraus, dass er es in einer speziellen Boutique erstanden hat. „Die Verkäuferin hat gesagt, es ist ein Einzelstück!" ergänzt er voll Stolz.

Irenes Erstaunen ist nicht gespielt, sie ist aufs angenehmste überrascht über den guten Geschmack ihres Mannes. Im Laufe der Zeit wird sie immer mehr erkennen, dass liebevoll ausgesuchte Geschenke bei Markus einen bedeutenden Stellenwert einnehmen, und schon Wochen vor einem festlichen Anlass wird er mit geheimnisvollem Gesichtsausdruck Besorgungen tätigen.

Und eines werden alle Geschenke gemeinsam haben: den Preis in der Höhe eines Wochenlohnes, quasi sicherheitshalber.

Nach dem Verzehr eines Kräuterfischgerichtes besuchen Irene und Markus noch die Christmette. Sie soll der krönende Höhepunkt nicht nur dieses Tages sein. Nicht umsonst spricht der

Pfarrer in dieser Nacht von dankerfülltem Herzen und weihnacht-
lichem Frieden. Rückblickend auf das vergangene Jahr schwelgt
Irene in Genugtuung und Befriedigung über das, was sie geleistet
hat. Sie empfindet Glück und Dankbarkeit beim Anblick des
leuchtenden Antlitzes ihres Mannes, und ihr jubelndes Inneres
scheint bald alle Register zu ziehen, um die Klangfarbenvielfalt
der Orgel noch zu überbieten.

5. WEITERENTWICKLUNG UND GRENZERFAHRUNG

Alles scheint wie am Schnürchen zu klappen, und Markus ist restlos zufrieden mit seinem Leben. Er hat alles, was er braucht, sogar eine Duschkabine hat inzwischen in der kleinen Wohnung Einzug gehalten - für einen Schwerarbeiter eigentlich eine unabdingbare Notwendigkeit. Darüber hinaus stellt Markus keinerlei Ansprüche, wenn er nur genug zu essen bekommt, die Wäsche besorgt wird, solange es Radiorecorder und hin und wieder ein Puzzlespiel gibt und - nicht zuletzt - Uhren zu stellen sind. Sein Beitrag im Haushalt ist die verlässliche Erledigung des Geschirrspülens und hin und wieder das Saugen der Teppiche. An den Arbeitstagen bleibt für ein Zusammensein nicht viel Zeit übrig, da Markus in der Firma oft mehr als zehn Stunden täglich beschäftigt ist. Meistens verbringen die beiden die Abende dann in aller Gemütlichkeit vor dem Fernsehschirm, wobei Irene stillschweigend darauf achtet, dass die Weiterbildung von Markus nicht zu kurz kommt. Besonders beliebt sind Tiersendungen, und auch sie wird in den Jahren ihrer Ehe ihr Wissen über die Fauna beträchtlich erweitern. An schönen Abenden kommt es auch manchmal vor, dass die beiden noch eine halbe Stunde Hand in Hand durch die Gassen spazieren und die erleuchteten Schaufenster betrachten, bevor sie sich zur Ruhe begeben. Markus versinkt dann meistens sehr rasch in einen tiefen, traumlosen Schlaf.

Irenes Leben ist ausgefüllt, und jeder gelungene Tag mit Markus verschafft ihr die Genugtuung, sich wirklich nach Kräften anzustrengen. Sind es bloß Schuldgefühle, ihrer Ordensberufung nicht gefolgt zu sein, die sie durch besonderen Einsatz wettmachen will, oder wehrt sie sich gegen eine Stimme in ihrem Inneren, die sie durch verstärkte Aktivität zum Schweigen bringen will? Sie vermeidet es lieber, darüber nachzudenken. Das alles hat ja keinerlei Einfluss auf ihre Beziehung zu Gott, ist sie überzeugt, ihr Vertrauen ist ungebrochen geblieben. Niemals käme sie auf die Idee, er könnte sich erzürnt von ihr abgewendet haben. Und so verrichtet sie treu ihre täglichen Gebete, jedoch ohne tiefergehende Betrachtungen anzustellen, wie sie es früher getan hat. Dabei kniet sie immer im Geiste immer noch bei den Schwestern in der Kapelle. Das Tagebuch liegt seit langem unbenützt in der Schreibtischlade. Irene versucht bewusst, die persönliche, innere Begegnung aus ihrem Gebet herauszuhalten, die für sie früher eine alltägliche Selbstverständlichkeit gewesen ist. Ja, sie will ihren Herrn nicht mehr ansehen, wie sie es einst getan, als sie ihn mit ihrem geistigen Auge ihr immer nahe erlebt hat. Es ist, als wiche sie Christus aus, als fürchte sie seine Reaktion, als versuche sie, ihn auf Distanz zu zwingen, um von ihm in Ruhe gelassen zu werden.

Markus hat sich längst an die tägliche Routine gewöhnt und scheint keineswegs überfordert. Allerdings entwickelt er darüber hinaus keinerlei Interessen oder Eigeninitiativen, so dass Irene bald zu rätseln beginnt, ob er dazu tatsächlich nicht in der Lage ist. Denn wenn sie sich nicht täuscht, lässt er im Privatleben manchmal doch eine leise Trägheit durchblicken, verlässt er sich zu sehr auf seine Frau, die sich um ja alles kümmert. So gestaltet es sich meist als schwierig, ihn an Wochenenden für außerordentliche Unternehmungen zu interessieren. Er bliebe am liebsten an allen Sonntagen bei Schnitzel, Kuchen, Fernsehen und Popmusik zu Hause. Dies kann und will Irene freilich nicht akzeptieren, und das nicht nur, weil sie den Horizont von Markus kontinuierlich zu erweitern trachtet. Schließlich will sie ja auch zeitweise aus dem gewohnten Alltag herauskommen. So unternehmen die beiden Ausflüge in die nähere Umgebung, besuchen Tierparks,

Ausstellungen verschiedener Art und Museen, spielen an wind-stillen Tagen Federball und fahren Rad.

Im Sommer erweist sich Markus als ausgezeichneter und ausdauernder Schwimmer im nahen Badesee. Sichtlich stolz auf seine sportlichen Qualitäten, überquert er das Gewässer immer wieder mit kräftigen Schwimmstößen und lässt gekonnt die Muskeln spielen, wenn er ans Ufer klettert. Irene liebt es besonders, vom Tretboot aus die zahlreichen, schillernden Fische zu beobachten, die sich inmitten der dichten Wasserpflanzen tummeln. Die Algen räkeln sich von großflächigen Muschelbänken bis zur Wasseroberfläche empor und verleihen dem Badesee sein unverkennbares Aroma. Die Wintermonate hingegen sind so gar nicht nach Irenes Geschmack. Sie liebt die Wärme, und ihr Tatendrang hält sich an frostigen Tagen in Grenzen. Jedoch lockt die weiße Pracht die beiden heraus aus der geheizten Stube, und gegen eine Schneeballschlacht unter den schwer beladenen Fichtenzweigen nebenan hat auch Irene nichts einzuwenden.

Der angestrebte Verkauf der Besitzanteile von Markus kostet sie freilich viel Kopfzerbrechen. Die Bemühungen sind von Erfolg gekrönt: Es gelingt Irene, einen Juristen ausfindig zu machen, der für seinen Sohn eine langfristige Wertanlage sucht. Er zahlt einen fairen Preis, und eines schönen Jännertages ist Markus um eine ansehnliche Geldsumme reicher.

„Wahnsinn, das ist ja eine Menge Geld!" stößt Markus hervor. Nach kurzer Überlegung drückt er seiner Frau die Geldscheine in die Hand: „Das gehört alles dir, du kannst dir dafür etwas Schönes zum Anziehen kaufen!" Irene schüttelt den Kopf. Wieder rührt sie Markus' Vertrauen, und aufs Neue verpflichtet es sie. „Wir brauchen noch so viel für die Wohnung!" erwidert sie deshalb ausweichend. „Ich hab's!" ruft Markus nach kurzer Überlegung aus, „Wir kaufen uns endlich einen schönen Wandverbau!"

Und schon kurz darauf thront das neue Möbelstück im Wohnzimmer. Jetzt hat alles seinen Platz, auch Markus' Kassettensammlung und die Puzzlespiele. Die verspiegelte Bar findet zweckentfremdet als Süßigkeiten-Hort Verwendung. Vom Rest der Kaufsumme ersteht Irene für Markus einen weiteren Anzug, einige Hemden und Pullover und eine erste Handtasche. Letztere wird anfangs mit Befremden registriert, und Irene muss ihren Mann erst davon überzeugen, dass dieses Utensil nicht reine Frauensache ist und Geldbörse, Schlüssel und Ausweis schließlich auch ihren Platz brauchen. Zu guter Letzt akzeptiert Markus die Tasche und nimmt sie von da an überall hin mit.

Irene hat sich vorgenommen, nicht so rasch aufzugeben und Markus zu einem selbstständigeren Umgang mit Geld anzuhalten. Sie stößt allerdings erstmals an die Grenze seines guten Willens, als sie eine gemeinsame Buchführung über Einnahmen und Ausgaben anregt. Markus reagiert mit demonstrativem Desinteresse, vergisst offenbar absichtlich auf die Eintragungen auf der gut sichtbar angebrachten Liste in der Küche und bleibt stur neben seinem Radiogerät sitzen, als sie ihn um ein Nachholen des Versäumten bittet. „Ja, gleich!" lautet die Antwort, und nichts geschieht. Vielleicht überfordert ihn das, versucht sich Irene zu trösten, und verlegt sich bald darauf, die Buchführung alleine zu tätigen. Doch sie nimmt die Eintragungen in Markus' Anwesenheit vor und hofft, er werde wenigstens vom Zusehen profitieren. Irene ist eifrig bemüht, jede gluckenhafte Bevormundung zu vermeiden, auch wenn es um Geldausgaben geht. Es ist so etwas wie Ehrensache für sie, dass sie Markus' Persönlichkeit ganz gezielt respektiert. „Ist dir das recht?" pflegt sie ihn deshalb jedes Mal zu fragen, wenn sie eine Entscheidung trifft oder eine Anschaffung plant. Und sie behält diese Angewohnheit auch bei, nachdem sie festgestellt hat, dass Markus diese Frage ohnehin fast immer ganz selbstverständlich bejaht.

Irene versucht daneben auch, Markus dazu anzuleiten, einen bescheidenen monatlichen Geldbetrag für sein Sparbuch zu erübrigen. Nach wie vor bekommt er den Lohn wöchentlich bar auf die Hand ausbezahlt und pflegt die gesamte Summe sofort unaufgefordert an seine Frau weiterzugeben, sobald er zu Hause ankommt, es sei denn, ein Festtag Irenes steht ins Haus. Zur Überstundenabrechnung am Monatsende fällt der Betrag immer höher aus, und an einem solchen Freitag versucht Irene, ihrem Mann die Vorteile des Sparens zu erläutern: „Schau, wenn du einmal dringend Geld brauchst, bist du sicher froh, eine gewisse Summe beiseitegelegt zu haben!" Wieder einmal hegt sie größte Zweifel, ob Markus sie verstanden hat, wenn er auch eifrig nickt.

Eines Freitags tut Markus sehr geheimnisvoll und gibt an, noch kurz ein Schaufenster betrachten zu wollen. Er verlässt die Wohnung, um bald mit einem umfangreichen Karton wiederzukommen. Vor den verblüfften Augen seiner Frau enthüllt Markus einen nagelneuen Fernsehapparat. „Es ist sich mit dem ersparten Geld genau ausgegangen!" freut sich Markus. „Wie gefällt er dir?" Im ersten Moment bleibt Irene die Sprache weg. Dann steigt Ärger in ihr hoch, sie bleibt aber ruhig, als sie vorsichtig einzuwenden wagt: „Aber wir haben doch ein fast neues Fernsehgerät!" „Ja, aber keines mit Fernbedienung!" entgegnet Markus in einem sonderbar bestimmten Tonfall, der Irene jede weitere Entgegnung überflüssig erscheinen lässt. Seine Miene allerdings verrät nichts, er sieht gleichmütig freundlich aus wie immer. „Wann hast du das Geld denn behoben?" möchte Irene nun doch wissen. „Heute während der Arbeitszeit!" tut Markus wichtig. „Ich habe dem Bani gesagt, dass ich zur Bank muss, und er hat mich gehen lassen!" „Hättest du den Fernseher bei deiner Firma nicht billiger bekommen?" wagt Irene noch zu bemerken. „Der Konrad hat mir gesagt, dass es an der Ecke verbilligte

Fernsehgeräte gibt", lautet die Antwort, „er hat sich auch einen gekauft!".

Im Moment fühlt sich Irene schachmatt gesetzt. Markus lässt sich also doch beeinflussen, sie hat es ja immer befürchtet! Aber sie möchte noch nicht aufgeben. „Ich hatte mit dem Sparen eigentlich eine Reserve für wichtige Zwecke oder Notsituationen gemeint", hebt sie vorsichtig an, als urplötzlich eine heftige Gegenreaktion erfolgt. Markus' Gesichtsausdruck wandelt sich, er blitzt sie mit zusammengekniffenen Augen an und faucht: „Das ist mein Geld, es geht eine Frau überhaupt nichts an, was ich damit mache!" Irene erschrickt zutiefst. Dieser Satz stammt aus einem fremden Mund, schießt es ihr durch den Kopf, und erstmals befällt sie Ratlosigkeit. Markus wendet sich ohne ein weiteres Wort seiner Neuanschaffung zu, und erneut trägt er seine gleichmütig freundliche Miene zur Schau, als ob nichts gewesen wäre.

Irene ist vorsichtig geworden und überlässt Markus lieber unbeeinflusst seinem Tagesablauf. Bloß auf fallweisen Unternehmungen muss sie bestehen, da sie sonst vermeint, die Decke falle ihr auf den Kopf. Eines Abends erklärt sich Markus in einem Anflug von guter Laune bereit, sie in eine Aufführung von „My Fair Lady" zu begleiten. Mit Begeisterung wirft sich Irene in ihr weit schwingendes Cocktailkleid, das sie schon allzu lange nicht mehr getragen hat. Markus kann ja nicht ahnen, was es für sie bedeutet, endlich wieder einmal festlich auszugehen! Auch er macht eine hervorragende Figur in seinem neuen Anzug, und stolz legt er den Arm um seine Frau. Eigentlich bieten wir den Anblick eines ganz normalen Ehepaares, stellt Irene mit einem letzten kritischen Blick in den Spiegel fest.

Die Vorstellung lässt nichts zu wünschen übrig, die vorderen Logenplätze bieten eine ausgezeichnete Sicht auf die breite Bühne. Endlich ist es soweit: Das ehemalige Blumenmädchen Eliza in der Person von Dagmar Koller gibt die ersten korrekten Laute von sich, Peter Minich als Henry Higgins bricht in lauten Jubel aus, als Irene neben sich ein geräuschvolles Schnarchen vernimmt. Markus ist tatsächlich eingeschlafen! Die Theaterbesucher der hinteren Reihe werfen ihnen missbilligende Blicke zu, und Irene versetzt ihrem Mann einen kräftigen Rippenstoß. Er erwacht, blinzelt sie freundlich lächelnd an, um gleich darauf erneut einzuschlummern. Als er wieder beginnt, rasselnde Geräusche von sich zu geben, boxt Irene ihn nochmals, und auf diese Weise steht sie den letzten Akt mehr schlecht als recht durch.

„Ich verstehe nicht, wieso ich eingeschlafen bin", rätselt Markus an diesem späten Abend selber, „es hat mir ja ohnehin gefallen!" Irene antwortet nichts, denn mit dieser Eigenschaft Markus', unvermittelt einzuschlafen, ist sie schon öfter konfrontiert worden. Es geschieht zuweilen auch, wenn er, was selten vorkommt, einige Zeilen zu lesen versucht oder seine Abschreibübungen absolviert. Letzteres bereitet ihm wenigstens etwas Spaß, und sein Schriftbild hat bereits sichtlich davon profitiert. Am liebsten schreibt Markus Dokumente und Zahlen ab, was aber nach wie vor ohne Einfluss auf sein fehlendes Zahlenverständnis bleibt.

Trotz aller Peinlichkeit des Theaterbesuchs scheint die Aufführung Markus doch sehr beeindruckt zu haben. Er drängt auf die Besorgung einer Kassette mit den bekanntesten Melodien aus „My Fair Lady", spielt das Band immer wieder und nickt dazu mit dem Kopf im Takt, während er versucht, mitzusingen. Die Töne geraten zwar meistens daneben, doch freut Irene Markus' Begeisterung, welche die gewohnte Eintönigkeit in seinem Alltag vorübergehend verdrängt hat.

Eine freudige Überraschung bereitet Markus seiner Frau schon wenige Tage später, als er den Wunsch äußert, Gitarre spielen zu lernen. Irene fragt nicht lange und entsinnt sich einer alten

Freundin, die als Musikpädagogin tätig ist. Nachdem sie mit ihren Bemühungen, Markus nach eigenen Vorstellungen zu aktivieren, auf Grenzen gestoßen ist, hat sie sich vorgenommen, lieber jede Eigeninitiative Markus' sofort aufzugreifen und nach Kräften zu fördern.

Schon am nächsten Abend machen sich die beiden auf den Weg. Brigitte ist eben dabei, die Blusen ihrer Chormädchen zu bügeln. Ihre heimelige, kleine Wohnung ist überladen mit Büchern, Notenheften und Musikinstrumenten aus aller Welt. An der Wand hängt auch eine alte Gitarre. Brigitte erklärt sich sofort bereit, Markus jeden Mittwoch eine Stunde lang Unterricht zu erteilen. „Er kann aber noch nicht Noten lesen", gibt Irene zu bedenken. Doch Brigitte winkt lachend ab: „Das stört mich gar nicht. Mit den Kindern muss ich ja auch ganz von vorn anfangen. Wir lernen die nötigen Zeichen gleich mit, nicht wahr?" Markus nickt begeistert, und Irene ist schon sehr gespannt auf seine Fortschritte.

Nach der ersten Stunde soll Markus die Bezeichnung der sechs Saiten auswendig lernen und einige Akkorde üben. Irene, die selbst nicht Gitarre spielt, vermag nicht festzustellen, wie weit er seiner Hausaufgabe tatsächlich nachkommt. Jedenfalls erfolgt bereits nach der zweiten Stunde die große Wende. Er ist nicht imstande, die sechs Noten auf den Linien zu unterscheiden. „Das ist komisch", kritisiert er, „ist doch egal, ob die Kugerln weiter oben oder unten sind!" Kurz darauf fängt er plötzlich schallend an zu lachen und kann minutenlang nicht mehr aufhören. Am Ende gelingt es ihm sogar, Irene anzustecken, obwohl sie die Darstellung von Musiknoten eigentlich weitaus weniger lustig findet. Der Musikunterricht ist jedenfalls beendet, und glücklicherweise besitzt Brigitte Humor und genügend Menschenkenntnis, als dass sie Markus auf musikalischem Gebiet große Chancen eingeräumt hätte. Sie ist nicht böse und freut sich sogar auf ein baldiges Wiedersehen. Irene ist froh, eine Vertraute gefunden zu haben, die ihrem Mann positiv gegenübersteht.

Häufig bescheren die Nachbarn von gegenüber dem jungen Ehepaar fröhliche Abende, wenn sie dies auch nicht gerade bezwecken. Herr und Frau Haller, ein stets missgelauntes Paar um die Fünfzig, pflegen die seltsame Gewohnheit, in einem winzigen Kabinett zu schlafen, dessen kleines Fenster auf den Gang zeigt. In der wärmeren Jahreszeit stehen die Flügel offen, und die beiden Herrschaften fühlen sich durch den kleinsten Laut, der durch die Eingangstür ihrer jungen Nachbarn dringt, in ihrem Schlummer gestört. Diese meinen allerdings, es wäre nicht unbedingt ihre Schuld, dass die Eingangstüre so wenig schalldicht ist, und Markus ergötzt sich gerne an der Reaktion der Nachbarn, wenn er den Schlüssel beim Heimkommen geräuschvoll umdreht und die Klinke möglichst kräftig betätigt. Die Tiernamen, mit denen er deswegen im Laufe der Zeit versehen wurde, hätten die Einrichtung eines Zoos längst gerechtfertigt.

Vor dem Gangfenster des Ehepaares Haller prangt ein üppiger Blumenstock, der ganze Stolz der Besitzerin. So geschieht es, dass diese Pflanze ausgerechnet im Sommer zu blühen beginnt, als sich die Besitzer anlässlich ihres Urlaubes weitab an der tunesischen Küste befinden. Nun stellt sich alsbald heraus, dass diese weißen Blüten die betrübliche Eigenschaft besitzen, äußerst unangenehm nach ranziger Butter zu riechen. Beim Vorbeigehen hält Markus den Atem an, doch dringt der Gestank sogar durch das wegen der Hitze geöffnete Küchenfenster. Da will Markus nicht mehr länger zusehen und übergießt den Übeltäter mit einem Becher voll Essig. Nach wenigen Tagen ist die Pflanze eingegangen. Eine Nachbarin aus dem ersten Stock hat die Aufgabe übernommen, über das Frau Haller so kostbare Grün zu wachen. Sie ringt die Hände und vermag keine Erklärung für das plötzliche Ende ihrer Schutzbefohlenen zu finden. Ein Nachfolger für die so rasch Dahingewelkte ist bald gefunden: ein geruchlich unbedenklicher Hängephilodendron, der das Auge genauso erfreut und für die Nase kein Ärgernis darstellt.

Irene teilt die Schadenfreude ihres Mannes durchaus, hat doch kürzlich die Dame aus dem ersten Stock vorwurfsvoll zu ihr gesagt: „Ihr Mann kommt ja ganz verwildert daher! Sie müssen schon dazuschauen, dass er wieder manierlicher aussieht!" Ihr geduldiges, verbindliches Lächeln bereute sie damals gleich wieder, und sie fragte sich, woher diese Dame das Recht nimmt, über sie zu urteilen. Zugegeben, es ist schon lange her, dass Markus einen Friseur aufgesucht hat. Sein stark fettendes Haar reicht inzwischen bis an die Schultern herab und sieht nach der Arbeit natürlich besonders ungepflegt aus. „Wann lässt du dir eigentlich wieder die Haare schneiden?" fragt Irene ihn einmal ganz beiläufig. „Ich gehe nicht mehr zum Friseur, nie mehr!", erklärt Markus ihr daraufhin sehr bestimmt, „ich möchte ganz lange Haare haben!" Irene gibt lieber keine Antwort mehr darauf in der Annahme, er werde seine Meinung rascher ändern, wenn sie es unterlässt, Einwände zu erheben. Bald darauf verzichtet Markus auch auf seine ohnehin unregelmäßigen, oberflächlichen Rasuren, und ein stacheliger, rotbrauner Bart beginnt zu sprießen. Sein Aussehen erinnert Irene schließlich unangenehm an einige recht wild aussehende Lehrkursburschen, und die Bemerkungen der Nachbarn treffen sie daher doppelt. Kein Mensch im Haus hätte ihr jemals seine Hilfe angeboten, niemand hat sich für ihre Mühe mit Markus interessiert. Aber mit dem Kritisieren waren die Leute vom ersten Tag an rasch zur Stelle, und stets ist sie es, der man den „schwarzen Peter" zuschiebt. Irene ist heilfroh, als Markus Haarpracht und Bart schließlich lästig werden und er von selbst Anstalten macht, davon befreit zu werden.

Rasch ist das erste Jahr vergangen, und der nächste Herbst stellt sich mit wilden Stürmen und tagelang andauernden Regengüssen ein. Markus hat ein hohes Maß an Selbstbewusstsein erlangt und wagt es schon immer wieder, seine eigene Meinung zu äußern. Leider vertritt er seine Ansichten aber in extrem intoleranter, engstirniger Weise, und es ist nach wie vor unmöglich, einen echten Dialog zustande zu bekommen. Auch fungiert Irene desöfteren als Versuchskaninchen, wenn es ihm darum geht, seinen Willen ohne Rücksprache durchzusetzen. Dieser besteht zumeist in seinem Wunsch, stundenlang ungestört und unansprechbar dem Musikgenuss zu frönen. Kopfhörer lehnt Markus weiterhin ab, immer noch in dem Glauben, sie würden seine Aufnahmen beeinträchtigen. So wird es immer schwieriger für seine Frau, ihr gemeinsames Leben im Gleichgewicht zu halten.

Markus pflegt grundsätzlich fast nie eine Unternehmung vorzuschlagen. Bald kämen die beiden aus den eigenen vier Wänden überhaupt nicht mehr heraus, versuchte Irene nicht immer wieder mühsam, ihren Mann dazu zu überreden. Die Radiozeiten werden immer ausgiebiger, und nebenbei hat es sich Markus angewöhnt, allmonatlich einen ganzen Wochenlohn in den Kauf von Kassetten zu investieren. So entwickelt er eine wahre Leidenschaft im Aufnehmen von Hitparaden, und Irene muss bald mit Gefühlen des Alleingelassenseins und der Unverstandenheit kämpfen. Hin und wieder kommt es auch schon vor, dass sie die Beherrschung verliert und Markus unter Tränen verständlich zu machen versucht, dass dieser Zustand für sie immer unerträglicher wird. Er hört dann jedes Mal nur halb hin, während er mit seinen Musikaufnahmen fortfährt. Irene bleibt dann nur die Möglichkeit, sich allmählich selbst zu beruhigen. Zu diesem Zweck gewöhnt sie es sich bald an, ins Auto zu steigen und irgendwohin zu fahren. Markus macht niemals Anstalten, sie daran zu hindern. Den Blick in die Ferne gerichtet, beginnt Irene, über ihr Leben nachzudenken.

Während einer solchen Ausfahrt entsinnt sie sich eines Gesprächs mit Brigitte, die sie kürzlich zu einer Jause eingeladen hatte. Sie ist die einzige, der sich Irene anvertraut hat. Brigitte bewundert ihren Mut, Markus geheiratet zu haben, glaubt aber nicht an eine Zukunft dieser Beziehung. „Als normale, reife Frau wird dir der 'richtige' Mann bald abgehen", hat sie ihr prophezeit, „und du wirst dich schon bald nach einem Partner sehnen, der dir ebenbürtig ist!" Und, obwohl Irene sich nach Kräften bemüht, ihre „Josefsehe" weiterhin zu bejahen und alle Hoffnung hineinzulegen, derer sie fähig ist, überlegt sie doch, ob da etwas Wahres daran sein könnte. Wieder denkt sie an Hansi, und wieder fragt sie sich, ob er sich noch für sie interessiert. Warum ist das so wichtig für sie? Gibt es da doch etwas ganz Entscheidendes, das ihr bei Markus fehlt? Beginnt sie etwa an ihrer „Josefsehe" zu zweifeln?

Trotz allem spürt Irene irgendwo mit unzweifelhafter Gewissheit, dass es nicht allein ein „richtiger" Mann ist, der ihr fehlt. Nicht der Mangel an einem solchen verursacht in ihr einen ständigen inneren Zwiespalt, und nicht die Leidenschaft der irdischen, körperlichen Liebe ist es, die sie in ihrem Innersten am meisten benötigt. Nein, es ist etwas anderes, auf einer ganz anderen Ebene, ja Tiefergehendes, wogegen sie sich jedoch nach wie vor abschirmt. So weigert sie sich immer noch nach Kräften, denjenigen wieder anzusehen, den sie nach wie vor jederzeit in ihrem Inneren fühlt: Jesus Christus. Und da sie ihn nicht „nur" in ihrem Allernächsten, Markus, erlebt, sondern ihn nach wie vor als sanft, aber unentwegt um ihre ganz persönliche Aufmerksamkeit werbende, männliche Person ihr zur Seite empfindet, muss sie sich, deren Aufmerksamkeit und Sinne auf Markus gerichtet sind, um so heftiger dagegen wehren. Das ist sicherlich reine Einbildung, redet sie sich darum schon seit Monaten ein, und sie wird am schnellsten vergehen, wenn ich sie überhaupt nicht beachte. Auffallend ist nur, dass Irene in ihrem Ignorierenwollen Christi in seiner ganz individuellen Art, ihr zu begegnen, keinen echten inneren Frieden zu finden in der Lage ist. Sie fühlt sich, wie früher, ständig und beharrlich von ihm angesprochen, währenddessen sie ihn doch in ihrem Mann finden und lieben wollte gemäß seinem Wort: „Was ihr dem geringsten meiner Brüder getan habt, das habt ihr mir getan"!

Irgendwann kann Irene nicht mehr anders, als in Tränen auszubrechen. Neben Markus, der gerade mit seiner neuesten Musikkassette beschäftigt ist, auf dem Teppich kauernd, zeigt sie erstmals Schwäche vor Markus, lässt ihrer Ratlosigkeit freien Lauf. Freilich erhofft sie sich eine zärtliche Geste des Verständnisses für ihre Erschöpfung an einer Ehe, die faktisch keine ist. Da geschieht das bisher Undenkbare: Markus versetzt ihr eine kräftige Ohrfeige. Irene erstarrt vor Schreck.
Ihrer grundsätzlichen Einstellung und ihrem Stolz geschuldet, niemals Respektlosigkeit oder gar Gewalt zu dulden, ist ihr erster Gedanke, Markus sofort aufzugeben. Soll sie seinen Koffer packen und ihn nach R. zurückschicken? „Schief gegangen", würde es dort heißen, „wir haben es ja gleich gewusst, dass das nicht gut gehen kann!" Auch hat sie ihn - zumindest bis heute - ja wirklich geliebt, wenn auch eher als großes Kind.
Nach einem vierundzwanzigstündigen Kampf mit sich selbst beschließt sie, Markus, der seinen „Ausrutscher" bitter bereut, noch eine Chance zu geben. Eine einzige, versteht sich. Sie braucht ihm nicht lange zu erklären, dass Gewalt für sie völlig tabu und Konflikte allein mit Worten zu lösen seien. Zerknirscht zeigt er sich schuldbewusst und einsichtig. Mit aller Kraft ihres Herzens hofft Irene darauf, dass er ein für allemal verstanden hat. Trotzdem bleibt, entgegen ihrer bisher unvoreingenommenen Haltung,

eine Ernüchterung zurück; sie ist von nun an dauerhaft alarmiert und wird Markus künftig verstärkt beobachten müssen. Es wird nie wieder so wie früher sein, das fühlt sie.

Um gegen die in ihr Platz greifende Traurigkeit anzukämpfen und Abstand zu den rasch emporwuchernden Problemen zu gewinnen, überredet sie Markus zu einem gemeinsamen Silvesteraufenthalt in den winterlichen Bergen. Schon gleich nach der Ankunft in dem gemütlichen Gasthof weiß sie, dass sie eine gute Wahl getroffen hat. Markus zeigt sich hellauf begeistert von dem zehn Meter hohen Christbaum inmitten der Gaststube, bestaunt das bunt beleuchtete Süßwasseraquarium und schmiegt sich nach dem wohlschmeckenden Abendmenü vertrauensvoll an seine Frau. Unter der alten Stehlampe im gemütlichen Leseraum gewinnt Markus' Antlitz etwas von dem Liebreiz zurück, der Irene anfangs so sehr für ihn eingenommen hat. Eng umschlungen stapfen sie im Mondenschein durch den tief verschneiten Nadelwald.

„Markus" hat mir gerne schöne Geschenke gemacht, hat sie lange vorausgeplant und sich rechtzeitig Notizen gemacht. Hier habe ich noch solch ein Memo gefunden für ein Weihnachtsgeschenk, das mich sehr gefreut hat.

Am Silvesterabend gibt es, wie alljährlich in diesem Gasthof, ein großes Spanferkelessen auf Kosten des Hauses mit Musik und Tanz. Irene bedauert es zutiefst, nur mit warmen Hosen und dicken Pullovern ausgerüstet zu sein, denn sie hat nicht gewusst, wie feierlich der Jahreswechsel hier begangen wird. Mit wachsender Traurigkeit muss sie sehen, wie eine Dame nach der anderen in festlicher Aufmachung erscheint. Auch Markus ist mit seinen Jeans höchst unpassend gekleidet. Nein, in diesem Aufzug möchte sie sich nicht unter die Tanzenden einreihen, dazu fehlt ihr ganz einfach jede Lust!

Es ist wirklich ärgerlich, unternehmen sie doch sonst ohnehin fast nie etwas Außergewöhnliches, und hier wäre Markus erstmals sogar in der Stimmung zu einem Tänzchen gewesen! So aber beobachten sie von einem Eckplatz aus das fröhliche Treiben. Niemand nimmt von ihnen Notiz, bis sie sich noch vor Mitternacht leise und unauffällig in ihr Zimmer zurückziehen. Vom Bett aus lauscht Irene noch tieftraurig der fröhlichen Silvesterstimmung im großen Speisesaal. Und als um Mitternacht der Donauwalzer erklingt, kann sie mit Markus nicht einmal auf das Neue Jahr anstoßen. Längst ist er eingeschlafen.

Zurück in der Stadt, weichen Markus' Begeisterung und Tatendrang wieder der bedrückenden Geistesabwesenheit und dem Desinteresse an Gemeinsamkeiten. Auf Irenes vorsichtige Frage, ob die Lagerarbeit bei der Firma Schier, Otten & Co. nicht doch zu anstrengend wäre, winkt Markus lachend ab. Doch es soll nicht lange dauern, dass Irene aus der Gleichförmigkeit ihres Alltags herausgerissen wird, wenn auch auf höchst unangenehme Weise.

Es ist ein kalter Februartag, die Quecksilbersäule steht weit unter dem Gefrierpunkt. Irene ist soeben damit beschäftigt, eine Kundin beim Aussuchen einer Textiltapete zu beraten, als ihre Kollegin sie plötzlich zu sich ruft: „Der Chef Ihres Mannes hat angerufen! Er sagt, Ihr Markus liegt total betrunken in der Firma, und Sie sollen ihn sofort abholen!" „Das gibt es nicht", entfährt es der Angesprochenen, „Markus trinkt ja überhaupt nicht!" „Rufen Sie doch zurück und überzeugen Sie sich selbst! Glauben Sie, ich erfinde solche Geschichten?" entgegnet die Kollegin in spitzem Ton. Irene ist ein eisiger Schreck in die Glieder gefahren. Hastig wirft sie ihren Mantel über, und sie sieht zu, dass sie möglichst rasch aufbricht. Immer noch denkt sie in erster Linie an einen bösen Scherz, zumal Herr Trummer als Hüter der Ordnung seinen freien Tag hat. Während der Fahrt überlegt sie bereits fieberhaft, wie sie ihren makellosen Ruf an ihrem derzeitigen Arbeitsplatz wiederherstellen werde können und was sie unternehmen werde müssen, damit man ihr glaubt.

Leider handelt es sich um keinen üblen Scherz. Da liegt Markus tatsächlich im Frühstücksraum auf dem ölverschmierten Boden, sich in einer übelriechenden Flüssigkeit wälzend. Ihr Herz krampft sich zusammen, die Knie werden ihr weich vor Entsetzen. Einige Arbeiter stehen grinsend um den Stöhnenden herum und blicken ihr gespannt entgegen, wie sie reagieren wird. Irene reißt sich mit aller Kraft zusammen, beugt sich zu Markus hinunter, weiß aber nicht, was sie tun soll. „Liebling, du bist mein einziger Liebling!" lispelt Markus und sieht mit seinen großen, naiven Augen an ihr vorbei. Die Szene muss in dieser rauen Umgebung höchst komisch wirken, und sie vernimmt Gelächter rundherum. Jemand reicht ihr ein Taschentuch, womit sie Markus das verschmutzte Gesicht notdürftig abwischen kann. Endlich erscheint Bani und fordert einen Chauffeur an, Markus auf der Ladefläche seines Lastautos nach Hause zu bringen. Zu Irene gewendet, fügt er hinzu: „Der wird schon wieder, lassen Sie ihn nur ordentlich ausschlafen!" Bani selbst hilft dem Fahrer, Markus, dessen Arme und Beine kraftlos herunterhängen, in den Wagen zu schaffen.

Markus scheint das Bewusstsein verloren zu haben und hängt reglos in den Armen seiner Kollegen, als die beiden Männer ihn mühsam die drei Stockwerke hinaufschleppen und auf dem Küchenboden niederlassen. Da liegt er nun, penetrant nach Alkohol riechend, klitschnass und schmutzverkrustet bis an die Haarspitzen. Irene kann es immer noch nicht glauben, was sie da erlebt. Ihre Ekelgefühle nur schwer überwindend, beginnt sie, Markus das stinkende Arbeitsgewand auszuziehen und ihren Mann mit einem feuchten Lappen zu waschen, so gut es geht. Und obwohl sie die Beweggründe noch nicht kennt, gerät sie immer mehr in Zorn, wenn sie an das hämische Lachen der Arbeiter denkt.

Nach drei Stunden erwacht Markus, und Irene stützt ihn mühsam, damit er ins Bett gelangen kann. Immer noch benommen, raunt er ihr zu: „Ich hab' ja bloß vier Tees mit Rum getrunken, die mir der Gerhard aufgedrängt hat. Aber sie haben eigentlich nur nach Rum geschmeckt!" Natürlich, schießt es Irene durch den Kopf, sie hat es ja gleich geahnt. „Aber ich habe dir doch hundertmal gesagt, du sollst dir nichts einreden lassen, die meinen es nicht alle gut mit dir!" erinnert sie ihn, nicht ohne Vorwurf in der Stimme. „Aber es war doch so kalt heute", verteidigt er sich in schwachem Ton, „die anderen waren alle in der Halle beschäftigt, nur ich habe draußen gearbeitet". Irenes Zorn nimmt noch zu, als sie das hört. Etwas Ähnliches hat sie ja längst befürchtet, ihre ständige Sorge ist nicht unberechtigt gewesen. „Als ich so dagelegen bin", fügt Markus noch leiser hinzu, „hab' ich um mich lauter Räuber gesehen, und du warst ganz rosa!" Da muss Irene wieder ein wenig lächeln und streicht zart über das kastanienbraune Haar ihres Mannes.

Noch an diesem Abend fasst Irene den Entschluss, Markus zu einem Arbeitswechsel zu überreden, obwohl ihr klar ist, dass damit ein gewisses Risiko verbunden ist. Aber vielleicht besitzt ihr Mann doch schon die nötige Flexibilität, sich anderswo rascher einzufügen. Markus gibt ihrem Drängen nur höchst ungern nach; er hat den Vorfall anscheinend schnell verschmerzt und scheint nicht so recht begriffen zu haben, dass er einem garstigen Komplott erlegen ist und der „Tee" nicht zufällig nur nach Rum geschmeckt hat. Irene hält es auch nicht für ratsam, ihn besonders darauf hinzuweisen. Denn sie kann nicht wissen, wie Markus sich verhalten würde, begriffe er seine demütigende Rolle voll und ganz, die er an jenem verhängnisvollen Tag gespielt hat. So bleibt es ihr freilich wieder ganz allein überlassen, dieses böse Erlebnis zu verkraften.

Bald ist es soweit, und Markus tritt seine neue Tätigkeit als Zuschneider von farbigen Papierbögen an. Diesmal haben sie glücklicherweise nicht lange suchen müssen, und die Leiterin der Geschenkartikelfirma ist gerne bereit, es mit Markus zu versuchen. Vorerst ist freilich ein Probemonat vereinbart, und Irene hofft von Herzen, ihr Mann wird sich hier bewähren. Sie hat nämlich sofort bemerkt, dass in dieser Firma ein wesentlich zivilisierterer Ton herrscht.

Leider beklagt sich Markus vom ersten Tag an, dass er immer im geschlossenen Raum werken müsse, über die Mühe, die es ihn koste, die Papierbögen geradlinig durchzuschneiden, und er bezeichnet seine Tätigkeit schlechthin als langweilig und eintönig. Nach einer Woche hat er genug und will unbedingt in die Firma Schier, Otten & Co. zurück. Wieder ist es Irene, die die Angelegenheit regelt, und Herr Trummer äußert große Freude über Markus' Rückkehr. Sein Nachfolger, arbeitsunwillig und träge, hat ebenfalls bereits nach einer Woche das Weite gesucht. „Jetzt muss er aber bleiben", erklärt Herr Trummer noch, „ein drittes

Mal kann ich ihn nicht nehmen!" Markus radelt sofort los, und auch Irene ist letztendlich froh über diese Lösung, die ihr beweist, wie geschätzt Markus' Verlässlichkeit ist. Nebenbei hofft sie auch, dass man in Hinkunft auf ähnliche Experimente mit ihrem Mann verzichten wird.

So gleichmütig, wie es aussieht, hat Markus seine Niederlage offenbar doch nicht hingenommen. „Stell dir vor, ich hab' dem Gerhard mit einem einzigen Hieb den Vorderzahn ausgeschlagen!", berichtet er noch am selben Abend seines Wiedereintritts in der Firma stolz. Erschrocken starrt ihn Irene an. „Er war ja selber schuld", fährt Markus achselzuckend fort, „weil er so blöde Witze über dich gemacht hat. Zweimal habe ich ihm noch gedroht, aber er hat mich nicht ernst genommen. Da habe ich ihm eine versetzt, dass er hintenüber vom Lastwagen gefallen ist!" Und lachend fügt er hinzu: „Der hat nicht mehr gehänselt! Und dann hat ihn der Bani gleich zum Zahnarzt geschickt!" „Und was hat der Bani zu dir gesagt?" erkundigt sich Irene, ängstlich geworden. „Gelacht hat er", triumphiert Markus, „'Recht geschieht dir', hat er zum Gerhard gesagt!"
Irene erachtet es zwar als höchst schmeichelhaft, dass Markus ihre Ehre verteidigt, empfindet diesen Umgangston aber doch als befremdlich. Doch vielleicht, denkt sie, hat sich Markus damit endgültig den nötigen Respekt verschafft. Trotzdem erschreckt sie sein Verhalten erneut. Ja, Markus hat sich seit ihrem Kennenlernen grundlegend verändert und ein gewisses Maß an Selbstständigkeit und Durchsetzungsvermögen erlangt. Doch die Art und Weise, in der sich dies äußert, versetzt sie zunehmend in Unruhe. Nicht zu Unrecht, wie sich bald darauf herausstellen soll.
Eines Samstagnachmittags im Frühjahr, kurz vor Ostern, steht ihnen nämlich eine Überraschung ins Haus, von der Irene vorerst nicht weiß, was sie davon halten soll.

Sie haben soeben zu Mittag gegessen und sitzen noch im Wohnzimmer beisammen. Irene liest in einem Buch, und Markus ist damit beschäftigt, eine neue Batterie in seinen Taschenrechner einzulegen, als es plötzlich klingelt. „Wer kann das sein?" rätseln sie beide. Gibt es bei ihnen doch nur höchst selten überraschenden Besuch. Irene erhebt sich, um durch das Guckloch der Eingangstür zu blinzeln. Draußen steht eine junge Frau, wohl kaum zwanzig Jahre alt und sehr groß, mit einem kleinen Paket in der Hand.

Neugierig geworden, öffnet Irene, um kurz darauf entgeistert in ein Gesicht zu blicken, das dem ihres Mannes verblüffend ähnelt. „Ich bin die Schwester von Markus", stellt sie sich mit etwas heiserer Stimme vor, „er wohnt doch da?" Irene ist so überrascht und vom ersten Moment an auch verstört, dass sie nicht gleich reagiert. Dann tritt sie zur Seite und lässt die Besucherin herein - ein Schritt, den sie später sehr bereuen wird. Als sie die Tür zum Wohnzimmer öffnet, steht da schon Markus und starrt der Eintretenden entgegen. „Marianne, du?" stößt er dann unsicher hervor. Auch die Schwester ist stehengeblieben, ihre Augen füllen sich mit Tränen. „Ja, Markus!" Sekundenlang verharren die beiden bewegungslos, und Irene kommt sich in diesem Moment auf einmal überflüssig vor. Wie lange mögen sich die Geschwister nicht gesehen haben? Welche gemeinsamen Erinnerungen verbinden sie?

Marianne ist die erste, die die Fassung wiedergewinnt. Das Päckchen immer noch in ihrer Linken, nähert sie sich ihrem Bruder, ergreift dessen reglos herabhängende Hand und drückt einen schnellen Kuss auf seine Wange. Sie ist nicht unhübsch, muss Irene feststellen, hat langes, glattes Haar in demselben Braunton wie das von Markus und auch beinahe dieselbe, stattliche Körpergröße. Schlank, fast mager, sieht sie in ihrem schlichten, dunkelblauen Kleid beinahe elegant aus. Ihre ziemlich großen Füße stecken in hohen, weißen Stöckelschuhen, die sie noch größer erscheinen lassen, als sie ohnehin schon ist. Sichtlich aufgeklebte, dunkle Wimpern und ein grellrot geschminkter, breiter Mund bilden einen eigenartig anmutenden Gegensatz zu dem einfachen Kleid. Sie wollte sich halt recht hübsch herrichten, überlegt Irene nachsichtig und ist beinahe ein wenig gerührt über Mariannes augenscheinliche Ungeschicklichkeit. Markus' Augen glänzen jetzt ebenso, er sieht seine Schwester unentwegt an und bewegt sich nicht.

Irene erachtet es als taktvoller, die Geschwister ein Weilchen allein zu lassen und begibt sich in die Küche, um Kaffee zu bereiten. Unterdessen vernimmt sie, dass Marianne kürzlich ihre Volljährigkeit erreicht hat und Markus' Wohnadresse vom Jugendamt erfahren hat. Dann werden die Stimmen so leise, dass sie kein Wort mehr verstehen kann, wenn sie die Ohren auch noch so spitzt. Und an der Türe lauschen möchte sie ja doch nicht. Wahrscheinlich sprechen sie über frühere Zeiten, denkt sie und lässt sich absichtlich Zeit, um das bewegte Wiedersehen nicht frühzeitig zu stören.

So betritt sie das Wohnzimmer erst nach einer Viertelstunde mit einem Jausentablett wieder. Kaum hat sie die Klinke in die Hand genommen, verstummt das Gespräch sofort. Marianne hat inzwischen ihr Paket geöffnet und einen breiten Apfelstrudel, bereits in Stücke geteilt, enthüllt. „Das ist aber ganz besonders aufmerksam von dir!" lobt Irene ihre Schwägerin hauptsächlich deshalb, um das Eis zu brechen und überhaupt etwas Nettes zu sagen. „Hast du ihn selbst gemacht?" Marianne verneint, und Irene beginnt, den Strudel auf drei Kuchenteller zu verteilen. Wieder spricht niemand, so dass Irene erneut das Wort ergreift: „Wo bist du denn jetzt zu Hause?" „Ich wohne in der Venediger Straße", kommt es schnell, wie eingelernt, von ihren Lippen, „ich arbeite dort als Kellnerin und habe ein Dienstzimmer". „Gefällt es dir dort?" möchte Irene wissen. „Ja, es passt schon", ist die knappe Antwort, und instinktiv fühlt sie, dass ihre Fragen nicht erwünscht sind. Also unterlässt sie es, sie fortzusetzen.

Stattdessen beginnt Irene, über sie und Markus zu erzählen, und Marianne wirft ihrem Bruder, der sich nur selten ins Gespräch mischt, warme Blicke zu. Sie scheint ihn sehr gern zu haben, stellt Irene fest, und empfindet offensichtlich ehrliche Freude darüber, dass es ihm gut geht. Was sie selbst betrifft, hüllt sich Marianne aber weiterhin in Schweigen, und Irene wird nicht ganz klug aus ihr. Das Wenige, das Marianne von sich gibt, wirkt auf sie jedoch vernünftig und überlegt, ja gar nicht so unintelligent. Schließlich fragt Markus seine Frau: „Du, die Marianne hat mich am Sonntag zu sich nach Hause eingeladen. Dir ist es ja recht, dass ich hingehe?"

Irene reagiert nicht sofort, obwohl sie weiß, dass sie kein Recht hat, dieses Treffen zu unterbinden. Und schließlich gönnt sie Markus ja sein Wiedersehen mit der Schwester, obwohl er immer betont hat, von Mutter und Geschwistern nichts mehr wissen zu wollen. Doch die Sorge in ihrem Herzen ist groß. Wie wird sich der Kontakt zu Marianne, welche ihr reichlich undurchsichtig erscheint, auf sein Gemüt auswirken? Was hat sie wirklich vor? Irgendetwas stimmt hier nicht, das fühlt sie deutlich. „Ja, das ist eine gute Idee", antwortet sie schließlich wohlwollend und versucht, ihrer Stimme dabei einen festen Klang zu verleihen. Und, auf eine stumme Frage in den Gesichtern der Geschwister anspielend, fügt sie möglichst gleichgültig hinzu: „Ich brauche ja nicht mitzukommen, ich habe ja zu Hause ohnehin eine Menge zu tun". Irene unterlässt es, ihren an diesem Abend sehr nachdenklichen Mann über seine während ihrer Abwesenheit mit Marianne gewechselten Worte auszufragen. So erfährt sie nur, Marianne sei immer schon seine Lieblingsschwester gewesen, er habe mit ihr mehrere Jahre im Heim von E. zugebracht, und sie sei anschließend ein Lehrverhältnis eingegangen, das sie allerdings bald wieder aufgegeben hat. „Von unserer Mutter weiß sie auch nichts", fügt Markus nachdenklich hinzu, „die ist einfach irgendwohin abgehauen!"

Am Sonntag putzt sich Markus mit erwartungsvoller Miene recht fein heraus. Da sein Orientierungsvermögen nach wie vor mangelhaft ist, beschließt Irene, Markus selbst zum Bestimmungsort zu bringen. Außerdem möchte sie das Lokal wenigstens von fern ins Auge fassen, in dem ihr Mann diesen Nachmittag verbringen will. „Nach Hause finde ich schon allein", erklärt er ihr zuversichtlich, „du brauchst mich nicht abzuholen!" Nach einer Fahrt durch die halbe Stadt erreichen die beiden die Venediger Straße, jedoch scheint die Hausnummer nicht zu stimmen. Denn an der genannten Adresse befindet sich, durch rotblinkende Lämpchen und die hell beleuchtete Darstellung einer unbekleideten Dame in liegender Position weithin erkennbar, die „Bar Melisande" (Name geändert). Irene hält schräg gegenüber an und überlegt, wo Marianne zu finden sein könnte, als Markus plötzlich mit verhaltener Stimme ausruft: „Da ist sie ja!"

Irene sieht sich um, bis ihr Blick an einer sich dem Auto nähernden Gestalt hängenbleibt. Tatsächlich, es ist Markus' Schwester! Allerdings sieht sie heute ganz anders aus, trägt eine offenherzige, silbrig schimmernde Bluse, und die Oberweite erscheint heute unnatürlich üppiger als das letzte Mal. Die Beine stecken in einer hautengen, schwarzen Hose mit kniehohen, roten Lackstiefeln. Das Haar ist zerzaust und offenbar eingefettet, die Lippen über die natürlichen Konturen hinaus knallrot angemalt.

Ratlosigkeit erfasst Irene: Wie soll sie sich jetzt verhalten? Einfach davonfahren? Aber wie wird Markus darauf reagieren?

Die Ähnlichkeit des sich nähernden Gesichtes mit jenem von Markus ist es, die sie schließlich daran hindert, einfach Gas zu geben und davonzubrausen. Marianne ist in etwa fünf Metern Entfernung stehengeblieben. Markus öffnet die Autotür und steigt aus. Fällt ihm denn gar nichts auf? Die beiden begrüßen einander mit einem Kuss, Irene ist hinter dem Lenkrad sitzengeblieben, in ihrem Kopf arbeitet es fieberhaft. Da kommt Markus nochmals zurück, beugt sich durch das geöffnete Fenster zu seiner Frau herab und gibt ihr einen hastigen Abschiedskuss. „Grüß dich, ich ruf' dich an, bevor ich heimkomme!" Dann wendet er sich ab und folgt Marianne, die nichts dergleichen getan hat, in Richtung Bar. Noch ein letztes Mal überlegt Irene, ob sie ihren Mann zurückrufen soll. Aber es ist doch seine Schwester! Mit Bestürzung muss sie zusehen, wie Markus hinter der roten Flügeltür des Etablissements verschwindet.

Eine bunte Vielzahl an quälenden Gedankengängen und angstvollen Empfindungen lassen Irene den ganzen Nachmittag lang nicht zur Ruhe kommen. Er ist ja nur mit seiner Schwester dort, versucht sie sich immer wieder vergebens zu beruhigen. Aber mit Einrichtungen in der Art der Bar Melisande möchte sie eigentlich nichts zu tun haben. Und auch ihren Mann wüsste sie lieber fern von dort. Marianne selbst ruft in ihr allerdings eher Gefühle des Mitleids und Bedauerns hervor, wenn sie es auch für äußerst unfair hält, dass die Schwägerin die Wahrheit einfach verschwiegen und Markus unter falschen Vorspiegelungen an ihren Arbeitsplatz gelockt hat. Oder ist Markus doch informiert gewesen? Er ist so selbstverständlich mit hineingegangen, schien gar nicht überrascht... Nein, das erscheint Irene ja doch ausgeschlossen, er ist nur einfach unglaublich naiv.

Endlich, nach Stunden bangen Wartens, läutet das Telefon. „Du, ich fahr' jetzt nach Hause. Die Marianne hat mir gesagt, welche Straßenbahn ich nehmen muss. Tschüss!" Schon ist das Gespräch zu Ende. Doch Irene ist heilfroh über seine Ankündigung, bald heimzukommen.

Markus' Wangen glühen vor Aufregung, als er hereingestürzt kommt. „Schön hat sie's dort!" schwärmt er, „so ein liebes Zimmer! Überall rote Vorhänge und Decken, ja sogar eine Hifi-Anlage hat sie! Sonst ist sie ganz die alte geblieben, hat sich seit ihrer Kindheit kaum verändert. Schade, dass du nicht dabei warst!" „Ich wäre in diese Bar niemals hineingegangen", ärgert sich Irene über die Euphorie ihres Mannes, „hast du denn nicht bemerkt, was das für ein Haus ist?" „Die Marianne hat sowieso gesagt, du wirst das missverstehen", bemerkt Markus weise, „aber das ist kein Bordell. Da kommen nur Stammgäste, die sich unterhalten lassen, ein Glas trinken und Musik hören". „Und das glaubst du ihr?" erwidert Irene zynisch. „Du meinst wirklich, sie redet nur mit den Männern? Außerdem: Könntest du dir mich in so einer Aufmachung und in so einer Rolle vorstellen?"

Von einem Moment auf den anderen wandelt sich Markus' Stimme, und, obwohl mit gleichgültigem Gesichtsausdruck, fährt er sie lautstark an: „Marianne kann anziehen, was sie will, das geht dich überhaupt nichts an!" Irene fühlt, dass ihm nicht beizukommen ist. Offenbar will er die Wahrheit ganz einfach nicht sehen. Erträgt er sie nicht? Auf jeden Fall will sie irgendwie dafür sorgen, dass es kein zweites Wiedersehen gibt. Und das nicht nur, weil sie die Einflussnahme Mariannes auf ihren Mann fürchtet. Sie hat auch Angst vor unbekannten Gefahren, die hinter diesen roten Türen lauern mögen, Angst vor Zuhältern, Rauschgift und anderen Formen der Kriminalität, denen sie sich nicht gewachsen weiß.

„Jetzt habt ihr euch ja ausgesprochen", meint sie deshalb in möglichst versöhnlichem Ton, „ihr werdet euch ja wohl so bald nicht wiedersehen?" „O ja", beeilt sich Markus zu antworten, während er wieder einmal an seiner Uhr herumhantiert, „gleich nächsten Samstag ruft sie mich wieder an, wann sie frei hat. Das weiß sie nämlich nie so genau im Voraus!" Und in einem Tonfall, der eigentlich keine verneinende Antwort zulässt, setzt er hinzu: „Du hast doch nichts dagegen?!" Irene beschließt, vorerst keine Einwände mehr zu erheben.

Und als sie das Thema für den heutigen Tag schon für beendet glaubt, erklärt ihr Markus in geheimnisvollem Ton: „Du, stell' dir vor, die Marianne hat ein Kind!" Irene bleibt vor Verwunderung die Luft weg. „Ein Kind? In diesem Haus?" „Nein, sie hat es nicht bei sich", antwortet Markus, „das Jugendamt hat es zu einer Familie in Pflege gegeben. Es ist ein Mädchen, ein halbes Jahr alt". Jetzt versteht Irene noch etwas mehr. „Eigentlich hätte ich es dir ja nicht sagen dürfen", betont Markus, „aber du sagst ihr ja nichts davon, dass du es weißt?" „Nein, nein", beruhigt ihn Irene, und so endet diese überaus heikle Unterredung in versöhnlichem Ton.

Im Laufe der kommenden Woche hat Irene viel zu denken. Es ist ihr klar, dass sie in Marianne eher ein bedauernswertes Geschöpf sehen muss. Doch so sehr ihr die Schwägerin auch leid tut, erscheint ihr deren zweifelhafter Einfluss auf Markus und damit indirekt auch auf sie selbst doch Grund genug, einem weiteren Kontakt zwischen einer Prostituierten und ihrem Mann mit aller Entschiedenheit entgegenzutreten. Freilich spielt sie auch kurz mit dem Gedanken, Marianne aus diesem Betrieb herauszuholen, lässt diese Idee aber gleich wieder fallen, da sie sich mit dieser Aufgabe heillos überfordert fühlt. Und ganz abgesehen davon hat sie es mit Markus allein ja auch nicht gerade leicht. Nach eingehender Prüfung ihrer Möglichkeiten und gründlicher Befragung ihres Gewissens sieht Irene die einzige Möglichkeit für eine Aufrechterhaltung des Kontaktes darin, dass Marianne sich freiwillig dazu durchringen müsste, ihre Tätigkeit in der Bar Melisande aufzugeben.

Als Marianne am Samstag anruft, hat Irene das Thema mit ihrem Mann noch nicht besprochen - ein schwerer Fehler, wie sich bald herausstellen wird. Vielleicht hat Irene doch noch gehofft, die Schwägerin würde von weiteren Anrufen Abstand nehmen. Und es ist ihr sogar bewusst, dass sie jetzt ein gewisses Wagnis eingeht, als sie klopfenden Herzens den Hörer zur Hand nimmt und Marianne in bestimmtem Ton klar zu machen versucht: „Ich möchte nicht, dass du Markus weiterhin triffst, solange du noch in dieser Bar arbeitest. Versuche mich bitte zu verstehen: Ich habe mich bemüht, deinen Bruder in ein geordnetes, bürgerliches Leben einzugliedern, und ich möchte nicht, dass alles umsonst war. Ich kann damit nicht einverstanden sein, dass er wieder zu dir kommt. Bitte, versteh' das! Ich habe einfach zu große Sorge um Markus und unsere Ehe!"

Weiter kommt sie nicht. Mit einer kräftigen Bewegung hat ihr Markus den Hörer aus der Hand gerissen. Sie muss zuhören, wie er in aufgeregtem Ton ins Telefon schreit, es sei Unsinn, was seine Frau da sage, und Marianne solle nicht auf ihr Gerede hören. Da bemerkt er, dass seine Schwester aufgelegt hat. Hastig versucht er, sie rückzurufen. Sein Gesicht ist hochrot vor Aufregung, so dass Irene es allmählich mit der Angst zu tun bekommt. Einen Moment lang spielt sie mit dem Gedanken, die Wohnung schleunigst zu verlassen, bleibt aber doch, vor Entsetzen wie gelähmt, neben Markus stehen. Vielleicht tut er ihr auch leid, da sie seine Erregung grundsätzlich ja verstehen kann. Es meldet sich eine fremde Frauenstimme am anderen Ende der Leitung, die Marianne nicht zu kennen angibt.

Markus schleudert das Telefon zu Boden und springt auf. Endlich wendet sich Irene um, will zur Tür laufen. Doch zu spät, Markus ist schneller. Er packt seine Frau mit beiden Händen von hinten am Hals und wirft sie auf die Couch. „Hör auf, bitte!" fleht sie ihn in ihrem Schrecken an, und das Blut steigt ihr zu Kopf. Als sie einen schwachen, ängstlichen Schrei ausstößt, umfasst Markus ihren Hals fester und presst ihr Gesicht zugleich tief in die Kissen. Sie bekommt überhaupt keine Luft mehr und ist völlig unfähig, sich seinem Griff zu entwinden. Die wenigen Sekunden, die er sie so festhält, sind die schrecklichsten ihres Lebens. Wird er sie rechtzeitig loslassen? Irene wehrt sich nicht mehr, um ihn nicht noch mehr zu reizen. Und endlich, gerade noch rechtzeitig, lockert Markus seinen Griff und verschwindet ohne ein weiteres Wort im Nebenzimmer.

Wieder dauert es einige Sekunden, bis es Irene wagt, sich zu erheben. Sie ringt nach Luft. Fassungslos vor Entsetzen sieht sie ihre Welt zusammenstürzen. Jetzt ist alles aus! Die Würgegefühle am Hals lassen nur langsam nach, Verzweiflung schlägt über ihr zusammen. Nur fort, ist ihr einziges Bestreben. Mit Mühe schleppt sie sich zur Eingangstür, immer noch nach Luft ringend, und versucht, möglichst lautlos in ihre Schuhe zu schlüpfen, als sich zu ihrem neuerlichen Schrecken die Schlafzimmertür öffnet. „Bitte, geh' nicht!" erklingt es in flehentlichem Ton, „Es tut mir so leid. Das hätte ich nicht tun dürfen. Soll ich dir einen Tee machen?" Zerknirscht und mit Tränen in den Augen nähert sich Markus langsam. Doch in diesem Augenblick erscheint er Irene als unberechenbares Monster, sie empfindet nichts als Schrecken. „Ich möchte ein wenig spazieren gehen", antwortet sie vorsichtig, „aber ich komme bald wieder!" „Wirklich?" fragt Markus zweifelnd. „Ja, ja", entgegnet sie und schlüpft aus der Wohnung.

Irgendwann am späten Abend kommt Irene tatsächlich wieder nach Hause. Sie weiß nicht, wohin sie sich wenden, wo man ihr kompetente Hilfestellung geben hätte können. Schon vom Stiegenhaus aus sieht sie, dass es in der Wohnung dunkel ist. Markus schläft hoffentlich längst, nachdem er ja am nächsten Morgen wieder früh aus den Federn muss. Leise dreht sie den Schlüssel um und schleicht ins Vorzimmer. Nichts regt sich, und vom Schlafzimmer her ertönt vertrautes Schnarchen. Trotzdem wagt es Irene nur auf Zehenspitzen, sich dem Bett zu nähern; zu tief sitzt ihre Angst, ihr Mann könnte wieder urplötzlich aufspringen und sie anfallen, aber diesmal ohne wieder loszulassen. Doch Markus liegt mit angezogenen Armen und Beinen quer auf der Couch und schlummert tatsächlich tief und fest. Er sieht friedlich und harmlos aus wie üblich, und Irene wendet sich rasch ab, um nicht in hilfloses Schluchzen auszubrechen. Vorsichtig bemächtigt sie sich eines Kissens, um sich dann auf ihrem alten Bett zusammenzukauern. Von den Ereignissen des Tages erschöpft, schläft sie gleich ein.

Als sie am kommenden Morgen erwacht, ist Markus schon aufgebrochen. Auf dem Couchtisch gewahrt sie ein Blatt Papier, an die Zuckerdose aus Bleikristall gelehnt, mit der ungelenken Handschrift ihres Mannes darauf: „Ich bin so froh, dass du wieder da bist. Geh' bitte nicht fort von mir, es tut mir alles sehr leid. Ich werde Marianne sicher nicht mehr wiedersehen. Dein Dich liebender Markus." Zu groß ist Irenes Ernüchterung, als dass sie Freude über die offensichtliche Einsicht ihres Mannes empfunden hätte. Im Gegenteil, sie bricht in heftiges Schluchzen aus. Sie spürt, dass sich mit diesem Erlebnis etwas in ihrer Beziehung zu Markus grundlegend und unwiderruflich geändert hat, dass etwas an ihren zarten Gefühlen abgestorben ist. Gewalt kann und darf sie nicht dulden, das steht für sie fest. Und das muss Markus ein für allemal einsehen!

Trotzdem kommt ihr auch an diesem Tag kaum einmal die Idee der Trennung, und das nicht nur aus Gründen des Glaubens. Nein, sie wird nicht aufgeben, und das nicht nur, weil Markus selbst entsetzt gewesen zu sein scheint darüber, was er getan hat. Auch steht ihr deutlich die Verantwortung vor Augen, die sie auf sich genommen hat, als sie den schüchternen Lehrkursburschen aus dem Heim geholt hat. Und sehr gut entsinnt sie sich auch noch der Zweifel des Erziehungsleiters und seiner Prophezeiung, sie würde Markus sicherlich bald seinem Schicksal überlassen. Und ganz abgesehen von ihren Gefühlen tiefer Zuneigung, die ihr Handeln bislang immer motiviert haben, kann von einer Eigenverantwortlichkeit Markus' erst nur sehr beschränkt die Rede sein. Markus wäre zu einer Selbständigkeit bestenfalls in der Lage, verliefe sein Leben weiterhin gleichförmig, ohne jene Veränderungen, welche das menschliche Dasein jedoch immer wieder mit sich bringt.

Freilich drängt sich Irene auch immer wieder die bittere Frage auf, warum man sie ringsum in ihren Bemühungen so allein gelassen hat. Es sind nicht nur die Nachbarn, die sich fast ausschließlich nur aufs Kritisieren beschränken. Auch in der Pfarre steht man ihrer ungewöhnlichen Ehe sehr distanziert gegenüber, und man beschränkt sich auf unverbindliche Grußkontakte. Freilich trägt hier auch Markus eine nicht unerhebliche Mitschuld, hält er den PfarrmitarbeiterInnen gegenüber doch betont Abstand, so dass man ihn für eingebildet halten muss. Im Elternhaus wiederum möchte Irene seit ihrem missglückten Klosteraufenthalt keine Schwäche mehr eingestehen. Seit Vaters, wie ihr schien, triumphierendem Ausspruch am Tage ihres Wiederaustritts: „Wir haben es ja gewusst, dass du eines Tages Vernunft annimmst!" ist ihr Verhältnis zu ihrem Elternhaus nicht mehr das alte, zumal ihr, noch nicht einmal volljährig, eine Rückgabe des Wohnungsschlüssels verweigert und sie in zwei winzigen Untermietzimmern bei Bekannten zwangseinquartiert wurde. Sie meidet ihre Eltern, wenngleich diese Markus akzeptieren: „Immer noch besser als das Kloster!"

Irene wird also weiterkämpfen, doch sie kommt nicht dagegen an, dass seit dem tätlichen Angriff etwas zwischen sie getreten ist, das sie zwar nicht greifen kann, aber auch nicht einfach wegzuwischen vermag. Es ist einfach da, und einige von den zarten Banden sind unwiederbringlich zerstört. An diesem Tag wird ihr mit aller Deutlichkeit bewusst, dass sie die letzten Jahre eigentlich nur für Markus gelebt hat. Und das mit allen damit verbundenen Konsequenzen, wozu auch die Aufgabe ihres Arbeitsplatzes als Erzieherin in R. und eine empfindliche Einbuße an zwischenmenschlichen Kontakten zählen. Sie hat sich auf harte Konfrontationen eingelassen, die ihrer sensiblen Natur zuwiderlaufen und schmerzlich miterleben müssen, wie Markus sein erwachendes Selbstbewusstsein ausgerechnet an ihr erprobte, sie herausforderte und provozierte, sie, der er seine Freiheit und Förderung schließlich verdankt. Doch in menschlicher Hinsicht hat sie sich bis zum gestrigen Tag immer voll und ganz auf ihn verlassen können. Er war immer da, und ihr war gewiss, dass er sie brauchte, dass sie für ihn ganz einfach wichtig war. Und dieses Gefühl hat ihr stets tiefe Befriedigung vermittelt. Wahrscheinlich hat die beiden das gegenseitige Brauchen und Gebrauchtwerden bislang mehr verbunden, als Irene bewusst ist.

Doch ist ihr Einsatz nicht wirklich zu hoch? Und müssen ihre eigenen Bedürfnisse dabei nicht zu kurz kommen? Irene hat dem liebenswerten, kontaktfreudigen Lehrkursburschen in der Heimküche allerdings nicht ansehen können, dass er später, in Freiheit, so sehr zur Isolation drängen würde. Denn wenn er sich Nachbarn und Pfarrmitgliedern gegenüber zugänglicher verhalten hätte, wäre ihre Situation eine ganz andere, schätzt sie. Und das alles ganz abgesehen davon, dass sie keinesfalls bereit sein darf, Gewalt zu akzeptieren, und sich ein weiterer Übergriff nicht mehr wiederholen darf. Neuerlich laufen Tränen über ihre Wangen, und wohnte nicht die Überzeugung einer übernatürlichen Sinngebung aller Mühe in ihr, schlügen Bitterkeit und Ernüchterung heute über ihrem Haupt zusammen. Und im tiefsten Inneren weiß sie ja doch, wenn auch noch uneingestanden, dass ihre „Josefsehe" auf der Kippe steht.

Noch am selben Abend findet im Einvernehmen mit Markus, der nach wie vor heftige Reue zeigt, ein Gespräch mit Marianne per Telefon statt. Irene verheißt ihr eine offene Tür unter der Bedingung, dass sie ihrer Tätigkeit in der Bar Melisande den Rücken kehren und ehrlich ein neues Leben beginnen müsste. Die Antwort ist klar und unmissverständlich: Sie fühle sich in ihrem Gewerbe wohl und denke nicht an Veränderung.
Als Irene den Hörer aufgelegt hat, äußert sich Markus sogar erleichtert, dass die Sache erledigt ist. „Weißt du, das war nur im ersten Moment so arg bei mir, weil ich meine Schwester so überraschend wiedergesehen habe. Aber du hast recht, sie passt nicht zu uns."
Noch in derselben Woche bringt Markus eines Abends einen kleinen Radiowecker mit grüner Digitalanzeige nach Hause, zögert aber anfangs, seiner Frau mitzuteilen, woher er stammt. Es ist Marianne gewesen, die vor der Lagerhalle auf ihn gewartet und ihm dieses Abschiedsgeschenk zugesteckt hat.

6. EIN NEUER ANFANG?

Da das Fest der Auferstehung Christi bevorsteht, gewinnt Irene allmählich ihre innere Ruhe wieder, indem sie sich bemüht, österliche Stimmung im Haus zu schaffen. In einer Bodenvase stehen schon langstielige Palmkätzchen bereit, kombiniert mit gelbblühenden Forsythien. An den bunten Eiern als künftigem Behang arbeitet sie schon tagelang mit großer Sorgfalt, koloriert und beklebt sie mit Abziehbildchen und Bortenresten oder bemalt sie mit verschiedenartigen Ornamenten. Erst am Vorabend des Ostersonntags versieht sie die Palmzweige mit ihren kleinen Kunstwerken und stellt die Vase auf die österliche Tischdecke, die den Couchtisch ziert.

Markus beweist seinen wieder erwachten guten Willen, indem er seine Frau in die Feier der Osternacht begleitet. Weiß er doch, wie sehr sich Irene jedes Jahr auf die Feuerweihe und den Einzug des Osterlichtes in das dunkle Kircheninnere freut, wo die Gläubigen mit Kerzen in den Händen in den Wechselgesang einstimmen. Mit erwartungsvollen Mienen beeilen sich dann alle, ihre Kerzen an dem Osterlicht zu entzünden, und bald wacht jeder über seine Flamme, während vom Ambo her mit klarer, sicherer Stimme das Osterhalleluja erklingt. Neben dem Altartisch aus hellem Marmor ist eine schlanke Birke aufgestellt, deren frisch begrünte Zweige sorgfältige Hände mit einer bunten Vielzahl an dekorierten Eiern behängt haben. Als die Orgel nach dem Verlesen der österlichen Texte zum allgemeinen Lob Gottes einsetzt, singt Markus kräftig mit, und ein Anflug frommen Eifers huscht über sein Gesicht.

Spätabends, als Irene sicher annimmt, dass ihr Mann fest schläft, holt sie aus den Winkeln ihrer Schrankfächer möglichst lautlos allerhand österliche Süßigkeiten hervor und versteckt jede

Köstlichkeit einzeln in Küche und Wohnzimmer. Die unverhohlene Freude, die Markus bei der Suche am Ostermorgen an den Tag legt, verrät ihr, dass er tief im Herzen immer noch ein Kind geblieben ist.

Foto: Soyka

In dieser Osternacht bleibt Irene noch lange auf, als sie nach Jahren erstmals wieder ihr Tagebuch hervorkramt und auf einer neuen Seite unter anderem folgende Eintragung macht: „Es ist manchmal auch sehr schwer für mich, weil ich so oft ein überstarkes Verlangen fühle, mit dir, o Gott, allein zu sein, mich zu dir zurückzuziehen. Ich weiß, dass mir das schon so lange fehlt.

Denn du weichst nie von meiner Seite und ziehst mich nach innen, immer öfter und stärker. Und du willst, dass ich dir antworte und dich ansehe, wie ich es früher getan habe.

Letzte Woche, als ich bei der Osterbeichte war, habe ich versucht, unserem Kaplan dieses Problem zu unterbreiten, ihm zu erklären, was in mir vorgeht, um damit besser umgehen zu lernen. Ich hoffte, er würde mir einen Rat geben können, wie ich diesem 'Zug nach innen' begegnen soll. Aber er hat mich überhaupt nicht verstanden und die Angelegenheit, glaube ich, gar nicht ernst genommen. Er betonte nur, meine gottgewollte Aufgabe wäre es nun, eine gute und treue Ehefrau zu sein. Alles andere wäre reine Einbildung und Versuchung. Aber ich bemühe mich ja wirklich, meine Pflichten zu erfüllen, und trotzdem ist es da, dieses Hineingezogen-Werden in mich selbst!"

Da Markus für hübsche Dinge wieder ansprechbar ist, regt Irene bald darauf eine Ausgestaltung ihres zweiten Zimmers an. Tagelang hat sie überlegt, welche Farbkombination diesen blau tapezierten Raum in ein behagliches Nest verwandeln könnte. Schließlich entscheidet sie sich für rosa Wolkenstores, welche das Zimmer zweiteilen und den Schlafbereich von der Arbeitsecke abgrenzen. Der Schreibtisch übersiedelt zwischen die Schlafzimmerfenster, an denen ebenfalls rosa Wolkenstores angebracht werden, dazwischen findet ein dekorativer, von Efeu umrankter Wandspiegel Platz. Für das Wohnzimmer wird ein runder Esstisch mit Rauchglasplatte und vier Stahlrohrsessel, mit rosa Samt bespannt, angeschafft. Markus ist hellauf begeistert über sein neues Bett, befühlt interessiert den Überzug aus Brokatstoff und probiert gleich die Federung aus.

Irene kann mit ihrem „Schmuckkästchen" zufrieden sein. Und obwohl sie nach wie vor mit Markus' periodisch wiederkehrenden Phasen, sich stundenlang der Popmusik hinzugeben, nur schwer zurechtkommt, werden sie doch so manche gemütliche Nachmittage und Abende in trauter Zweisamkeit daheim verbringen. Kurzfristig stellt sich bei Markus allerdings so etwas wie Hochstimmung ein, die auch Irene anzustecken vermag: Haben die beiden doch kürzlich ein Konzert des damals auch im deutschsprachigen Raum sehr populären, amerikanischen Sängers Barry Manilow im Wiener Konzerthaus besucht. Seine Songs vermögen, vernünftig dosiert, auch Irene zu erfreuen. Daraufhin hat Irene auf die Bitte ihres restlos begeisterten Mannes einen Brief an Manilow nach Kalifornien geschrieben, verbunden mit einer Einladung, im Rahmen seiner nächsten Europatournee einmal bei ihnen vorbeizuschauen. Dass dieser Wunsch unerfüllbar sein musste, war Irene klar gewesen, doch es wäre unklug gewesen, Markus verfrüht aus seinen Illusionen zu reißen. Konnte man doch nicht einmal mit einem Antwortschreiben rechnen!

Doch welch eine Überraschung: Da liegt doch tatsächlich eines Tages ein Briefchen mit dem Absender „BM IFC, California" im Postkasten! „Thank you for writing to Barry", liest es sich darin, verfasst von einer Mitarbeiterin Manilows, „He wishes he could answer personally... Barry has asked me to thank you for your lovely invitation. Your gesture was appreciated; however, he is unable to accept personal invitations." Naheliegend, dass Irene Markus, der englischen Sprache nicht mächtig, die letzten Worte lieber verschweigt!

Markus' Hochstimmung trägt jedenfalls dazu bei, dass Irene durchzusetzen vermag, künftig „zur Abwechslung" an Sonntagen zum Mittagessen eine Schallplatte mit klassischer Musik aufzulegen. Einerseits erbaut sie sich selbst an den orchestralen Werken barocker, klassischer oder romantischer Komponisten, andererseits möchte sie es ja doch noch nicht aufgeben, Markus auch einen niveauvollen Gegenpol zu seiner Unterhaltungsmusik zu bieten. Eine Zeitlang scheint Markus interessiert, doch schon nach wenigen Wochen geht er dazu über, in der Zwischenzeit im Nebenzimmer die Schlagerparade auf Kassette aufzunehmen. Und zum x-ten Mal die Titel „Mandy" und „Copacabana" von Barry Manilow. Auch wenn sich bei dem amerikanischen Sänger, bei ABBA und „Modern Talking" ihre Geschmäcker zuweilen treffen, schafft es Markus durch sein ständiges, stumpfsinnig anmutendes Wiederholen der Titel, dass Irene sogar diese Songs zu nerven beginnen. Und obwohl sein Gerät dabei nur mäßig laut eingestellt ist, mengen sich die modernen Rhythmen doch unter die Geigenthemen von Bruckners Siebenter im Nebenzimmer, und eine dumpfe Melancholie beginnt Irenes Gemüt zu überschatten. Auch merkt sie mehr und mehr, dass sich ihre Reserven an Einfühlungsvermögen und Phantasie allmählich erschöpfen, wie sehr sie diese „Josefsehe" bedrückt und ermüdet.

Oft bedarf es ihrer ganzen Überredungskunst, ihren Mann von Zeit zu Zeit für Unternehmungen zu begeistern. Nach wie vor sind es meist Spaziergänge, Radtouren und Federballpartien, die ihn hinter dem Recorder hervorzulocken vermögen. Einen kleinen Höhepunkt stellt der Publikumsbesuch in der ORF-Liveshow „Tritsch Tratsch" dar. Markus kommt sich äußerst wichtig vor, er reckt seinen Hals in die Höhe und hofft, dass man sein Gesicht auf dem Bildschirm bewundern kann. Irene bezweifelt dies, da das Scheinwerferlicht bloß bis in die Mitte des Zuschauerraumes reicht, ihre Plätze hingegen in den hinteren Reihen liegen. Doch sie lässt ihren Mann in dem Glauben, sich als Fernsehstar versucht zu haben, zumal dieses Ereignis eine ganze Woche lang eine sehr positive Wirkung auf seine Stimmungslage ausübt. Erstaunlicherweise erklärt sich Markus eines Tages nach kurzem Zögern bereit, seine Frau in eine Opernaufführung des Balletts

„Romeo und Julia" zu begleiten. Brigitte hat ihr die Karten günstig zur Verfügung gestellt, und Markus scheint stolz, sich in so noble Gesellschaft zu begeben. Diesmal schläft er auch nicht ein, sondern folgt interessiert den vollendet grazilen Bewegungen auf der Bühne, und Irene fühlt sich nach langer Zeit wieder einmal beinahe glücklich. Doch weckt die glaubhafte Wiedergabe der Leidenschaft, die Romeo und Julia verbindet, nicht vielleicht immer mehr ihren Wunsch nach einem befriedigenden Erlebnis mit einem „richtigen" Mann aufs Neue? Sie will es nicht wahrhaben. Da beugt sich Markus auf einmal zu ihr herüber und meint, auf „Romeo" weisend: „Du, der wäre etwas für dich, der ist sicher ganz wild im Bett!" Irene überlegt, ob das ein Scherz gewesen sein soll. „Das meinst du doch nicht ernst?" fragt sie ihn dann, unsicher geworden. „Du könntest doch nicht wirklich einverstanden sein, dass ich..." „Warum nicht?" fällt ihr Markus ins Wort. „Du machst dir mit ihm einen schönen Abend, und dann kommst du wieder nach Hause!"

Kurz darauf fällt Irene etwas Neues ein, was wieder etwas Abwechslung in ihren, allen Anstrengungen zum Trotz immer eintönigeren Alltag bringen könnte: die Anschaffung eines vierbeinigen Hausgenossen. Markus ist von der Idee begeistert. Auf jeden Fall möchte er ein Tierchen, das, flink und wendig, mit einer möglichst frechen, spitzen Nase ausgestattet ist. Auf einmal ruft er aus: „Ich hab's! Wir kaufen uns einen Fuchs!" Und als Irene ihn zweifelnd ansieht, erklärt er ihr: „Ich habe einmal gehört, Füchse kann man wie Hunde halten!" Nun gut, denkt sie bei sich, warum sollte man es nicht versuchen? Sicherheitshalber erkundigt sie sich aber noch bei einem Züchter, den es am Stadtrand tatsächlich gibt, muss sich jedoch sagen lassen, dass Füchse zwar in der Tat stubenrein zu bekommen, jedoch trotzdem in Wohnungen geruchlich nicht zu verkraften sind. Stattdessen rät er ihr zur

Anschaffung eines Frettchens, und bald ist Irene überzeugt, dass solch ein fröhliches Tier eine Lösung darstellen könnte.

Es ist bereits ein ausgewachsenes Iltisfrettchen, das sie an einer Leine heimtransportiert. Und das entzückende Tierchen bereitet ihr und Markus wirklich für einige Tage die erwartete Abwechslung. Es lässt sich halten wie eine Katze und nimmt Dosenfutter zu sich. Andauernd zu Balgereien mit Schnüren, Bällen und Papierknäueln bereit, ist es ausgesprochen putzig anzusehen. Und es gäbe sicherlich eine Menge Scherben, wäre die Reichhöhe dieses Tieres nicht mit etwa fünfzig Zentimetern begrenzt. Auch einen Vorratsplatz hat es bald auserkoren, er befindet sich hinter dem linken vorderen Fuß des Küchenkastens. Hier landen Speisebrocken und auch eine Zwirnspule, die das emsige Tierchen besonders zu interessieren scheint. Denn jedes Mal, wenn Markus die Spule von dort entfernt, wird sie sofort wieder unverdrossen an den selben Ort zurück transportiert. Des Nachts will das Frettchen nicht in seinem Käfig bleiben, viel lieber kuschelt es sich in die Bettdecke. Markus wird nicht müde, über das prächtige, dichte Fell zu streichen, mit dem die Natur ihr Frettchen so hübsch gekleidet hat. Und für Irene steht bald unzweifelhaft fest: auch dieser neue Hausgenosse bietet für ihre Probleme keine wirkliche Lösung. Nach einer Woche müssen die beiden allerdings ohnehin einsehen, dass sie dieses Tierchen auf die Dauer nicht behalten können. Alles riecht nach dem neuen Mitbewohner, Kleidung, Bettzeug, ja sie selbst. Schweren Herzens bringen sie das Frettchen am darauffolgenden Wochenende in das Geschäft zurück, und der Verkäufer scheint gar nicht so überrascht. Der Iltisduft lässt sich nur schwer aus der Wohnung vertreiben, und es dauert Tage, bis er sich weitgehend verflüchtigt hat. Rasch hatten sich Markus und Irene an die flinken Marderpfoten gewöhnt, und die Räume erscheinen ihnen jetzt recht leer.

Schließlich einigen sie sich auf das vielleicht Naheliegendste: die Anschaffung einer ganz gewöhnlichen Katze. Und im Handumdrehen trägt Markus ein ängstliches, kläglich miauendes, zwei Monate altes Junges nach Hause. Es ist ein zierliches, hübsches Tigerkatzenmädchen mit weißer Bauchseite, das ihren Haushalt in der Tat mit neuem Leben erfüllt, um nicht zu sagen, ihn völlig durcheinanderbringt. Das niedliche, wieselflinke Tierchen sieht mit seiner frechen Nase und den spitzen Ohren nicht nur äußerst schlimm aus, es stellt überdies auch eine Menge an. In der nächsten Zeit sind ausgefranste Vorhänge, zerkratzte Polstermöbel und kaputtes Geschirr an der Tagesordnung, und so soll es bald vorkommen, dass Irene, bis zum Äußersten gereizt, „Nasti" mit dem Geschirrtuch nachläuft.

Der häusliche Alltag kann also wenigstens für ein paar Monate nicht mehr als langweilig betrachtet werden. Gesprächsstoff liefert Nasti genug, und immer gibt es etwas zu lachen oder zu ärgern. Bald hat sich Nasti zu einer sehr hübschen, selbstbewussten jungen Katzendame entwickelt, aber weiterhin ihre zierliche Gestalt behalten. Und sie schafft es, über einen längeren Zeitraum die Kluft vergessen zu machen, die zwischen Markus und ihr entstanden ist. Sie haben eine gemeinsame Aufgabe, die sie verbindet und Vergnügen bereitet, und sogar abends bietet Nasti stets eine Beschäftigung. Nachdem sie Irene beim Zubettgehen spaßeshalber in die bloße Wade gebissen hat, rollt sie sich stets vor ihrer Nase auf der Decke zusammen und fordert ausgiebige Streicheleinheiten.

Im August ist ein zehntägiger Urlaub in demselben Alpengasthof, in dem Irene und Markus schon ihre Silvestertage verbracht haben, gebucht. Das Kätzchen ist auch willkommen, und so steht einer Erholung in der frischen, im Sommer so würzigen Bergluft nichts mehr im Wege. Im satten Grün des sommerliches Kleides erscheint Irene ihr Urlaubsquartier noch anziehender als zur Jahreswende. Friede liegt über dem engen Tal, in das die Fenster des Gastzimmers weisen, Singvögel schmettern frühmorgens bis spät ihre Liedchen um die Wette, und hoch droben pflegt ein Bussard zu kreisen, dessen Hort Irene in nächster Nähe vermutet.

Wie um den Problemen davonlaufen zu können, entwickelt Irene einen übermächtigen Tatendrang. Sie sind jeden Tag in den Bergen unterwegs, erfreuen sich an den duftenden Alpenmatten und beobachten eine beträchtliche Anzahl Gämsen behende von Felsen zu Felsen springen. Als sie zwischen Latschenkiefern innehalten, den Blick über die Geröllhalden schweifend, vernehmen sie sogar die Warnpfiffe eines Murmeltiers. Nur selten schiebt sich eine Wolke vor die heiße Gebirgssonne, und Irenes Haut erfährt allmählich eine tiefe Bräunung. Sogar spätabends treibt es sie noch hinaus, und Irene probiert im Mondschein die nahen, einsamen Forststraßen aus. Steil geht es die Schotterwege bergan, und die Lichter der Ortschaft entfernen sich immer mehr. Einmal geraten sie auf einen Bergkamm, das Mondlicht fällt auf die Wipfel der Fichten, welche bizarre Schatten auf die Lichtung werfen. Quer über das tiefschwarze Firmament zieht sich die Milchstraße mit ihrer nicht erfassbaren Vielzahl an Himmelskörpern, die sich stellenweise zu Nebeln verdichten. Markus bemüht sich redlich, so viele Sternbilder als nur möglich auszunehmen. Auf der anderen Seite dieses Berges geschieht es, dass die Scheinwerfer plötzlich ein Rudel Rothirsche anstrahlen. Kaum länger als eine Sekunde halten sie erschrocken inne, um dann in weiten Sprüngen und mit hell erleuchteten Augen, der Bock mit seinem prächtigen Geweih voran, zwischen den Stämmen des dunklen Waldes unterzutauchen.

Nasti verbringt die meiste Zeit am Fenster, wo es weit mehr Interessantes zu beobachten gibt als in der Stadt. Hin und wieder nimmt Markus sie auf kürzere Spaziergänge mit, wobei selbstverständlich sie es ist, die den Weg bestimmt. Einmal wagt sie sogar eine ausgiebige Kletterpartie auf eine hohe Lärche, getraut sich dann aber nicht mehr herunter. Die Leine verfängt sich im flechtenüberwucherten Geäst, und Markus muss selbst auf den Baum hinauf, um die verschreckte Abenteurerin zu bergen. Weitaus mutiger erleben sie ihr Kätzchen in der Konfrontation mit einem Kalb auf der nahen Almwiese. Die kleine Nasti faucht das neugierige, um so vieles größere Jungtier so feindselig an, dass es sich sofort erschreckt zurückzieht. Triumphierend blickt sie von einem zum anderen und spaziert dann hoch erhobenen Hauptes und Schwanzes weiter.

Wenige Nachmittage später, nach einer ausgiebigen Wanderung, geschieht es dann, dass Markus und Irene wieder an derselben Weide vorbeikommen. Der Tag war ausgefüllt, und sie sind frohen Mutes. „Schau, da oben fliegt wieder unser Bussard!" ruft Markus plötzlich aus. Doch diesmal verharrt der Raubvogel in wesentlich geringerer Höhe als sonst. Auf einmal schießt er, nicht weit von ihnen entfernt, pfeilschnell und mit ausgespreizten Fängen auf die Weide herab, krallt sich in etwas Pelzigem fest, um sich schon an Ort und Stelle flügelschlagend über sein Opfer herzumachen. Markus ist der erste, dem die kreischende, wild um sich schlagende Beute irgendwie bekannt vorkommt. Mit langen Schritten hastet er zum Gasthof, um schon von weitem an dem halb offenen Fensterflügel seine Ahnung bestätigt zu sehen.

Wieder zu Hause, empfindet Irene die Eintönigkeit und ihre Unausgefülltheit in der „Josefsehe" ohne Nasti stärker denn je. Auch muss sie in den ungeeignetsten Momenten immer wieder daran denken, dass Markus sie ohne weiteres herborgen würde, und dieser Gedanke schmerzt, beschämt und verwirrt sie. Manchmal kommt es ihr vor, als versuche sie seit Jahren eine Lokomotive zu ziehen, die eigentlich allmählich in der Lage sein müsste, sich auch ohne ihre Hilfe weiterzubewegen, und stünde knapp vor der Erschöpfung. Zu allem Unglück muss sie sich jetzt auch noch daran machen, ihre vernachlässigten, kariösen Zähne behandeln zu lassen.

Herr Peit (Name geändert) ist bei seinen Patienten wegen seiner außergewöhnlich flinken Behandlungsweise beliebt, und so nimmt es auch Irene gelassen hin, dass der Doktor seine Opfer stets mit ausgiebigen Wortschwällen überhäuft. Drei Zähne müssen wurzelbehandelt werden, und einer davon will nicht aufhören zu schmerzen. Nach einer durchwachten Nacht, in der weder Wärmeflasche noch Tabletten den Übeltäter links unten besänftigen können, bittet Irene in ihrer Not Herrn Peit, den Zahn zu entfernen.

Rasch ist die Spritze vorbereitet, und schon fühlt sie den Stich in der Wange. Während der Zahnarzt, wie gewöhnlich, allerhand Weisheiten von sich gibt, spürt sie auf einmal den Geschmack des Injektionsserums im Mund. Offensichtlich hat ein Großteil der Betäubungsflüssigkeit den Bestimmungsort nicht erreicht. Als sie endlich zu Wort kommt und Herrn Peit auf ihre Beobachtung hinweist, nimmt dieser die Nadel ein zweites Mal zur Hand und spritzt hastig ein wenig nach. Und bereits nach einer Minute greift der nervöse Mann zu seiner Zange, als Irene eine abwehrende Handbewegung riskiert. „Ich glaube, die Injektion wirkt noch nicht ganz!" Sie spürt deutlich, dass das Zahnfleisch nur ganz oberflächlich betäubt ist. Der Zahnarzt wirft seiner Assistentin einen vielsagenden Blick zu und beginnt den Zahn zu ziehen.

Irene schreit laut auf, es ist ihr, als risse ihr Herr Peit den gesamten Unterkiefer heraus, während der Zahnarzt die Wurzel ungerührt mittels kräftiger Drehbewegungen entfernt. Einen solchen Schmerz hätte sie sich bislang nicht vorstellen können. Die

Extraktion scheint ihr eine Ewigkeit zu währen, und bald kann sie nicht einmal mehr schreien. Schwäche überkommt sie, gepaart mit ohnmächtiger Wut.

Die rasenden Schmerzen halten noch Stunden an, und nachher weiß sie nicht mehr, wie sie heimgekommen ist. Von Markus erhält sie einen mitfühlenden Blick, doch er bleibt, wie üblich, an seinem Radiorecorder sitzen. Heute empfindet Irene die Rhythmen als regelrechte Quälerei, doch sieht sie keine Chance, ihren Mann zum Abschalten zu bewegen, ohne sich weiteren Kummer einzuhandeln. Sie lässt ihn also gewähren, vermeidet aber jeden Blickkontakt. Wieder spürt sie so etwas wie Widerwillen Markus gegenüber, der mit dem Kopf hingebungsvoll im Takt nickt, die Augen zu Boden gerichtet. Hin und wieder blickt er auf und sieht seine Frau mitleidig an, um den Musikgenuss ungerührt fortzusetzen.

Es kann doch nicht wahr sein, dass er es übersieht, wie sehr sie seine Musik nervt! Sie fühlt sich ganz besonders gedemütigt und in ihrem Selbstwertgefühl beeinträchtigt. Ist sie ihrem Mann weniger wert als Barry Manilow oder Michael Jackson? Beinahe kann sie die Mauer mit leiblichen Augen sehen, die Markus zwischen ihnen aufgebaut hat. Wie lange kann sie diesen Zustand noch aushalten, ohne ihr Selbstwertgefühl einzubüßen? Sie ist seiner Sturheit völlig hilflos ausgeliefert, nachdem sie ja doch fürchten muss, dass er wieder handgreiflich werden könnte, bestünde sie mit Nachdruck darauf, dass er das Gerät abstellt. Und, obwohl Markus im selben Zimmer sitzt und sich ganz friedlich verhält, fühlt sie sich einsam wie nie zuvor. Wenn jetzt Hansi anriefe, sie abholte und erst am nächsten Tag wieder zurückbrächte, es wäre ihrem Mann wahrhaftig egal. Daran kann sie heute beim besten Willen nicht mehr zweifeln.

Unglücklicherweise werden allmählich auch Außenstehende Zeugen von Markus' sich immer mehr verhärtender Starrköpfigkeit. So geschieht es eines Sonntags im Oktober, dass Irene die Wohnung der Ungarin im zweiten Stock betritt, um ihre vielen Topfpflanzen zu gießen. Die Blumenfreundin hat ihr während des Urlaubs ihren Wohnungsschlüssel überlassen, und Irene weiß dieses Vertrauen zu schätzen. Als sie die Tür zum Badezimmer öffnet, um die Gießkanne anzufüllen, tritt sie auf einmal in kaltes Nass. Sie knipst das Licht an und sieht die ganze Bescherung: In der Badewanne steht graubraunes Wasser bis zum Rand, eine beträchtliche Menge ist schon übergelaufen und bedeckt zentimeterhoch den Fliesenboden. Irene eilt die Stiege hinauf zur darüberliegenden Wohnung, wo kürzlich ein junges Ehepaar eingezogen ist. Und bald darauf ist die Ursache geklärt: ein Anschlussfehler bei Installationsarbeiten. In Eile hetzt sie ins Erdgeschoss hinunter und läutet beim Hausbesorger Sturm, der sofort hilfsbereit mit zum Tatort eilt. Nun geht es ans große Aufwaschen. Alles rutscht auf dem nassen Fliesenboden herum, auch der Hausbesorger packt mit an. Einzig Markus steht daneben und sieht gelangweilt zu. Irene geniert sich nicht wenig, unterlässt es aber lieber, ihn lautstark zur Mithilfe aufzufordern. Aber sie blickt ihn mehrmals durchdringend an in der stummen Bitte, den Schauplatz wenigstens zu verlassen, wenn er schon nicht mithelfen will. Zu ihrer Beschämung verharrt er aber in seiner beobachtenden Position und gibt dazu auch noch unnötige Kommentare ab. „Besser, wir setzen uns in den Waschtrog und spielen Arche Noah", witzelt er, doch niemand lacht.

Nach einer guten halben Stunde ist das Badezimmer halbwegs trockengelegt. Irene kocht vor Wut. Aber sie beherrscht sich wieder einmal und versucht nur ganz vorsichtig, ihrem Mann klarzumachen, dass er sich danebenbenommen hat. Doch dieser meint bloß achselzuckend: „Die Ungarin hätte nach ein paar Tagen ruhig selber aufwaschen können. Ich arbeite ohnehin die ganze Woche!" Damit ist für ihn der Fall erledigt, und Irene bleibt wieder einmal mit ihrem Ärger allein.

Kurz darauf, es ist wieder ein Wochenende, hat sich Irene erkältet. Sie beginnt zu frösteln, und bald darauf stellen sich hohes Fieber und arge Kopfschmerzen ein. Es ist die Zeit der Hitparade, und Markus ist mit seinen Radioaufnahmen beschäftigt, als sie sich in ihrer Not auf devotes Bitten verlegt: „Kannst du bitte leiser drehen, ich habe rasendes Kopfweh!" „Die Aufnahme läuft schon", entgegnet Markus mit bedauerndem Blick, „das geht nicht mehr!" „Wie lange dauert sie noch?" erkundigt sich Irene resigniert, ihre Chancenlosigkeit erkennend. „Eine Dreiviertelstunde", lautet die knappe Antwort. Sie sitzt in der Falle. Ins Schlafzimmer kann sie nicht fliehen, dort ist nicht geheizt, und in der Küche gibt es keine Möglichkeit, sich auszustrecken. Also kuschelt sie sich auf die Couch und zieht sich, so gut es geht, die Wolldecke über die Ohren. Und trotz ihrer Kopfschmerzen drehen sich ihre Gedanken erneut im Kreis: Kann Markus nicht anders? Aber das hält sie ja doch für unmöglich.

Am späteren Abend, als es endlich ruhig ist, klettert das Fieberthermometer auf fast vierzig Grad. Erst als Irene, glühend heiß, schweißgebadet und durstig, die Beine versagen, während sie sich zur Küche schleppen will, reagiert Markus. Er erhebt sich, hilft seiner Frau ins Bett zurück und versorgt sie mit heißem Tee. Am nächsten Tag bereitet er sogar ein einfaches Mittagessen zu. Die allabendliche Tonaufnahme findet aber trotzdem statt, allerdings hat sich Irenes Zustand bis dahin schon wenigstens etwas gebessert.

Die Tage der Rekonvaleszenz bedeuten für Irene wieder Zeit zu Besinnung und Einkehr. Und wieder ist es ihr Tagebuch, dem sie sich anvertraut: „Es kann nicht sein, dass dieser Zug nach innen, den ich immer wieder verspüre, ganz unabhängig, was sich sonst um mich herum abspielt, bloße Einbildung ist. Denn ich selbst tue gar nichts dazu und muss ihm folgen, so gut ich kann. So bedeutet es häufig eine Qual für mich, diesem Fordern nicht folgen zu können, 'draußen' bleiben zu müssen, weil ich so beschäftigt bin oder voller Sorgen. Besonders stark ist dieser Zug, wenn eine außergewöhnliche Aufgabe bevorsteht, die ich zu meistern habe, oder eine Entscheidung, die ich treffen muss.

Besonders peinvoll ist es dann jedes Mal für mich, wenn ich bei der Meditation gestört, ja unversehens herausgerissen werde! Auch die Rhythmen im Hintergrund wirken auf mich quälend. Bin ich an mehreren aufeinanderfolgenden Tagen allzu sehr in Anspruch genommen und kann ich annehmen, dass ich ohnehin bald wieder unterbrochen werde, wage ich es dann oft tagelang gar nicht, mich in diese Versenkung hineinzubegeben. Das Ergebnis ist dann so etwas wie eine innere Lähmung, die alle positiven Regungen zu blockieren scheint. Und es bedarf dann äußerster Geduld, den anderen, besonders natürlich Markus, nicht mit Unwillen zu begegnen. Ergibt sich dann endlich wieder eine Gelegenheit und die nötige Ruhe zur Betrachtung, kehren der Friede und das Gleichgewicht wieder bei mir ein, und ich kann mich auch wieder mit voller Aufmerksamkeit meinen täglichen Aufgaben widmen.

Beim Betrachten des Herz-Jesu-Bildchens von Sr.G. kam mir heute die Einsicht, dass ich diesen inneren Konflikt als Opfer annehmen und durchleiden muss. Nein, ich darf Gott nicht 'übersehen' wollen, mich nicht verschließen vor seinem geöffneten Herzen, das sich sosehr danach sehnt, mir seine Liebe zu schenken. Ich muss mich ihm vielmehr ebenso öffnen, so weit ich kann, um mich vom Feuerbrand seiner Liebe entzünden, ja mich in seine Liebe ganz hineinnehmen zu lassen, wenn es auch schmerzt."

Irgendwann in diesen Tagen steht ein neuer, unerwarteter Besuch ins Haus. Markus reißt die Türe auf: „Hartmut!", entfährt es ihm in einem Anflug von Freude. Es ist sein jüngerer Bruder, soeben neunzehn geworden und Irene auf den ersten Blick eigentlich recht sympathisch. Auch er sieht Markus sehr ähnlich, wenngleich er strohblond und etwas kleiner ist als dieser. Und gleich beginnt der Besucher zu erzählen, er hätte weniger Glück gehabt als sein Bruder und wäre im Landesjugendheim E. gelandet - eine Zeit, die er als „schrecklich" bezeichnet. Die schlimmsten Schilderungen wolle er den beiden ersparen, argumentiert er, sie würden sie ihm ohnehin nicht glauben. Anschließend hätte man ihn ungefragt in eine Bäckerlehre in L., gesteckt, und er bekommt einen hochroten Kopf, als er sich bitter über Mobbing und körperliche Züchtigungen seitens des Chefs und des Gesellen beklagt. Zuletzt habe er auf und davon laufen müssen, um nicht doch einmal zurückzuschlagen. Am Jugendamt habe Hartmut die Adresse seines Bruders erfahren und sei direkt zu ihm aufgebrochen. Nun ist er da, und es ist offenkundig, dass Hartmut dringend Hilfe benötigt.

Irene ist also wieder einmal gefordert. Allzu gerne möchte sie Hartmut helfen, doch wie? Am Jugendamt scheint man ihre Beziehung zu Markus zwar eher positiv zu bewerten, nimmt sie aber immer noch nicht ganz ernst in der Ansicht, sie hätte mit Markus eben einfach Glück gehabt. Es gilt also, für Hartmut vorübergehend wenigstens eine Hilfsarbeit zu finden, bis er in einer anderen Bäckerei seine Lehre werde fortsetzen können.
Ein Brief Irenes an den Amtsleiter zeugt von der Schwierigkeit, mit dem Jugendamt konstruktiv im Sinne Hartmuts zusammenzuarbeiten: „Hartmuts Zustand vergangenen Dezember lässt mein Gewissen nicht ruhen", beklagt sich Irene, „es war allerhöchste Zeit, etwas zu unternehmen. Ich bin mir bewusst, dass

alle diese Bemühungen auch ein Risiko darstellen, und ich kann keine Garantie abgeben, dass Hartmut sich nun tatsächlich bewähren wird... Die tatsächlichen Zustände in L. entziehen sich der Fernbeobachtung. Seine Fantasie reicht jedoch kaum aus, um all dies zu erfinden. Ich bedaure, dass dieser als 'debil' geltende Jugendliche nicht ernst genug genommen und ihm am Jugendamt das Wort abgeschnitten wird, so dass er sich ohnmächtig fühlen muss und Verzweiflungsausbrüche die Folge waren, die ihm wiederum negativ angerechnet werden." Bald stellt sich heraus, dass man am Jugendamt meint, Irene und Markus ginge es vorrangig darum, Hartmuts Lage dahingehend auszunützen, um seinen Fünftelanteil der Grundstücke an sich zu reißen. Wie Hartmut kurz darauf zu berichten weiß, warnt man ihn sogar davor, „zur Schwägerin ins Bett zu hüpfen".

Die Chancen, Hartmut einen Neuanfang zu organisieren, stehen also schlecht. Nicht allein das Jugendamt stellt sich quer, Irenes Kompetenz hat ihre Grenzen, Markus bedeutet trotz aufrichtigen, guten Willens keine kompetente Hilfe, und auch Hartmut selbst hat an Sozialverhalten einiges aufzuholen. Er erschwert Irenes Einsatz, indem er ihr und Markus selbst Schwierigkeiten bereitet, unkontrollierte Wutausbrüche bekommt und vereinbarte Vorstellungstermine nicht einhält. Es währt nicht lange und Hartmut kommt einfach nicht wieder. Ist er doch nach L. zurückgekehrt? Markus zeigt sich eher erleichtert, als sein Bruder sich nicht mehr meldet, und es scheint ihn nicht sonderlich zu interessieren, warum. Damit gibt auch Irene ihre Bemühungen auf. Sie wird nichts mehr von Hartmut hören.

Kurz darauf bemerkt Irene, dass aus ihrer Schmuckschatulle ein kleines Goldkreuz, bestückt mit Granaten, fehlt. Es ist ihr vor Jahren vom Kaplan ihrer Heimatpfarre als Anerkennung für ihre

Tätigkeit als Jungscharführerin geschenkt worden. Sie erzählt Markus nichts davon. Aber ein Gedanke lässt sie nicht mehr los: Da ist doch einiges im Argen mit der Heimerziehung, und es müsste doch bessere Möglichkeiten für Kinder aus zerrütteten Verhältnissen geben! Zu diesem Zeitpunkt kommt ihr erstmals ins Bewusstsein, dass sie selbst mit Markus vielleicht längst damit begonnen hat, ein neues Modell zu entwickeln: Wohngemeinschaft statt Heimunterbringung, liebevolle, persönliche Betreuung statt Ruhigstellung unter eiserner Strenge und kalter Disziplin. Hat Hartmut das Granatenkreuzerl vielleicht nicht so sehr stehlen wollen, um ihnen zu schaden, sondern als so etwas wie eine Erinnerung an erstmals erfahrene, familiäre Nähe und Geborgenheit, zum Festhalten in einsamen Stunden mitgenommen? Eine Geborgenheit, die ihm bei Bruder und Schwägerin auf Dauer nicht gewährt werden konnte und er sie deshalb fluchtartig verlassen musste? Oder hat er gar eine Freundin gefunden, für die der Anhänger als Geschenk gedacht ist, das er sich ja nicht leisten kann? Einiges hat darauf hingedeutet. Er hätte fragen können. Trotzdem ist klar, dass Irene auf eine Anzeige verzichtet.

Noch im selben Jahr melden sich zwei ihrer ehemaligen „Rowdies" bei Irene. Die Wiedersehensfreude ist wieder groß, auch bei Markus! S., ein Bursche, Irene als eher zurückgezogen, ja depressiv in Erinnerung, hat aus dem Gefängnis geschrieben. Er war in Badehütten nahe der Alten Donau eingebrochen, nicht zuletzt auf der Suche nach einem Schlafplatz, da ihm sowohl Mutter als auch Vater keine offene Tür mehr gewährten. Mit S. werden sich in den Folgejahren eine intensive Korrespondenz, Gefängnisbesuche, Vermittlung zwischen seinen geschiedenen Eltern und hin und wieder auch Geldzuwendungen entwickeln. Gefängnisseelsorger A. Wögerbauer lernt Irenes ehrenamtliches Engagement zunehmend zu schätzen und weist ihr noch weitere, straffällig gewordene Jugendliche und junge Erwachsene zur Betreuung zu. Bald kennt Irene die Besuchsräume sämtlicher Strafanstalten von Wien über die niederösterreichischen Gerasdorf im Steinfeld und Hirtenberg bis Suben an der oberösterreichischen Staatsgrenze! Meistens vermag Irene tatsächlich einiges zu bewirken, ihren Schützlingen die Haft erleichtern zu helfen und sie auf das Leben nach dem Gefängnis vorzubereiten, wenn auch nicht in jedem Fall.

Als überaus bewegend erlebt Irene das Wiedersehen mit G. Er, schon damals sichtlich hospitalisiert, in sich gekehrt und apathisch, hat nicht so richtig zu den „Rowdies" gepasst. Er lebt immer noch im Heim R. Obwohl nun achtzehn Jahre alt, sitzt er ihr eines Tages scheinbar teilnahmslos gegenüber und sieht zumeist an ihr vorbei, wenn er spricht. Folgsam beantwortet er vorsichtige Nachfragen, scheint jedoch unfähig zu jeder Äußerung eines Empfindens, eines Wunsches. Bald vermeinen Irene und Markus, dass sie an ihn nicht herankommen. Und Irene überlegt immer fieberhafter, wie sie Heimkindern zu mehr Liebe und Geborgenheit verhelfen könnte, um ihnen die Hospitalisierung zu ersparen. Sind ihre Möglichkeiten doch sehr begrenzt. Ja, es muss einfach etwas geschehen, was eine strukturelle Verbesserung bringen könnte: Wohngemeinschaften statt Heimunterbringung, das muss das Ziel sein! Doch wie beginnen?

Irenes erster Plan ist es, „Wochenendeltern" für „vergessene" Heimkinder zu finden. So fasst sie schließlich Mut und gründet ihren Verein „Das vergessene Heimkind". Nachdem der „Nichtuntersagungsbescheid" von der Bundespolizeidirektion Wien eingeholt ist, startet Irene ihre Initiative. Sie und Markus sind die Ersten, die sich bemühen, mit G. als (wenn auch großem) „Wochenendkind" als Beispiel voranzugehen.

Es dauert nicht lange und es melden sich etliche Ehepaare und Familien, die bereit sind, verlässlich (!) alle zwei bis vier Wochenenden ein Heimkind zu sich nach Hause zu nehmen, ihm Familienanschluss zu bieten und es behutsam ins Alltagsleben zu integrieren. Viel Sensibilität wird nötig sein, um für die jeweiligen Wochenendfamilien die passenden Kinder und Jugendlichen zu finden! Die Weichen sind gestellt. Nun wird es wichtig sein, auch von den jeweiligen Jugendämtern ernst genommen zu werden. Doch Irene ist zuversichtlich.

7. ERFOLG MIT BITTERER KONSEQUENZ

In jenem Jahr ist Markus' Entwicklung zu einem selbstständigen Menschen so rasant fortgeschritten, so dass es sich für Irene zunehmend schwierig erweist, mit den damit verbundenen Umstellungen mitzuhalten. Vor allem erkennt sie allmählich, dass - wie ja von ihr angestrebt! - Markus an ihrem gemeinsamen Leben aktiv teilnimmt und nicht mehr alles allein nach ihrem Entscheid abläuft. Und er weiß zunehmend genau, was er will, und hat begonnen, die Dinge selbst kritisch zu hinterfragen und eigene Schlüsse aus den Widerfahrnissen zu ziehen. Trotzdem gilt es für Irene nach wie vor, jeden Anstoß zu nützen, Markus weiterzubilden und sein Selbstvertrauen zu bestärken.

Bald darauf - wieder ist Weihnachten gekommen - kann Irene endlich wieder eine positive Anregung ihres Mannes aufgreifen. Während ihres Krankenstandes hat sie einmal ihr Xylophon zur Hand genommen und allerhand Lieder gespielt, darunter auch einige Schlagermelodien. Markus hat interessiert zugehört und dann auf einmal den Wunsch geäußert: „Kannst du mir zeigen, wie das geht?" Im ersten Moment glaubt Irene nicht so recht daran, dass Markus sich mit diesem Instrument ernsthaft befassen möchte. Sie zeigt ihm die Handhabung des Xylophons und erklärt ihm die erste Oktave. Zu ihrem Erstaunen stellt sich ihr Mann gar nicht so ungeschickt an dabei, und bald kann er fehlerfrei „Alle meine Entlein" und „Kuckuck" spielen.
Nun brennt er darauf, weiter zu lernen - eine neue Hoffnung für Irene, die ihre Situation schon reichlich verfahren gewähnt hat. Sie erfindet eine eigens auf Markus zugeschnittene Methode des Xylophonunterrichts, beklebt die Oberseite der Plättchen mit verschiedenen Farben, nimmt ein Musikheft zur Hand und bringt die

Noten in adäquaten Farbtönen zu Papier. In Großbuchstaben fügt sie die Notennamen hinzu, um den erzieherischen Wert noch zu steigern, und hat bald eine ganze Reihe bekannter Melodien, darunter natürlich auch beliebte Hits, in C-Dur transponiert. Und schon nach einigen Tagen hat Markus ein liebevoll gestaltetes Liederrepertoire beisammen. Er ist hellauf begeistert und zeigt sich vorübergehend sogar dazu bereit, seine Aufnahmen des Übens willen einzuschränken.

Irene freut sich über diesen Eifer und lässt Markus gewähren, und drei, vier weitere Lieder hat Mar-

kus ebenso rasch erlernt. Nun aber steigt der Schwierigkeitsgrad ein wenig. Bei „Fuchs, du hast die Gans gestohlen" gibt es die ersten Probleme, und Markus geht, ohne an deren Bewältigung zu arbeiten, gleich zum nächsten Lied über. Bald probiert er einmal hier, einmal dort einige Töne und lässt dabei jede Konsequenz im Einüben einer konkreten Melodie vermissen. Kann er nicht oder will er nur nicht?

Nach rund zehn Tagen des Übens bricht Markus auf einmal in lautstarkes Gelächter aus, das Irene allerdings nicht ganz echt anmutet. Am nächsten Abend, es ist in der Firma Zahltag gewesen, wirkt er wortkarg und gereizt und scheint angestrengt über etwas nachzudenken. Nachdem sie ihn eine Weile angesehen hat, entschließt sie sich zu einer Frage: „Was ist los mit dir? Hast du Ärger in der Firma gehabt?" Markus zuckt die Achseln und erwidert nichts.

Minutenlang spielt er mit einer leeren Kassettenhülle, und Irene beschließt vorerst, abzuwarten. Nach einer Weile demonstrativen Schweigens springt Markus urplötzlich auf, ergreift das Xylophon, bricht es mit einem einzigen Ruck in der Mitte durch und schleudert die beiden Hälften zu Boden. Daraufhin sieht er seine Frau für einen Moment wie hilfesuchend an, schlüpft hastig in seine Schuhe und lässt Irene mit der kurzen Erklärung: „Ich geh eine Runde spazieren!" mehr verdutzt als erschrocken stehen.

Irene hebt das entzwei gebrochene Xylophon auf. Was konnte dieser Ausbruch zu bedeuten haben? Ist Markus erstmals etwas von seinen Unzulänglichkeiten bewusst geworden? Soll sie das als Fortschritt werten? Bedeutet diese offensichtliche Erkenntnis so etwas wie einen heilsamen Schock, der Markus dazu veranlassen könnte, sich zu mehr Konsequenz durchzuringen, verstärkt an sich selbst zu arbeiten? Alte Zartgefühle keimen wieder ein wenig auf in ihrem Herzen, und sie beginnt sich voll neuer Hoffnung nach Markus' Rückkehr zu sehnen. In ihre Erwartung mischt sich allerdings auch eine gewisse Sorge, was ihrem Mann in dieser Verfassung alles einfallen könnte. Denn er hat, ganz entgegen seiner sonstigen Gewohnheit, seine gesamte Monatsabrechnung mitgenommen.

Endlich, nach zwei Stunden bangen Wartens, taucht Markus wieder zu Hause auf. Er ist in aufgebrachter Stimmung und wirft seine Tasche schwungvoll auf den Tisch. „Das ganze Geld verspielt, alles weg! So ein Krempel, dieser Automat, der schluckt das Geld nur, und nichts kommt heraus!" Irene ist so erleichtert, dass ihr Mann in nüchternem Zustand nach Hause gekommen ist - sie hatte schon Schlimmes befürchtet -, so dass sie auf den Geldverlust gar nicht auf Anhieb reagiert.

„Mir ist etwas eingefallen", flüstert Markus seiner Frau geheimnisvoll zu, „ich spiele jetzt jede Woche im Toto, da habe ich sicher bald einen Zwölfer und gewinne eine Million!" Es ist nicht das erste Mal, dass Markus vom großen Geld träumt, und so ist Irene über das Erwachen seiner Spielleidenschaft nicht besonders überrascht. Sie weiß im Moment nur noch nicht, mit welcher verbissenen Konsequenz Markus künftig Gewinnspiele vieler Art betreiben wird. Eines allerdings versteht sie sofort: Sie wird in Zukunft peinlich genau darauf achten müssen, dass die Einsätze gering bleiben. Insofern ist es vielleicht ganz gut, dass Markus dieses eine Mal eine größere Geldsumme verloren und daraus vielleicht eine Lehre gezogen hat. Das Automatenspiel ist ihm an diesem Tag ja von Anfang an gründlich vergällt worden. Und Markus hat ein ausgezeichnetes Erinnerungsvermögen, wie Irene weiß. Also unterlässt sie es, ihrem Mann Vorwürfe zu machen, versucht den einmaligen Vorfall zu vergessen und die hinausgeworfenen Geldscheine zu verschmerzen.

An diesem Abend hat Markus noch etwas auf dem Herzen. Endlich rückt er damit heraus: „Du, ich bin noch woanders gewesen, aber das wird dir sicher nicht gefallen. Aber ich habe nichts getan und bin gleich wieder gegangen!" Er sieht seine Frau prüfend an, dann verrät er ihr: „Ich habe in die neue Bar hinter dem Marktplatz hineingeschaut!"

Da ist Irene zugegebenermaßen überrascht, das hätte sie am allerwenigsten erwartet. Jedoch der Stich ins Herz, den sie zu Mariannes Zeiten noch empfunden hat, bleibt aus. Markus beginnt zu lachen: „Da steht eine Theke in der Mitte, um die herum sitzen lauter so komische Typen und schmusen in aller Öffentlichkeit herum. Die Bluse von der Serviererin hat einen riesigen Ausschnitt, und einer hat ihr sogar hineingegriffen!" Markus biegt sich vor Lachen. „Das Witzigste war, dass unter einem halb zugezogenen Vorhang ein Film gelaufen ist, aber was für einer! Da hat sich eine dicke Frau mit einem schwitzenden Kerl im Bett herumgewälzt, und ich hab' schon geglaubt, der bringt sie um. Da ist die Serviererin gekommen und wollte mir dafür Geld abknöpfen. Ich hab' ihr den Vogel gezeigt und bin hinausgegangen."
Irene muss in Markus' Gelächter einstimmen. In diesem Moment rührt sie wieder seine unschuldige Naivität, die er sich immer noch bewahrt hat. Auf einmal wird Markus wieder ernst, runzelt die Stirn und meint nachdenklich: „An der Theke ist eine Frau gesessen, die war genauso angezogen wie die Marianne, als ich sie damals besucht habe. Und auch in dieser Bar war alles rot!"
„Ich hab's dir ja gleich gesagt", erwidert Irene leise und legt den Arm um ihren Mann, vermeint sich dabei aber eher einem großen Kind nahe. Markus schmiegt sich an sie, währenddessen ihre Gedanken abschweifen. Lange schon hat sie nichts von Hansi gehört. Wie es ihm wohl geht? Wird er auf sie noch ansprechen? Und sie beschließt, ihn anzurufen. Wenigstens ein Pläuschchen wird ihr gut tun.

Am anderen Ende der Leitung meldet sich eine fremde Stimme, und Irene muss erfahren, dass Hansi schon einen Monat zuvor nach Übersee übersiedelt ist. Einen Moment lang ist sie sprachlos. Dann aber trifft sie dieses Ereignis mit einer Wucht, die sie selbst in Erstaunen versetzt. Denn sie liebt ihren Mann ja immer noch. Ist ihr die weibliche Selbstbestätigung denn wirklich so wichtig? Aber wie verträgt sich ihre überstarke Reaktion dann mit der Rolle, die Gott in ihrem Leben spielt? Freilich, die tägliche Demütigung seitens Markus schreit seit langem nach einem sinnenhaften Ausgleich, verlangt nach Genugtuung. Denn Liebe ist es keinesfalls, was sie Hansi gegenüber empfindet. Doch hat er einfach die Stadt verlassen, ohne ihr Bescheid zu geben. Und das erscheint ihr als eine Ungeheuerlichkeit, zumal sie längst zu ahnen begonnen hat, dass sie an der Seite von Markus innerlich wohl nie zur Ruhe kommen wird. Ernsthaft beginnt sie an der Sinnhaftigkeit ihrer „Josefsehe" zu zweifeln.

„Will er nicht mit dir reden?" Unbemerkt hat sich Markus zu seiner Frau gesellt und sieht sie fragend an. „Nein", murmelt Irene, „aber er ist ins Ausland gegangen!" Markus sinniert eine Weile, den Blick auf den Boden gerichtet, dann meint er plötzlich: „Du hältst es nicht mehr aus mit mir allein, gelt?" „Aber ja", winkt Irene mit schwacher Stimme ab, doch es klingt nicht sehr überzeugend. Bald darauf verlässt Markus das Zimmer und verhält sich lange Zeit mucksmäuschenstill. Offenbar denkt er endlich einmal nach.

Am nächsten Tag beschließt Irene, die Gunst der Stunde zu nutzen, um ihr Zusammenleben mit Markus neu zu ordnen. Es sind ernste Worte, die sie an ihren Mann richtet, als sie ihm mitteilt, dass sie die Beziehung sehr wohl aufrechterhalten möchte. Allerdings gäbe es da einiges, was ihr das Zusammenleben mit ihm erschwere. Sie betont, es sei ihr unerträglich, ständig zu Hause zu sitzen, und er solle doch selbst öfter guten Willen zeigen und sich aufraffen, sie zu geselligen Veranstaltungen zu begleiten. Sie schildert ihm auch ihr Empfinden, vor eine führerlose Lokomotive gespannt zu sein und sich um alles alleine kümmern zu müssen.

Da fällt ihr Markus plötzlich ins Wort: „Dann mache ich eben den Führerschein!" Es ist nicht das erste Mal, dass er diesen Wunsch äußert, doch hat Irene ihn bislang für undurchführbar gehalten aus der Überzeugung heraus, dass ihr Mann wohl nicht fähig wäre, den mannigfaltigen Anforderungen des Stadtverkehrs gerecht zu werden. Jetzt allerdings beginnt sie über diesen Vorschlag nachzudenken, sieht sie in ihm doch einen letzten Rettungsanker für ein gedeihlicheres Zusammenleben. Und sie ist es müde, ihren Mann ständig wie ein kleines Kind herum zu chauffieren. Markus ist schließlich längst an die städtischen Straßenverhältnisse gewöhnt, überlegt sie, außerdem hat ihn von jeher ein hervorragendes Reaktionsvermögen ausgezeichnet. Und wenn Markus den Führerschein tatsächlich schaffen sollte, wird es für Irene vielleicht auch wieder leichter sein, in ihm den Mann zu sehen.

Sie möchte die Entscheidung, die ein nicht minderes finanzielles Risiko darstellt, nicht alleine treffen und hält Rücksprache mit Brigitte. Diese ermutigt sie mit der Begründung, ein Fahrschullehrer müsse in der Lage sein rasch abzuschätzen, ob ein Führerscheinkandidat die intellektuellen Möglichkeiten mitbringt, um zur Prüfungsreife zu gelangen. Diese Feststellung findet Irene einleuchtend, und kurz darauf ist Markus in jener Fahrschule angemeldet, die einst auch seiner Frau zur Lenkerberechtigung verholfen hat.

Für Markus beginnt nun eine äußerst anstrengende Zeit. Die Fahrstunden müssen am Abend angesetzt werden, wenn er bereits müde von der Arbeit heimkehrt. Der Partieführer ist nicht gerade begeistert, dass Markus das Lager manchmal früher verlassen muss, und Markus bekommt oft recht unwirsche Äußerungen zu hören. Nach dem praktischen Unterricht plagt er sich redlich damit ab, seine Kursskripten auswendig zu lernen, und auch an den Wochenenden wird nur mehr gebüffelt. Klar, dass diese Zeit auch Irene zu schaffen macht, da ihr Mann neben dem Lernen für nichts anderes mehr ansprechbar ist und sie sich ganz besonders einsam fühlen muss. Doch das Ziel ist es wert, tröstet sie sich, und diese Hoffnung hilft ihr, die folgenden Wochen durchzustehen.

Trotzdem muss Irene ständig versuchen, sich ihre Zweifel am Gelingen dieses Vorhabens auszureden, obwohl es lange Zeit so aussieht, als ginge alles gut. Auch berichtet Markus schon nach wenigen Tagen voller Stolz, den roten Volkswagen bereits ganz alleine zu lenken. Es gibt bloß ein ärgerliches Ereignis am Rande. Dem Fahrschullehrer ist es gelungen, Markus einzureden, hohe Trinkgelder seien an der Tagesordnung, und hat ihm auf diese Art schon mehrmals einen größeren Geldschein abgeluchst. Empört klärt Irene ihren Mann auf, muss aber am nächsten Tag doch auch noch selber in der Fahrschule anrufen. Dort gibt man ihr recht und verspricht, den Herrn zu verweisen. Damit scheint diese Angelegenheit erledigt, und die Stunden werden fortgesetzt, als ob nichts gewesen wäre.

Die Tage werden immer unerträglicher für Irene, eine ständige Spannung liegt in der Luft. Da beschließt sie eines Morgens ganz spontan, Karten für einen Ball des Konditorgewerbes im Konzerthaus zu besorgen. Sie weiß, dass es da jedes Jahr viele Süßigkeiten zu gewinnen gibt, so dass auch Markus auf seine Rechnung kommen wird. Zu ihrer großen Genugtuung reagiert Markus gar nicht so ablehnend, als sie ihn mit den beiden Ballkarten überrascht.

Als der große Abend naht, ist Markus schon Stunden zuvor in ungewöhnlich aufgeräumter Stimmung und freut sich vor allem auf die süßen Köstlichkeiten, die sie auf der Veranstaltung erwarten. Irene hat sich ein Abendkleid aus moosgrünem Samt besorgt, das ihrer Figur schmeichelt und an femininem Raffinement nichts zu wünschen übrig lässt. Leider verweigert Markus sogar einen Smoking aus dem Leihhaus, sein dunkler Anzug muss genügen.

Irene ist erleichtert, als sie im Garderobesaal noch einige andere Herren entdeckt, die nicht veranstaltungsgemäß gekleidet sind. Der große Saal ist gerammelt voll, und auch auf den Gängen drängen sich die Ballgäste. Da Irene keine teuren Tischkarten besorgen wollte, ist es klug, sich noch rasch auf dem Balkon zwei Sitzplätze zu sichern, von denen aus sie die Eröffnungsfeierlichkeiten gut verfolgen können. Die Damenspende, bestehend aus einem französischen Parfum und einigen Leckerbissen, auf dem Schoß, genießt sie die Polonaise und die anschließende Darbietung des Balletts. Geschmackvolle Blumenarrangements erfreuen das Auge, und von der Decke hängen zahlreiche bunte Luftballons, die sich lautlos im Luftzug zu wiegen beginnen, sobald Bewegung in den Saal kommt.

Bald ist das Gedränge auf der Tanzfläche so groß, dass man keine paar Schritte tun kann, ohne an andere Ballbesucher anzustoßen. Also kämpfen sich die beiden lieber aus dem großen Saal hinaus und konzentrieren sich auf die Attraktionen auf den Gängen. Markus ist überall zur Stelle, wo es etwas Süßes zu erhaschen gibt, und beeilt sich stets, nicht zu spät zu kommen. Voll Stolz überreicht er seiner Frau dann jedes Mal seinen Neuerwerb und hastet zum nächsten Schauplatz.

Am meisten freut sich Markus allerdings auf die fünf Bälle, die vom Balkon aus in den Saal geworfen werden sollen. Für jene, die in deren Besitz gelangen, soll es eine besondere Überraschung geben. Endlich ist es soweit, und Markus postiert sich, voll Eifer sprühend, inmitten der Tanzfläche, wo sich schon einige hundert Ehrgeizige drängen. Unter feierlichen Orchesterklängen landen die Bälle inmitten der Menge, und es entsteht ein wahres Gerangel darum. Markus wirft sich über die Ballbesucher, boxt die hartnäckigsten Gegner beiseite und erkämpft so tatsächlich, unter berechtigter Empörung seiner Gegner, zwei der fünf Bälle! Glücksstrahlend und völlig außer Atem kehrt er zu Irene zurück, die seine Beute nur mit gemischten Gefühlen entgegennimmt. Zwei Riesenbonbonnieren sind der Preis für die Anstrengung, und Markus ist selig.

Irene schämt sich für ihr großes Kind und betrachtet mit wachsender Wehmut einige Liebespärchen, die sich in verschiedene Winkel zurückgezogen haben. Alle Sitzplätze auf dem Balkon sind nun besetzt, und die mitternächtliche Wahl der Schönheitskönigin müssen sie stehend mitverfolgen. Als die diesjährige Siegerin gekürt und bejubelt ist, kann sich Markus kaum mehr auf den Beinen halten vor Müdigkeit. Die beiden brechen deshalb schon bald auf, und während der Heimfahrt ertappt sich Irene dabei, wie sie sich in die Vorstellung hineinträumt, den Ballabend in den Armen eines tanzkundigen, vor Männlichkeit sprühenden Kavaliers nochmals zu erleben. Markus scheint von alldem nichts zu bemerken. Er strahlt vor Begeisterung und macht sich gleich über eine der großen Bonbonnieren her.

Zwei Wochen später ist die Führerscheinprüfung angesetzt. Irene hat Markus noch nie am Steuer gesehen und brennt vor Neugierde. So entschließt sie sich eines Abends, ihren Mann bei der Rückkehr von seiner Übungsfahrt zu beobachten, und begibt sich, ohne Markus' Mitwissen, vor das Tor der Fahrschule. Nach wenigen Minuten gewahrt sie einen roten Volkswagen, mit dem Schild „Fahrschule" versehen, der sich auffallend langsam und unsicher nähert. Aha, denkt sie mitfühlend, ein Anfänger, und erinnert sich an ihre eigene erste Fahrstunde. Schließlich rollt das Auto an ihr vorbei, als sie erschrickt. Am Steuer sitzt Markus, die

Augen starr auf das Pflaster geheftet. Das darf doch nicht wahr sein, es ist die zwanzigste Übungsfahrt von Markus!

Der Wagen wendet, da sich auf der gegenüberliegenden Seite eine leere Parklücke befindet. Als Markus zum Einparken anhebt, stirbt der Motor ab. Dann versucht er, nach hinten einzuparken, lenkt einmal links, einmal rechts, und wieder bleibt das Auto mit einem heftigen Satz nach vorne stehen. Da sieht Irene, wie der Fahrlehrer das Lenkrad selbst ergreift, um das Einparkmanöver doch noch zu einem positiven Abschluss zu bringen.

Resignierend bleibt Irene nur mehr festzustellen, dass sich ihre Befürchtungen wieder einmal bewahrheitet haben. Und während sie den Schauplatz unauffällig wieder verlässt, überlegt sie, ob sie Markus nicht davon abbringen soll, zur Prüfung anzutreten. Da erinnert sie sich jener Szene, als er in einem plötzlichen Anflug der Erkenntnis urplötzlich das Xylophon auseinandergebrochen hat und weggelaufen ist. Die Angst vor einer neuerlichen, noch unangenehmeren Überreaktion hindert sie schließlich daran, ihrem Mann sein Unvermögen beizubringen. Besser, sie verrät nicht, dass sie ihn beobachtet hat. Die Gebühren für die Übungsfahrten sind ohnehin verloren, und auf die Prüfungstaxe soll es nun auch nicht mehr ankommen.

Aber vielleicht kann sie die Prüfung doch noch retten, überlegt sie dann, wenn sie ihm selbst zusätzlich Fahrstunden erteilt. Freilich ist ihr klar, dass dies ein risikoreiches Unternehmen ist, auf das sie sich da einlässt. Die kommenden Abende stellen an Irenes Nerven tatsächlich die höchsten Anforderungen, wenngleich sie eher wenig befahrene Gassen wählt. Doch ist es bald eindeutig, dass Markus sich im Straßenverkehr hoffnungslos unberechenbar verhält. Und bald verliert Irene die letzte Zuversicht, dass die Fahrprüfung gut ausgehen könnte. Trotzdem will sie bis zum bitteren Ende durchhalten, prüft ihren Mann immer wieder die

Verkehrszeichen ab und kaut mit ihm stundenlang Vorrangregeln durch. Bei Letzteren ist sie bald nahe daran, die Geduld zu verlieren, da Markus jedes räumliche Vorstellungsvermögen zu fehlen scheint. Was Bremswegberechnungen betrifft, kann sie ohnehin nur darauf hoffen, dass er danach nicht gefragt werden wird. Der Prüfungstermin naht, und Markus selbst ist voller Zuversicht, da ihm offenbar die rechte Selbsteinschätzung fehlt. Zu guter Letzt hofft Irene, er werde wenigstens die theoretische Prüfung auf Anhieb schaffen, damit zumindest ein kleines Erfolgserlebnis zu verzeichnen ist. Ihr Wunsch erfüllt sich leider nicht, Markus fällt bereits bei den technischen Fragen durch. „Der hat Sachen gefragt, die gar nicht im Skriptum stehen!" beschwert er sich in verächtlichem Ton. Zwei Wochen später brennt Markus darauf, die Prüfung zu wiederholen, doch das Ergebnis ist dasselbe. Nun sind die finanziellen Möglichkeiten erschöpft und Markus äußerst niedergeschlagen. Abermals schiebt er nach außen hin dem Prüfer die alleinige Schuld in die Schuhe und versucht, sich durch allerhand sarkastische Bemerkungen über die Enttäuschung hinwegzutrösten.

Damit ist auch der letzte Hoffnungsschimmer auf eine grundlegende Änderung ihrer Lebenssituation zerplatzt wie eine Seifenblase. Irene fällt jetzt wirklich nichts mehr ein. Sie fühlt sich ausgelaugt und erschöpft, Resignation stellt sich ein. Ist sie drauf und dran, in eine depressive Verstimmung zu verfallen? Markus verkriecht sich meist nur mehr hinter seinen Musikgeräten, so dass Irene schon seine bloße Anwesenheit bedrückt. Bald muss sie auch mit ernsten Schlafstörungen fertigwerden, und es gibt Nächte, in denen die innere Unruhe sie gar nicht mehr zum Schlafen kommen lässt. Manchmal erwacht auch Markus und spielt mir ihr eine Partie „Mensch, ärgere dich nicht". Normalerweise aber steht sie die unruhigen Nächte allein durch, da Markus nach seinen anstrengenden Arbeitstagen ja seinen Schlaf dringend benötigt. Doch auch er spürt ihre Niedergeschlagenheit, und so lädt sich die häusliche Atmosphäre immer mehr auf. Bald genügt schon ein unbedachtes Wort, um seinen vehementen Widerspruch zu reizen.

Eines Tages vermeint Irene es wirklich nicht mehr auszuhalten. Der „richtige" Mann geht ihr in der Tat immer spürbarer ab, so etwas wie „intime Akzeptanz" fehlt ihr immer mehr. Und auf einmal kommt ihr das faktisch Naheliegendste in den Sinn: Während der vielen Monate ihrer - wenn auch frei gewählten - „Josefsehe" könnte sich Markus' Liebesfähigkeit vielleicht entwickelt haben! Irgendwo ist ihr bewusst, dass sie sich an Illusionen klammert. Und dass sie „das" von Markus gar nicht möchte, umso mehr, als er bereits einmal gewalttätig geworden ist. Zugleich bemerkt sie mit Erschrecken, dass sie in ihrer Not versucht ist, ihre guten, der kirchlichen Lehre getreuen Vorsätze über Bord zu werfen. Sie nimmt verstärkt Zuflucht zum Gebet im Bestreben, ihre „Josefsehe" doch noch zu retten. Zuweilen kommt ihr trotzdem der Gedanke, ein gemeinsames Kind könnte vielleicht Wunder bewirken, aber diese Idee erscheint ihr dann eher absurd, ganz abgesehen davon, dass sie ja genau genommen längst ein „Kind" hat. Nein, das ist bestimmt keine Option!
Oder soll sie es nicht doch versuchen? In ihrer Not, die bereits ihre ganze Persönlichkeit umkrallt, vergisst sie eines Abends für einen schwachen Moment alle moralischen und vernünftigen Bedenken. Und Markus erscheint tatsächlich erfreut, als sie vorsichtig ihren Wunsch nach mehr Intimität äußert. Trotzdem reagiert er nicht spontan: es ist erst zwanzig Uhr! Und als Irene erleben muss, wie er zu Bett geht, wie jeden Abend, um es sich ganz selbstverständlich erst einmal für den Abendkrimi gemütlich zu machen, bricht auf einmal all die aufgestaute Aggression aus ihr heraus. In einem Anflug von unbeherrschtem Zorn springt sie

wie von einer Tarantel gestochen auf und hetzt aus dem Zimmer, die Tür hinter sich zuknallend. Da fährt Markus ebenfalls hoch, reißt die Tür wieder auf, holt sie mit wenigen Schritten ein, packt sie kräftig an den Schultern und wirft sie auf die Couch. Dann besinnt er sich, blickt sich kurz um, springt auf die Wolkenstores zu und reißt einen davon mit einer raschen Bewegung herunter. Schließlich kleidet er sich hastig an, währenddessen er seine Frau mit den ordinärsten Ausdrücken bedenkt, die sie nicht einmal alle versteht. Sie zieht es freilich vor, keine Antwort zu geben. Sonderbarerweise fühlt sie aber kaum so etwas wie Angst, sie spürt, dass ihr Mann mehr verzweifelt als aggressiv ist.

Als Markus dann unter lautem Türenzuschlagen die Wohnung verlässt, steht Irene klar vor Augen, dass ihre „Josefsehe" doch nicht mehr zu retten ist. Jeder Zorn weicht von ihr, es ist vielmehr ein tiefes Bedauern, in das sie sich vergräbt. Irgendwann in der Nacht kehrt Markus zurück, schleicht an Irene, die noch immer auf der Couch liegt, vorbei und legt sich ins Bett.

Während die gemeinsamen Jahre vor ihrem geistigen Auge vorüberziehen, erfasst Irene das Verlangen, noch einmal dorthin zu fahren, wo die Beziehung ihren Ausgang genommen hat. Sie redet sich ein, sie könne dort Verlorenes wiederfinden, würde vielleicht von einem bösen Traum erwachen, und sie könne mit Markus doch noch einen neuen Anfang setzen. Jedoch im tiefsten Inneren weiß sie, dass ihre Verbindung keine wirkliche Ehe ist und es auch nie werden kann. Vielleicht möchte sie auch feststellen, wie sehr Markus sich im Vergleich zu den Heiminsassen nun tatsächlich verändert hat, ja möchte sich selbst beweisen, dass er dort nicht mehr hinpasst und sie ihr eigentliches Vorhaben geschafft hat: ihn zu einem selbständigen Alltagsleben zu befähigen. Doch dies würde sie sich nicht eingestehen. Und, obwohl sie eine „richtige", vollzogene Ehe mit Markus primär nie angestrebt hat, verbindet sie immer noch tiefe Liebe zu ihm. Eine Trennung von ihm könnte sie sich noch gar nicht vorstellen.

Am nächsten Morgen, einem Samstag, begrüßt Markus seine Frau sogar mit einem höflichen: „Guten Morgen!", als er, gesenkten Hauptes und sichtlich unausgeschlafen, zu ihr in die Küche tritt. Der Vorfall vom vergangenen Abend wird in keiner Weise erwähnt. Stattdessen erkundigt sich Irene: „Hättest du Lust, mit mir heute einen Besuch im Heim zu machen?" Markus überlegt nicht lange und erwidert dann: „Ja, meinetwegen, da werde ich endlich Rainer wiedersehen!" Und mit einem vorsichtigen Seitenblick auf Irene setzt er hinzu: „Und Frau Hoffmann auch!"
Der Himmel ist bedeckt, doch fällt während der ganzen Fahrt kein Regentropfen. Das Autoradio spielt leise, und nur belanglose Worte werden gewechselt. Auf dem Hauptplatz des Städtchens sehen sie bereits mehrere vertraute Gesichter wieder. Etwa fünfzehn Lehrkursburschen lehnen an dem kleinen Brunnen neben dem Parkplatz, einige miteinander scherzend, andere stumm vor sich hinblickend. Sie befinden sich offensichtlich auf ihrem Wochenendausgang, und Irene kann nur staunen, wenn sie diese Burschen mit Markus vergleicht. Selbst jene, deren Gesichtszüge keine kognitive Beeinträchtigung verraten, sind deutlich an ihrem unbeholfenen Auftreten, der nachlässigen Haltung, dem einheitlichen Haarschnitt und ihrer ärmlichen, meist zu weiten Kleidung von den übrigen Stadtbewohnern zu unterscheiden. Nein, hier passt Markus nicht mehr her! Ein leises Gefühl der Befriedigung erfasst Irene, und auch Markus scheint sich der Wandlung bewusst, die er durchgemacht hat. „Mit denen hab' ich einmal zusammengehaust?" sinniert er. „Dabei ist mir das ganz normal vorgekommen!"

Von außen präsentiert sich das Heim wie früher, nur hat man zu Irenes Bestürzung die schönen Weiden gefällt. Mit ein wenig Wehmut gedenkt sie der allmorgendlichen Spatzenkonzerte, denen sie so gerne gelauscht hat. Herrn Gerber müssen sie nicht erst suchen, er tritt soeben aus der Tür. Als er die beiden herannahen sieht, bleibt er stehen. Sein Gesicht verrät echte, herzliche Freude und, wenn sich Irene das nicht nur einbildet, sogar ein wenig Ehrerbietung. „Ist das nett, dass Sie sich wieder einmal hier blicken lassen!" Leider können nur wenige Worte gewechselt werden, der Direktor ist unterwegs in die Klinik. Mit Wärme in der Stimme und sichtlicher Anteilnahme erkundigt er sich, wie Markus jetzt lebt, was er arbeitet, und spart auch nicht mit anerkennenden Worten. Er siezt Markus sogar und scheint ihn wirklich ernst zu nehmen. Für Irene ist es die schönste Freude festzustellen, dass ihrer Mühe hier Anerkennung gezollt wird. Und als er die beiden zur Verabschiedung beglückwünscht, fühlt Irene, dass dieser Wunsch von Herzen kommt. Wie wohl ihr das tut!

Nun möchte Markus Frau Hoffmann einen Besuch abstatten und steuert geradewegs die Küche an. Leider befindet sich hier heute nur eine Köchin, die neu hinzugekommen ist und die beiden nicht kennt. „Frau Hoffmann ist im Krankenhaus, sie hat eine schwere Operation hinter sich!" erklärt sie, als auf einmal Rainer in der Tür erscheint, über das ganze Gesicht strahlend, seinen alten Freund wiederzusehen. Irene erschrickt nicht wenig über seine Erscheinung. Man sieht ihm schon von weitem die Retardierung an. Sein Auftreten ist unsicher, die Bewegungen linkisch, der einst so forsche, lebendige Blick hat etwas Müdes, Resigniertes an sich. Auch die Freude über Markus' unvorhergesehenen Besuch kann darüber nicht hinwegtäuschen.

Rainer berichtet, er wäre einige Monate als Stallbursche an einem Bauernhof beschäftigt gewesen, hätte sich jedoch dort sehr einsam gefühlt und wäre freiwillig bald wieder ins Heim zurückgekehrt. Mitgefühl erfasst Irene für diesen so gutherzigen jungen Mann. Und einen kurzen Augenblick lang überlegt sie, ob sie vielleicht den Falschen aus dem Heim geholt hat. Freilich, Rainer hat ein ganz persönliches Verhältnis zu einem Menschen immer gefehlt. Irene bewegt die Herzlichkeit, mit der Rainer ihrem Mann sein Lebensglück gönnt. Nicht das geringste Anzeichen von Bitterkeit oder gar Missgunst ist in seiner Miene abzulesen. Er trägt sein Schicksal mit einer Reife, die so manchem Menschen in Freiheit die Schamröte ins Gesicht treiben könnte. Den kleinen Karli sehen sie an jenem Tage nicht mehr. Er ist kürzlich an seinem Gehirnleiden verstorben. Auch zwei andere Burschen, die Irene gut gekannt hat, sind nicht mehr am Leben. Ein früher Tod scheint hier kein absonderliches Ereignis zu sein, man nimmt ihn ganz offensichtlich ohne besondere Erschütterung hin. Vom S-Kind Hannes erfahren sie, dass er sich für einige Tage zur „Einstellung" im psychiatrischen Krankenhaus befindet, nachdem er, inzwischen sehr kräftig geworden, anlässlich eines aggressiven Anfalls nicht mehr zu bändigen gewesen war. Das Schülerheim existiert überhaupt nicht mehr, der Bau beherbergt nur mehr Burschen und Männer mit kognitiven Beeinträchtigungen..

Während Markus und Rainer fröhlich miteinander plaudern, schweifen Irenes Gedanken allmählich ab. Ja, sie hat es im Wesentlichen geschafft, ihren Mann in ein Leben in Freiheit einzuführen. Und das mag auch Markus heute wieder bewusster denn je geworden sein. Freilich, er wird noch weiterhin fallweise einer stützenden Hand bedürfen. Und die will sie ihm auch in Zukunft bieten, das ist sie ihm schuldig. Aber mit untrüglicher Gewissheit steht ihr heute die Tatsache vor Augen, dass sich ein Abschnitt in ihrem Leben dem Ende zuzuneigen begonnen hat. Und sie weiß, dass auch Markus ihre Empfindungen mitvollzieht.

Für einige Fragen allerdings wird sie vielleicht niemals eine Antwort finden. Wo liegen die Grenzen eines solchen Einsatzes für einen Mitmenschen? Inwieweit hält sich dieser noch in vernünftigen Proportionen zum vorher nicht einzuschätzenden, oft nur geringen Erfolg? Ist hier das Wort „Vernunft" noch anwendbar? Aber ist es denn „vernünftig" gewesen, als Jesus Christus sich für die Menschen ans Kreuz nageln ließ? Rechtfertigt nicht der Glaube an die einzigartige personale Würde jedes Menschen als Ebenbild Gottes den Einsatz über jede Vernunft hinaus, bis zur Erschöpfung? So ist Irene von Anfang an auf kein konkretes Ziel konzentriert und nur bestrebt gewesen, Markus' Persönlichkeit nach Kräften zu fördern. Und die Erkenntnis, sich nach bestem Gewissen und mit ganzer Kraft für diesen Menschen eingesetzt zu haben, verleiht ihr hier, am Ausgangsort aller Ereignisse, eine tiefe Befriedigung, auch wenn sie jetzt doch zu ahnen beginnt, dass sich ihre Wege bald trennen werden müssen. Gleichzeitig fühlt sie, dass Markus einen dornenreichen Weg vor sich hat. Sie weiß aber auch mit unzweifelhafter, untrüglicher Gewissheit, dass er sich bewähren wird.

Bald drängt Irene zum Aufbruch, und auch Markus scheint keinen Ehrgeiz zu verspüren, noch länger im Heim zu verweilen. Nachdem sie in den Wagen gestiegen sind und Irene starten will, fühlt sie auf einmal eine Hand auf ihrer Schulter. Sie blickt Markus an und sieht Tränen in seinen Augen. Da nimmt er sie wortlos in den Arm und hält sie eine ganze Weile so. Irene verharrt reglos unter dieser jetzt so überraschenden Geste. „Du, danke für alles!" raunt er ihr auf einmal ins Ohr.

Nach einigen Kilometern erreichen sie eine Anhöhe, von welcher aus sie das Städtchen zum letzten Mal ausnehmen können. Irene steuert den Wagen auf einen kleinen Feldweg. Markus spricht kein Wort, stellt keine Frage. Erstmals an diesem Tag bahnen sich einige Sonnenstrahlen ihren Weg durch die dichte Wolkendecke und tauchen die Stadt am Horizont in ein freundliches Licht. Markus hat den Wagen verlassen und blickt gedankenverloren zurück. Und aus Irene bricht auf einmal, den Kopf auf das Lenkrad gestützt, alles hervor, was sich in letzter Zeit in ihrem Inneren aufgestaut hat.

Foto: Soyka (Ausschnitt)

8. NACHSPIEL

Wie ist es mit Irene (bzw. mir, der Autorin dieses Buches), und „Markus" weitergegangen?

Kurz darauf wurde die Ehe einvernehmlich geschieden, nachdem ich Markus versprochen hatte, mich auch künftig um ihn zu sorgen. Der gemeinsame Haushalt blieb bis auf weiteres aufrecht Allmählich gewann ich innerlich Abstand von der „Josefsehe". Mein Ehenichtigkeitsverfahren vor dem Wiener Diözesangericht endete allerdings mit einer großen Enttäuschung: meine erste Ehe wurde wegen angeblicher Widersprüche und mangelnder Zeugenaussagen nicht annulliert. Auf Anraten des Diözesanbischofs, den ich persönlich kontaktierte, stimmte ich etwas später, der zu erwartenden psychischen Belastung zum Trotz, einer Wiederaufnahme des Annullierungsverfahrens zu, um die gravierenden „Verfahrensmängel" des ersten Prozesses auszuräumen.

Ein Dreivierteljahr später lernte ich Dieter, einen jungen Akademiker, kennen und lieben. Ich erlebte mich hin- und hergerissen zwischen meiner mütterlichen Zuneigung zu Markus, verbunden mit einem starken Pflichtgefühl, und meiner fraulichen Liebe zu Dieter. Dieser zeigte großes Verständnis für die Lage, in der ich mich befand, und akzeptierte Markus als eine Art Adoptivkind. Markus appellierte von Zeit zu Zeit vehement an meine mütterlichen Impulse! Dabei bediente er sich altbewährter Mittel: er ließ sich tagelang gehen, wusch, kämmte und rasierte sich nicht und lief mit ungepflegter Kleidung herum. Von allen Beteiligten war in dieser Situation viel Verständnis und Geduld gefragt.

Trotzdem resignierte ich nach etwa einem halben Jahr und versuchte, von Schuldgefühlen geplagt, mit Dieter Schluss zu machen. Doch Dieter war beharrlich, er kam jeden Tag, brachte liebevoll ausgesuchte Geschenke, buk für uns alle drei Kuchen und organisierte gemeinsame Ausflüge. Als er zu Weihnachten beschloss, für eine Woche zu seinen Eltern zu fahren, sah auch ich den Zeitpunkt gekommen, eine endgültige Entscheidung zu treffen. So feierte ich in gewohnter Weise Weihnachten mit Markus, doch wir fühlten beide, dass etwas unwiderruflich anders geworden war. Und schon in der Nacht darauf erfasste mich eine unbändige Sehnsucht nach Dieter. Mit allen Fasern meines Wesens sehnte ich seine Rückkehr herbei, voller Angst, er könnte es sich inzwischen anders überlegt haben. Markus blieb dies nicht verborgen, doch er reagierte erstaunlich gefasst.

Endlich wandten sich die Dinge zum Besten: Meine erste Ehe wurde nach zwei Jahren in 2.Instanz annulliert, wobei die Ungültigkeit der ersten Ehe nun „mit seltener Klarheit" diagnostiziert wurde. Dieter und ich heirateten in der Stiftskirche Heiligenkreuz bei Baden.

Meine klösterliche Vergangenheit vermochte ich letztendlich nicht nur mit gutem Gewissen abschließen, sondern konstruktiv in mein weiteres Leben integrieren. Als sich in späteren Jahren eine warmherzige, ältere Schwester des Ordens für eine Zusammenarbeit auf freiberuflicher Basis mit mir interessierte, empfand ich es als wohltuend, den Ort meiner langjährigen, spirituellen Sehnsüchte wieder zu betreten. Über Jahre habe ich dann bei der Erstellung von Reportagen für die Missionszeitschrift „Kontinente" mitgearbeitet und daneben mit dieser Schwester aufbauende Gespräche führen können. Nach wie vor interessierte mich die Missionsarbeit, das Ergehen der Schwestern und - ganz nebenbei - die vorsichtigen Schritte einer Öffnung für die Erfordernisse der Zeit.

Die damalige, über alle Maßen verdienstvolle Generaloberin ist selbst zu Reformen nicht mehr gekommen; sie erkrankte an Demenz und ist im Jahr 2000 in die ewige Heimat eingegangen. Bedauerlicherweise war sie auch nicht mehr zu ihrer geplanten Biografie gekommen, um deren Abfassung und Herausgabe sie mich gebeten hatte. Ein Verlust - die gebürtige Österreicherin war eine ganz große Frau in der Kirche von heute gewesen, tatkräftig und gütig zugleich, und hatte rund 50 Missionsstationen in Asien gegründet! Ein später erschienenes Werk über die Geschichte des Ordens hat ihre persönlichen Leistungen nicht ausreichend zu würdigen vermocht.

Später habe ich dann im neuen Bildungszentrum des Klosters eine Vortragsreihe gehalten und wurde daraufhin von der neuen Priorin sogar zur Gestaltung eines Einkehrtages für die Schwestern eingeladen.
Hin und wieder halte ich bis heute an den Grabstätten der Schwestern am nahen Friedhof zu kurzem Gedenken inne - einem Ort des Friedens und der Versöhnung.

Was „Markus" betrifft, so ist vorwegzunehmen, dass er es mit unserer Hilfestellung nach einigen Rückschlägen geschafft hat, in einer eigenen Wohnung ein selbstständiges Leben zu führen, hat neue Freunde gefunden und sich auch beruflich zu verbessern vermocht. Und er hat es sogar mehrmals geschafft, vom österreichischen Fernsehen entdeckt zu werden!
Aber der Reihe nach. Nachdem mein und Dieters Sohn in der Nachmittagssonne eines Märztages in häuslicher Atmosphäre zur

Welt gekommen war, ist mein Pflichtgefühl Markus gegenüber erloschen; deutlich fühlte ich, dass meine ganze Fürsorglichkeit von jetzt an diesem kleinen Wesen zu gelten hatte. Ich sah in der Geburt meines Kindes einen Fingerzeig Gottes, dass meine Aufgabe mit Markus nun endgültig beendet war, und die Gewissenslast fiel mit einem Mal von mir ab. Noch in der Schwangerschaft hatte ich Markus jeden Tag mit kurzen, vor Dieter vermeintlich geheim gehaltenen Telefonaten aufzubauen versucht. Dazu hatte ich Dieter regelmäßig zum Besorgen der Abendzeitung aus dem Haus gebeten. (Später hat Dieter mir allerdings gestanden, über die Telefonate genau Bescheid gewusst und sich absichtlich Zeit gelassen zu haben!)

Über Jahre ist ein loser Kontakt meiner jungen Familie zu Markus aufrecht geblieben. Die Abende verbrachte er häufig in einer nahen Diskothek, die Bewegung zur Musik machte ihm große Freude. Dort lernte er schließlich eine um vieles ältere, geschiedene und leidgeprüfte Zuwanderin kennen, um die er sich aufopfernd sorgte. Schließlich zog er zu ihr. Trotzdem vergaß er auch in den Folgejahren nie auf meinen Geburtstag, und er erschien jedes Mal mit einem Blumenstrauß. Zuweilen besuchte Markus auch Marianne wieder, die sich nach seinen Worten seit kurzem bei ihren beiden Schwestern im Heim befand.

Nach einigen Wechseln seiner Arbeitsplätze, Einsätzen in der Schneeräumung, als Weihnachtsmann in einem Einkaufszentrum und als Sammler von Rosskastanien im Prater und im Augarten in Wien-Leopoldstadt zum Zweck der Tierfütterung in einem Wildpark, bekam Markus eine Fixanstellung bei der Straßenreinigung der Stadt Wien und nebenbei als Parkwächter im Türkenschanzpark im 18.Bezirk und erhielt eine kleine Gemeindewohnung zugewiesen. Stolz präsentierte er mir seine orangerote

Berufsuniform. Und an diesem Tag war mir gewiss: er hatte es tatsächlich geschafft!

Neben seinen vielen, guten Eigenschaften hatte Markus sicherlich auch seine in ihm grundgelegte und von mir gezielt geförderte Selbstsicherheit, erwachsen aus dem Bewusstsein von stattlicher Körpergröße und -stärke, geholfen, sich zu bewähren und immer wieder neuen Mut zu schöpfen. Als ich ihn einmal unbemerkt im Wartesaal eines Amtsgebäudes beobachten konnte, staunte ich nicht schlecht über sein selbstbewusstes Auftreten unter hilfreichen Ratschlägen für andere, seine Autorität, die er in Kreisen seines gesellschaftlichen Umganges, dem Arbeitermilieu, erworben hatte.
Und nicht zuletzt mag ihm sein gelebter Glaube geholfen haben, die Retardierung aus seiner Kindheit und Jugend weitgehend aufzuarbeiten und ihn vor Unheil zu bewahren. Er vermochte wohl die Geister jener, die ihm begegneten, immer wieder zu unterscheiden, sich den positiven Einflüssen zu öffnen und schädliche zu meiden, wofür ich Gott nicht genug zu danken vermag. Trotzdem wird mich eine tief verwurzelte Sorge um Markus' Wohlergehen auch weiterhin begleiten.

Später ist der persönliche Kontakt weitgehend eingeschlafen. Umso überraschender war es, Markus auf einmal im Fernsehen wiederzuentdecken! In der Reportagereihe „Alltagsgeschichten" von ORF2, Dokumentationen über den österreichischen Alltag, 1996, versuchte sich Markus selbstsicher und gewandt vor Publikum als Straßentänzer.

Den größten Mut hat Markus jedoch noch später, 2012, in einer Folge der ORF2-Talenteshow „Die große Chance" bewiesen und nicht nur mich damit wirklich beeindruckt. Es bedurfte wohl schon einer erheblichen Courage, sich bei dieser Sendereihe, „die in mehreren Staffeln besondere Talente aller Art suchte", zu bewerben und beim Vorsprechen so zu überzeugen, dass man in der Sendung vor einem Millionenpublikum und - nicht zuletzt - einer prominenten Jury überhaupt auftreten durfte! Markus hat das gemeistert und in einem Fernsehauftritt mit hohen Einschaltquoten vor dem Moderator Peter Rapp, der Sängerin Zabine, der Balletttänzerin Karina Sarkissova und dem Rapper Sido eine mutige, selbst einstudierte Solotanznummer in Anlehnung an Michael Jackson zum Besten gegeben. Was machte es da schon aus, dass er den Bewerb nicht gewann?

(Dokumentiert in: www.mediathek-at/portaltreffer)

„Fürchte Gott und diene ihm selbstlos, und dann küm-
        mere dich nicht darum, was die Leute sagen,
sondern habe höchstens Mitleid mit ihnen.
Wenn es zu Gottes Ehre ist und deinem Heile dient,
    wird Er dir einen Weg und ein Mittel zeigen,
        an das du nicht denkst, und eine Art und Weise,
            wie du es dir niemals erwartet hättest.
Lass Ihn nur walten und verliere dich selbst!"

Katharina von Siena, Brief 316

II. EIN PRAXISMODELL: WOHNGEMEINSCHAFT AN STELLE VON HEIMUNTERBRINGUNG

Obwohl das große Experiment „Josefsehe" gescheitert war, so hatte meine Arbeit mit „Markus" **ein Praxismodell für Wohngemeinschaften** mit Menschen geschaffen, mit denen es das Leben nicht so gut gemeint hat und wie sie mittlerweile bei uns praktizierte Therapieform sind.

Knapp sechs Jahre habe ich mit Markus intensiv zusammen verbracht. Es dauerte nicht lange, bis auch die Öffentlichkeit auf unsere ungewöhnliche Verbindung aufmerksam geworden ist! „Erschüttert merkt sie", weiß beispielsweise eine ganzseitige Zeitungsreportage über mich, „dass es im Heim einige geistig behinderte Burschen gibt, denen die volle Entmündigung mit lebenslangem Heimaufenthalt nur deshalb droht, weil sich niemand intensiv genug mit ihnen befasst. Man sorgt fürs Überleben - nicht aber fürs Leben... Damals reifte ihr Plan, der später ihre ganze Umgebung entsetzt und sie alle Freunde verlieren lässt: 'Ich wollte mich ganz um diesen Menschen kümmern, ihn betreuen, schulen, trainieren, ihn der Entmündigung entreißen.' Ein verrückter Plan! Oder so voll Idealismus, dass es einfach die Grenzen dessen sprengt, was wir noch vernünftig nennen?
Das Jugendamt drückt damals beide Augen zu und übergibt - drei Monate vor seiner Volljährigkeit - den geistig behinderten Noch-18-jährigen der intelligenten, gut aussehenden Frau (danke für die 'Blumen'!, Anm.) als Zögling. Sie hat dazu sogar ihren Dienst quittiert. Auch das finanzielle Risiko war unerhört. Beide waren

arbeitslos... Nach außen hin leben die beiden geistig so grundverschiedenen Menschen wie ein junges Paar. Vielleicht erinnern sich heute noch manche an sie, die damals erstaunt oder missbilligend die Köpfe schüttelten... Neben der Arbeit wird gelernt. Irene bringt ihm wie einem kleinen Kind das Lesen und Schreiben bei... Gestecktes Ziel: Einen Menschen lebensfähig machen. Größtes Problem: Das Unverständnis der Umwelt... Rat an alle Nachahmer: Vorsicht, man muss sich aufopfern!" (H.Ivo, Ich lehrte ihn alles wie einem kleinen Kind, in: Die ganze Woche Nr.39, 25 09 1986, 18).

MEIN TRAUMZIEL

Mein gesteck-tes Ziel:	Einen Men-schen lebens-fähig machen
Mein größtes Problem:	Das Unver-ständnis mei-ner Umwelt
Mein größter Anreiz:	Zu helfen!
Mein jetziges Erfolgs-erlebnis:	Ich habe die ärgsten Schwierig-keiten über-wunden
Mein Rat an alle „Nach-ahmer":	Vorsicht: Man muß sich aufopfern!

Irene Heise und ihr „Mar-kus". – Heute noch denkt sie oft an ihn (o.)

Ja, mein Ansatz zeigte rasch erste Wirkung - wenn auch die struk-turellen Veränderungen nicht schnell genug vor sich gegangen sind, wie wir aus erschütternden Berichten aus Heimen wissen. „Sie haben mit Mut und Entschlossenheit gegen die 'Volksmei-nung' für Ihre 'heile Welt' gekämpft und gewonnen", hat mir schon damals J.Höller, engagierter Leiter des Erziehungsheimes R., am 5.Juli 1979 in einem handschriftlichen Brief mitgeteilt. Zugleich bedauerte er die Schließung des Schülerheimes in R. zu

Gunsten von E., wo Markus' Bruder Hartmut untergebracht gewesen ist (und wo später Missbrauch vieler Art aufgedeckt werden sollte!).

Trotzdem war die Entwicklung nicht aufzuhalten: Mein völlig neuer Ansatz, Menschen mit Beeinträchtigungen im Rahmen von betreuten Wohngemeinschaften ins Leben zu integrieren, sollte in den darauffolgenden Jahrzehnten Schule machen und allmählich die Heimunterbringung immer mehr zurückdrängen (was sicherlich etlichen jungen Menschen in den Folgejahren unermessliches Leid erspart hat).

Wie rechtfertigt sich nun pointiert das Modell einer betreuten Wohngemeinschaft im Gegensatz zur Heimunterbringung? Es gibt Nöte, die besonders der von Hospitalisierung betroffene Mensch nur durchstehen kann, wenn er einen konkreten Mitmenschen zur Seite hat. Gibt es diese eine, verlässlich anwesende Person nicht, sind Einsame und psychisch Beeinträchtigte geneigt, sich irgendwo Ersatznähe zu beschaffen. Oft landen sie dann bei Ungeeigneten, die es nicht gut mit ihnen meinen und sich deren offenkundige Suche nach Geborgenheit, Nähe und Sicherheit gezielt zunutze machen. Wie wir wissen, sind in unseren Zeiten der Globalisierung weltweit kriminelle Organisationen auf ständiger Suche nach geeigneten Handlangern für ihre Interessen, Menschen ohne inneren Selbstschutz und auf der Suche nach vermeintlicher Anerkennung und Sicherheit. Immer wieder hören wir von bedürftigen Mitmenschen, welche auf Grund verhängnisvoller Abhängigkeiten unter gezieltem Missbrauch ihrer Defizite an den Rand der Gesellschaft geraten sind; auf den Straßen und in den Suppenküchen, schlimmstenfalls in den Gerichtssälen, Haftanstalten, in Sektengemeinschaften und Bordellen finden sie sich irgendwann wieder.

Einen dominierenden Vorteil der betreuten Wohngemeinschaft bietet die Rücksicht auf den Umstand, dass Menschen mit Beeinträchtigungen vieler Art unselbstständig, wenig oder nicht mobil sind, nicht fort wollen aus ihrer vertrauten Umgebung und möglichst wenig getrennt sein möchten von dem vielleicht einzigen Menschen, mit dem sie sich verbunden fühlen. Während in Heimen etliches Personal für die Betreuung zuständig ist, das wechselt oder gar häufig ausgetauscht wird, ist der Betreuer/die Betreuerin in einer Wohngemeinschaft verlässlich und so oft wie nötig erreichbar, und das in einem Ausmaß, das auch kein Arzt seinen Patienten bieten kann. So vermag eine unangenehme, vielleicht erschreckende oder in Unruhe versetzende Situation schnell bereinigt und eventuell Erstarrung in Angst und Schrecken vermieden werden. Die Methodik, die sonst in Therapien eine Rolle spielt, vermag in vielen Fällen durch Empathie, verlässliche Nähe, Verfügbarkeit und Vertrautheit abgelöst werden (wobei die Notwendigkeit einer oft nötigen, zusätzlichen psychotherapeutischen Begleitung nicht in Frage gestellt werden soll).

Einem vertrauten Menschen gegenüber ist es leichter, ehrlich auszusprechen, was im eigenen Inneren vorgeht. Oft steht der Mensch mit Beeinträchtigung vor den Abgründen seines Inneren und benötigt dringend jemanden Vertrauten, der ihn festhält und tröstet. Wenn er einer schmerzlichen Einsicht Raum gegeben hat, muss er darauf vertrauen können, dass ihn jemand in den Arm nimmt und ihm tröstende Worte ins Ohr flüstert. Und falls er, ganz vom Schmerz übermannt, keine Worte mehr findet, wird sich der/die vertraute Begleiter/in auch einmal einfach schweigend neben ihn setzen, seine Stille aushaltend. Erinnern nicht auch wir uns an Momente in unserem Leben, in denen wir eine Last - Trauer oder Schmerz - nicht tragen konnten und eine sichere Schulter benötigten, die uns stützte? Ein Heimkind vermag sich zumeist auf keine sichere (!) Schulter zu verlassen, es bleibt in seiner Not oft allein, ungetröstet und schlimmstenfalls auch ungeschützt.

Auch für den Glauben kann die menschliche Wärme lebensrettend sein. Wo einem Menschen durch die verlässliche, liebende Zuwendung eines anderen die liebende Zuwendung Gottes selbst konkret erfahrbar wird, vermag auch das Vertrauen in den ihn ganz individuell liebenden Gott zu erblühen und zu wachsen. Anfangs mag die Person des Vertrauens - ähnlich der Funktion eines Taufpaten - stellvertretend für den Glauben des Betreuten eintreten; sie kann für ihn beten, ihn im Arm halten, von der Liebe und Treue Gottes sprechen. Sorgfältig gestaltete Kirchenfeste daheim, Weihnachten und Ostern, Teilnahme am kirchlichen Leben, soweit möglich und zumutbar, können zusätzlich dazu beitragen, dass innere Freude, Friede und Stabilität zu gedeihen vermag. Und der/die Betreute erkennt: Bei Gott bin ich geborgen, er liebt mich so, wie ich bin, zu ihm kann ich immer kommen, er ist meine Zuflucht. Selbst in tiefster Dunkelheit ist eine Überzeugung möglich, Gott werde es nie übers Herz bringen, mich zurückzuweisen.

Der Empathie der betreuenden Person kommt sohin nicht „nur" die Rolle verlässlicher menschlicher Nähe zu. Sie vermag auch den Schlüssel zu (neuer) Glaubenserfahrung und Lebenssinnfindung im Glauben bedeuten. Entscheidend, ja unersetzlich in einem solchen, über Jahre laufenden Prozess ist das gemeinsame Wissen um die mit der Zeit entstandenen, lebensgeschichtlichen Hintergründe, auf die immer zurückgegriffen werden kann.

Wie ist es mit meinem **Verein „Das vergessene Heimkind"** weitergegangen?

Mein Verein „Das vergessene Heimkind" mit dem Ziel, Heimkindern für's erste verlässliche Wochenendbeziehungen in Familien oder bei liebevoll engagierten Einzelpersonen zu organisieren, hat zu Beginn der Achtzigerjahre im österreichischen „Verein Initiative Pflegefamilien (VIP)" von Weihbischof Andreas Laun eine fruchtbare Entsprechung gefunden. Später sollte die Saat im überkonfessionellen „Verein Eltern für Kinder" großflächig aufgehen in der Unterstützung, Beratung und Schulung von Pflegefamilien. Meinen Verein „Das vergessene Heimkind" befand ich bald als darin bestens aufgehoben, so dass ich bereits im Jahr 1999 dessen Auflösung würde beantragen können. Dem Ersuchen ist von der Sicherheitsdirektion Wien schließlich am 10.März 1999 stattgegeben worden.

Um für Sie, meine geschätzten Leserinnen und Leser, noch detailliertere Aufzeichnungen zur Vereinstätigkeit zu erhalten, habe ich die Landespolizeidirektion Wien zur Zeit der Erstellung dieses Buches im Juni 2020 nochmals angeschrieben. Mit Datum vom 3.Juli 2020, GZ 20/1075819, erhielt ich vom zuständigen Referatsleiter lediglich nochmals die Mitteilung, dass der Verein gelöscht worden wäre und dass „bei uns keine Unterlagen mehr aufliegen". Schade.

Gott sei Dank sind die überaus tragischen, erschreckenden Missstände in vielen Heimen inzwischen aufgedeckt worden, Verfahren sind oft schon abgeschlossen und die Opfer rehabilitiert und einigermaßen finanziell entschädigt worden (wenn auch keine Geldzuwendung das erlittene Unrecht auch nur annähernd abzudecken vermag, Dauerschäden trotz verspäteter Therapieangebote bleiben und etliche Betroffene Misshandlungen gar nicht überlebt haben). Und Gott sei Dank zählt das Interesse einer Unterbringung von Kindern und Jugendlichen mit Beeinträchtigungen sowie solcher aus familiären Problemsituationen in professionell (und liebevoll) begleiteten Wohngemeinschaften, Pflege- und Krisenpflegefamilien inzwischen zum sozialpolitischen Alltag.

Ich freue mich, gemeinsam mit „Markus" dazu ein erstes Modell geliefert zu haben.

„Es reicht nicht, wenn der Vater und die Mutter nur für den Leib ihrer Kinder sorgen - das tun auch die Tiere bei ihren Jungen. Vielmehr müssen sie ihre Seelen ernähren entsprechend ihrer Fassungskraft.
So werdet Ihr eine Mutter (und ein Vater) ihres Leibes und auch ihrer Seele sein.
Ich bin sicher, dass Ihr das tun werdet, wenn Ihr zu wahrer Gottes- und Selbsterkenntnis gelangt."

Katharina von Siena, Brief 116

III. HEILUNGSCHANCEN UND PRÄ-VENTION BEI HOSPITALISMUS ALS HERAUSFORDERUNG FÜR FAMILIE, ERSATZFAMILIE UND PFARRE

1. HOSPITALISMUS ALS FOLGE EINES ENTZUGS AN ZUWENDUNG – DEFINITION UND SYMPTOMATIK

1.1. Hinführung aus eigenem Erleben

In einer ersten Kurzdefinition bedeutet Hospitalismus Entwicklungsstörungen und -verzögerungen durch einen Mangel an Aufmerksamkeit, Zuwendung und Liebe auf Grund von widernatürlicher Isolation, nicht nur bei Heimkindern. Sie kommen in unterschiedlicher Prägung und Intensität vor und sind behandelbar. Das Thema ist nicht weit hergeholt! Wir alle sind erst kürzlich, im Zuge des „Lockdowns" in der Coronakrise, durch wahrlich erschütternde Bilder von isolierten, alten Menschen in Alten- und Pflegeheimen erschreckt worden - kurzsichtige Unmenschlichkeit gepaart mit einer erstaunlichen Portion Unvernunft in Reinkultur und durch nichts zu entschuldigen, auch den Angehörigen gegenüber nicht.

Ich selbst bin mit Hospitalismus anderer ganz allmählich in Berührung gekommen. Es lohnt sich, hier etwas weiter auszuholen. Wie ausgeführt, strahlte „Markus", als ich ihn kennenlernte, eine erhebliche Bedürftigkeit aus, die in mir etwas auslöste. Allerdings stellt der Wunsch, zu helfen, in kirchlichen Kreisen ein nicht seltenes Motiv dar, eine ungültige Ehe oder „Josefsehe" einzugehen. Aus diesem Blickwinkel war ich mit meiner Verbindung zu „Markus" nicht ganz allein. Will man aus Liebe helfen, entstehen oft ungleiche Beziehungen, denen von außen leicht anzusehen ist, dass sie nicht gut gehen können. Oft ist es der Drang, frühere Versäumnisse oder einmal begangene, nicht mehr zu ändernde Fehlentscheidungen durch eine besonders gute Tat wieder gut zu machen, häufig verbunden mit Schuldgefühlen, die den/die Ehewillige/n veranlassen, alle Bedenken in den Wind zu schlagen. Bei anderen ist schlicht ein Helfersyndrom kausal.

Ich selbst habe nach dem Verlassen des Ordenspostulats und dem Scheitern der ersten, überstürzten (und erst viel später als ungültig befundenen) Ehe keine „richtige" solche mehr angestrebt: Ich konnte nicht sicher mit einer Annullierung der ersten Ehe rechnen, und nach einem eventuellen Schritt in eine zweite, lediglich standesamtlich geschlossene und vollzogene Ehe wären mir die Sakramente verweigert worden. Zugleich wollte ich ganz bewusst für Christus etwas ganz Besonderes vollbringen und ihn „in einem der Geringsten" (nach Mt 25,40) wiederfinden, nicht abschätzend, welche Herausforderungen auf mich zukommen würden. Der Begriff „Hospitalisierung" war mir noch fremd, Markus' Retardierung nirgends definiert gewesen.

„Wer es fassen kann, der fasse es" (Mt 19,12): Ja, es gibt auch heute noch Berufungen zur freiwilligen Ehelosigkeit um des Reiches Gottes willen. Und ja, auch ich hatte diese Berufung sehr deutlich verspürt und mich während meiner gesamten Oberstufenzeit am Sperl-Gymnasium in Wien-Leopoldstadt nach bestem Wissen und Gewissen und mit - wie mir damals schien - kompetenter geistlicher Begleitung darauf vorbereitet. Ich konnte mir meine Zukunft nicht vorstellen ohne sie ganz „vom Gottesdienst umweht" zu sehen. Und ich wollte durch die spezielle Lebensform einer Ordensfrau lebendiges Zeugnis sein für die endzeitliche Existenzform, zu der wir alle berufen sind, auf die wir alle zugehen. Ich meinte also ein existentielles Zeugnis für die existentielle Bedürftigkeit und Verwiesenheit des Menschen auf Gott. Im Ordensleben bedeutet Ehelosigkeit um des Reiches Gottes willen im Wesentlichen ja überdies, sich Gott ganz zur Verfügung zu stellen, auf diese Weise ganz verfügbar zu sein für den Willen Gottes und die Mitmenschen und so am Erlösungswirken Christi ganz besonders eng teilzuhaben. Das war mir ganz bewusst von Jugend an.

Die Bedingungen für ein gedeihliches Wachstum einer geistlichen Berufung sind allerdings bereits in den Siebzigerjahren des vergangenen Jahrhunderts ungünstiger gewesen denn je zuvor, und das Durchhalten, verbunden mit einer bis zu einem gewissen Grad unumgänglichen, inneren Distanzierung zur Mitwelt und den medialen Einflüssen (heute ja noch um ein Vielfaches präsenter und aufdringlicher!), hat schon damals junge Menschen entmutigt und in vielen Fällen zur Aufgabe geführt. Partielle Distanzierung von den anderen (auch innerhalb der eigenen Familie) um eines höheren Zieles willen: Streng genommen eine erste Situation, Hospitalisierungssymptome zu entwickeln!

Hielten Berufene bis zum Ordenseintritt durch, wie es bei mir der Fall gewesen ist, und hörten sie nicht auf, täglich um die Bewahrung der Berufung zu ringen, ungeachtet des Unverständnisses oder gar Spottes der anderen, zeigten sich schon damals in vielen Fällen zum Zeitpunkt dieses entscheidenden Schrittes, des Eintritts ins Kloster, Ermüdungserscheinungen! Hier hätte es einer behutsamen und klugen Begleitung in die neue Lebensform der Ordensfrau/des Ordensmannes bedurft, das Angebot von Austausch, ja echter Gemeinschaft an Stelle von Absonderung und Förderung eines Elitedenkens, das dem Geist Christi klar widerspricht. Daneben sollte Ordensgehorsam nicht bedeuten, die eigene Meinung als von vornherein falsch unterdrücken zu wollen und unter Einordnung in die Gemeinschaft eine kritiklose Anpassung zu verstehen. Bedauerlich ist es, wenn eine solche Haltung von Seiten des Ordens auch noch gefördert und geistig wie auch geistlich eher lähmende Praktiken den Blick auf das Wesentliche verstellen, wie ich es erlebt habe. Es kann deshalb geschehen, dass im Kloster zwar endlich die gemeinsame „Mitte" gefunden wird, die Berufung letztendlich aber an der Gemeinschaft scheitert (und an der latenten Gefahr, Hospitalisierungssymptome zu entwickeln). Das Verlassen des Klosters, noch vor jeder Bindung durch Gelübde, mag dann weniger Scheitern als gesunden Selbstschutz bedeutet haben.

Damit ist auch klar geworden, dass ein Scheitern in der Berufung zur Ordensfrau/zum Ordensmann nicht bedeuten muss, eine solche wäre nicht vorhanden gewesen. Die Grenzen der eigenen Fähigkeiten, das Dazutun anderer, manches Unvorhergesehene wie auch die Vermischung von echter Gotteserfahrung mit eigenen Wünschen und Emotionen, all dies kann zu tragischen Verkettungen führen und den Austritt aus dem Kloster zur Folge haben. Allerdings ereilte mich kein furchtbares Unglück, wie mir prophezeit worden war; ich war trotz anschließenden Scheiterns meiner ersten, kurzen und später als nichtig befundenen Ehe in der Lage, „Markus", Heimzögling mit kognitiven Beeinträchtigungen, vor der Entmündigung zu bewahren und ihn im Rahmen einer „Josefsehe" unter erheblichen Anstrengungen zu einem mündigen Leben in Freiheit zu befähigen. Eigene Erfahrungen einer gewissen Bedürftigkeit mögen mir dabei hilfreich gewesen sein.

Selbst der Hospitalisierung also weitgehend entflohen, durfte ich also nach verspäteter Annullierung meiner ersten Ehe meine zweite, glückliche kirchliche Ehe mit Dieter eingehen und eine intakte Familie gründen. Inzwischen ist viel Zeit vergangen. Mein Mann Dieter und ich haben bereits vor Jahren die Silberne Hochzeit feiern dürfen; unser Sohn, Jurist und u.a. als Pfarrgemeinderat tätig, ist glücklich kirchlich verheiratet. Es gibt für mich allen Grund, dankbar zu sein, meine Erfahrungen Forschungen zugrunde zu legen und weiterhin einzubringen - für Sie!

1.2. Psychischer Hospitalismus oder Deprivationssyndrom - eine Definition im Überblick

Von Psychischem Hospitalismus, auch Deprivationssyndrom bezeichnet, ist das Leben einer erheblichen Anzahl unserer Mitmenschen geprägt. Die Ursache liegt zumeist in mangelnder, individueller Zuwendung und Liebe in der Kindheit. Jedoch es vermag auch bei Erwachsenen zu Hospitalisierungssymptomen kommen, etwa durch längere Isolation und unzureichender, unpersönlicher und liebloser Betreuung in Krankenhäusern, psychiatrischen Einrichtungen, in Senioren- und Pflegeeinrichtungen (Lockdown in der Coronakrise!), bereits viel seltener in Klöstern.

Der Begriff „**Hospitalismus**" bzw. „**Hospitalisierung**" wurde von Meinhard von Pfaundler (1872 - 1947), Innsbrucker Facharzt für Kinderheilkunde, bereits 1901 geprägt. Er hat den Nachweis erbracht, dass einschlägige Schädigungen bei Säuglingen und Kleinkindern in Krankenhäusern durch eine Trennung von der Mutter entstanden sind. „**Deprivation**" (vom lateinischen „deprivare") benennt den Entzug von Reizen und psychosozialer Zuwendung und in diesem Zusammenhang Mangel, Verlust, vor allem an Mutterliebe. Hospitalismus umfasst alle negativen physischen und psychischen Begleitfolgen einer Deprivation. Unterschieden wird **Psychischer Hospitalismus**, der uns vor allem beschäftigen soll, von Psychiatrischem und Infektiösem Hospitalismus, welche vor allem die medizinische Forschung beschäftigen.

Generell führen Lebensverhältnisse, die vom Fehlen menschlicher Zuwendung und Wärme sowie Abgeschiedenheit geprägt sind, früher oder später zu Symptomen der Hospitalisierung. Sie können verschieden stark ausgeprägt sein, abhängig von der ganz individuellen Persönlichkeitsstruktur und Vorgeschichte. Heimeinweisung, aber auch lieblose Behandlung im Elternhaus oder Trennung der Eltern und Zerbrechen der Familie können Ursachen für Hospitalisierung sein genauso wie die Abschot-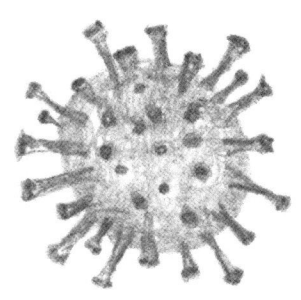tung von Menschen während des „Corona-Lockdowns" im Frühjahr 2020. Aber auch die nach außen intakte, „heile" Familie bietet Gefahrenpotential: ein hastiges Abfertigen der Kinder, aktive oder passive Ablehnung des Kindes, abwechselnde Verwöhnung und Feindseligkeit, nach außen verdeckte, innere Ablehnung eines der Kinder, das nicht den Vorstellungen entspricht. Alle diese Faktoren können zu einer nachhaltigen Störung des Urvertrauens und zu mehr oder weniger schweren psychischen und psychosomatischen Störungen führen.

Zusammenfassend kann Hospitalisierung überall dort entstehen, wo Menschen vernachlässigt werden und/oder durch negative emotionale Beziehungen eine Bindungsstörung erleiden. Als zusätzlich hospitalisierungsfördernd erweisen sich ein Fehlen an ausreichender optischer und/oder akustischer Stimulation, wie das Fehlen farblicher, bildnerischer oder musikalischer Reize in Heimen und Gefängnissen, unter den Bedingungen einer Fixierung an und in (Gitter-)Betten in Heimen, Spitälern und psychiatrischen Einrichtungen, sowie das Fehlen von Möglichkeiten, sich in der Natur zu bewegen, wie oft in Heimen und Haftanstalten der Fall.

Mit dem Hospitalismus verwandt ist die **Verwahrlosung** (nicht nur) von Kindern und Jugendlichen, wenn sie sich selbst überlassen werden und über das Fehlen von Liebe und Aufmerksamkeit auch noch Hunger, Durst und einen Mangel an Hygiene und sauberer Kleidung erleiden müssen.

Überdies finden sich bei Menschen mit Autismus Symptome, die dem Hospitalismus sehr ähneln. Eine klare Unterscheidung ist dann oft erst außerhalb der hospitalisierenden Umgebung zu treffen, wenn die Symptome bei hospitalisierten Menschen abklingen, bei Autisten jedoch unverändert bestehen bleiben.

Sogar bei Tieren finden sich ähnliche Symptome - wir kennen sie aus dem Zoo, wenn Elefanten ihren Kopf hin- und herschwingen, Eisbären (selbst in weiten Gehegen) am Absperrzaun stundenlang auf und ab laufen, wenn Affen keinen Bezug zu ihrem eigenen Nachwuchs entwickeln, ihn weglegen und ignorieren. Forschungen zum Entzug von Zuwendung und äußeren Reizen haben auch bei Tieren eindeutige, erschütternde Ergebnisse zustande gebracht.

1.3. Entwicklungsretardierung und Symptome von Psychischer Hospitalisierung

Entwicklungsretardierung ist die Verzögerung der physischen, psychischen und/oder geistigen Entwicklung von Kindern. Der Begriff geht davon aus, dass sich jedes Kind grundsätzlich in einem natürlichen und allgemein gültigen Schema entwickelt. Dabei ist auch die Reihenfolge der einzelnen Entwicklungsschritte festgelegt, da sie aufeinander aufbauen. So ist es etwa nicht möglich, dass ein Kind zuerst das Laufen und dann das Sitzen erlernt. Die Geschwindigkeit, mit der die einzelnen Entwicklungsschritte aufeinander folgen, kann - im Gegensatz zur immer gleichbleibenden Reihenfolge - differieren. Trotzdem haben sich in der Forschung Grenzwerte ergeben, bis wann Kinder einzelne Entwicklungsschritte spätestens erreicht haben sollen. Ist dies nicht der Fall, spricht man von Entwicklungsverzögerung oder -retardierung.

Retardierung kann fünf Bereiche unterschiedlich stark betreffen:
1. **die motorische Entwicklung** - alle Bewegungsabläufe im motorischen Bereich;
2. **die kognitive Entwicklung** - das gesamte Denken, Merkvermögen und Begreifen von Zusammenhängen;
3. **die Sprachentwicklung** - die aktive Sprache und das Sprachverständnis;
4. **die emotionale Entwicklung** - das Gefühlsleben;
5. **die soziale Entwicklung** - der Umgang mit Menschen bzw. das Erlernen von Verhaltensregeln in der Gruppe.

Bei den meisten Entwicklungsverzögerungen sind keine medizinischen Ursachen, wie angeborene oder durch Sauerstoffmangel unter der Geburt entstandene Schäden, Folgen einer Gehirnhautentzündung oder eines Unfalls mit Schädel-Hirn-Verletzungen, zu diagnostizieren. Daneben mögen geringe Defizite im einen oder anderen Bereich allein, wie etwa ein ungeschicktes Verhalten in einer Gruppe, noch keinen Hinweis auf Hospitalisierung bedeuten.

1.4. Veranschaulichung der Hospitalisierungssymptomatik am Beispiel „Markus"

Um mein „Projekt Markus" aus heutiger Sicht näher zu beleuchten, handelte es sich bei ihm um **Pseudodebilität**, eine intellektuelle und emotionale Retardierung, die das Ausmaß einer scheinbaren Behinderung angenommen hatte. Aus einem angeblichen „Intelligenztest", der lediglich einen IQ von 60 % ergeben haben soll, schloss man in den Siebzigerjahren des vorigen Jahrhunderts sehr rasch auf eine nur geringe Bildsamkeit, kognitive Förderungs- und Therapiemöglichkeiten waren noch sehr beschränkt und eine volle Entmündigung samt dauerhafter Heimunterbringung schnell beschlossene und nicht mehr zu hinterfragende Tatsache: der Auswuchs eines Systems, das im Einzelfall zu durchbrechen eine Ungeheuerlichkeit darstellte („Ein Wahnsinn, was Ihnen da eingefallen ist!").

Ein umfassendes Therapieangebot hat es damals für Markus nicht gegeben; er hatte in R. lediglich eine - damals noch fortschrittliche, im sozialpädagogischen Bereich sogar Aufmerksamkeit erregende - Arbeitstherapie erfolgreich abgeschlossen. Obwohl auch die Betreuung vor allem auf Strenge und Disziplin anstatt persönlicher Zuwendung und Liebe baute (anstrengendes Zirkeltraining bis zur Erschöpfung), oft nur mangelhaft geschulte ErzieherInnen eingesetzt und Medikamenteneinsätze zur Ruhigstellung von aggressiven jungen Männern an der Tagesordnung (und zuweilen wohl sogar nötig) gewesen waren, so sind mir von R. bis heute keine Fälle von schwerer Gewalt und Missbrauch bekannt geworden. Markus hatte also, nach damaligem Maßstab, Glück gehabt, in R. gelandet zu sein: eine Fügung Gottes, der nicht genug zu danken ist.

In der Retrospektive betrachtet ist es um Markus' Intelligenz sicherlich erheblich besser bestellt gewesen als ehemals diagnostiziert. Als damals erst Einundzwanzigjährige hingegen vertraute ich der angeblich fachlich kompetenten Beurteilung und bin von einer dauerhaften, nicht in Zweifel zu ziehenden „Behinderung" ausgegangen. Nur so konnte ich meine Entscheidung zu der „Josefsehe" mit Markus treffen: ich hatte nicht damit rechnen können, dass Markus nachreifen würde, auch hinsichtlich seiner Sexualität. Die Warnungen vor ihm in R. waren an einer möglichen Weiterentwicklung völlig vorbeigegangen und hatten sich nur auf angebliche sexuelle Abartigkeiten bezogen, die im Blick auf Markus' Gesamtpersönlichkeit und positive Aura für mich jedoch undenkbar gewesen waren.

Wie also habe ich Markus' Hospitalisierung erlebt, welche Symptome waren vorhanden, und welche positiven und negativen Entwicklungen lassen sich zusammenfassen?

Grundsätzlich ist Markus außerordentlich zugute gekommen, dass er sehr groß und kräftig gewesen ist. Dies hat ihn vor **mangelndem Durchsetzungsvermögen** bewahrt und ihm im Heim nicht zuletzt **Resignation** erspart. Auch hätte es niemand gewagt, sich mit ihm anzulegen, weshalb er seine Position im Heim gewaltfrei festigen und verteidigen konnte und allseits respektiert und geschätzt war.

Zudem ist bei Markus eine bei Heimkindern häufige **Störung des Urvertrauens** nur schwach ausgeprägt gewesen. Erfahrungen von familiärer Geborgenheit in der frühen Kindheit haben ihn vor einer **schweren Kontaktstörung** bewahrt. Nur so vermochte er zu mir schnell Vertrauen zu fassen; es äußerte sich erstmals durch den berührenden, symbolischen Schritt, mir sein Foto zu übergeben. Beachtenswert aber war vor allem sein erstaunlicher Mut, das schützende Heim (beinahe gegen jede Vernunft, müsste man fast hinzufügen) zu verlassen und sich ohne Rückhalt mir anzuvertrauen, hinein in eine ungewisse Zukunft.

Will ich doch noch deutliche Symptome von Hospitalisierung an Markus festmachen, so ist bei ihm anfangs noch ein starkes Bedürfnis nach **Rückzug** zu nennen, verbunden mit einer relativen **Kontaktstörung**. **Verlangsamung** in manchen Bereichen sowie **ungenügende Reaktionsfähigkeit** vervollständigen das Bild. Demgegenüber vermochte Markus seine Schüchternheit durch ein erstaunliches Vertrauen mir gegenüber zu überwinden und seine einzige Chance wahrzunehmen, der ihm in nur wenigen Wochen drohenden, vollen Entmündigung zu entfliehen: neben seiner Zuneigung doch auch eine Intelligenzleistung, dies zu erkennen, wie mir scheint.

Nachdem Markus anfangs mir gegenüber kaum ein Wort über die Lippen bringt, überwindet er seine **Sprachhemmung** schnell („redet wie ein Wasserfall"). Trotzdem kommt es auch später immer wieder vor, dass er sich nicht zu artikulieren traut, als er etwa nicht zu fragen wagt, wie der Gasanzünder handzuhaben ist. Markus spricht fließend, anfangs lediglich im ortsüblichen Dialekt; Obszönitäten und Fäkalsprache sind ihm jedoch fremd. Hin und wieder streut er hingegen unvermittelt ein originelles Sprichwort oder ein kleines Gedicht ins Gespräch ein!

An seiner **Schreib- und Rechenschwäche** arbeitet Markus nachhaltig, an ersterer mit erheblichem Erfolg. **Leseschwäche** hat er keine, pflegt aber nur selten ein Buch in die Hand zu nehmen (etwa im Advent zur Einstimmung auf das Nikolaus- und Weihnachtsfest).

Nicht gefeit geblieben ist Markus vor **Stereotypien**, monotonen Bewegungen wie **Kopfnicken** und **Schunkeln**, vor allem beim Musikgenuss, und dem zwanghaften, stündlichen Stellen der Uhr. Diese, der inneren Beruhigung und Stabilisierung dienenden Gewohnheiten sind im Laufe der Zeit fast verschwunden. Stattdessen pflegt Markus die Hits bald mit kräftigem Gesang zu begleiten!

Stereotypien wie Kopfnicken und Schunkeln habe ich in R. in extremer Ausprägung vor allem bei den untherapierten Burschen mit Down-Syndrom gefunden.

Das **exzessive Sammeln** von Musiktiteln als Ersatzhandlung ergänzt bei Markus das Bild eines Menschen, dessen Bedürfnisse in jungen Jahren nicht ausreichend befriedigt worden sind. Schon in R. hat ihm das Sammeln von Musikkassetten und Puzzlespielen in seinem Dachzimmer als Rückzugsort geholfen, sein inneres Gleichgewicht zu stabilisieren.
In Extremfällen pflegen Kinder sogar Essen zu sammeln und unter dem Bett zu verstecken aus Angst, (erneut) Hunger leiden zu müssen. Bei sogenannten „**Messies**" finden wir die drastischste Form des Hortens von Gegenständen aus Angst, (wieder) alles zu verlieren.

Ein wiederkehrendes Problem bedeutet Markus' Neigung zu **mangelnder Hygiene**. Immer wieder muss er an das Waschen und Zähneputzen erinnert werden, die Dusche am Arbeitsplatz meidet er. Die Anschaffung einer Brausekabine zu Hause verbessert die Situation erheblich, doch nicht zuverlässig.

Seine Neigung zu allgemeiner **Antriebsschwäche** hingegen vermag Markus erheblich zu überwinden, vor allem am Arbeitsplatz. Allerdings beinhaltet **Vermeidung** bei ihm ein dauerhaftes Konfliktpotential, wenn er etwa einer Mitwirkung an der häuslichen Geldgebarung mit einfacher Buchführung konsequent ausweicht. Als Einziger beim gemeinsamen Aufräumen der überfluteten Nachbarwohnung steht er witzelnd daneben und sieht nur zu („Besser, wir setzen uns in den Waschtrog und spielen Arche Noah!").

Seinem **Starrsinn**, erwachsen aus **mangelnder Flexibilität** und erworbenen **Anpassungsschwierigkeiten bei Veränderungen**, ist auf Dauer besonders schwer beizukommen; Starrsinn ist für eine Beziehung ja besonders belastend, zumal er hin und wieder auch Finanzielles berührt. Er äußert sich etwa darin, dass Markus etwa unvernünftigerweise einen „billigen" Fernsehapparat, der besonders toll aussieht, anderswo ersteht, wobei er einen solchen in der Firma, in der er diese Geräte verlädt, womöglich umsonst erhalten hätte.

Verbunden mit Markus' Tendenz zum Rückzug ist ein **Mangel an Eigeninitiative**, der sich - anfängliche Verliebtheit ausgenommen - kaum bessert. So bleiben Unternehmungen selten, denn es geht Markus zu Hause ohnehin gut; ich kümmere mich ja letztendlich doch um alles, auch wenn er bockt, da ich das ja vernünftigerweise muss, damit das Leben in geordneten Bahnen bleibt. So komme ich mir oft so vor, als versuchte ich „seit Jahren eine Lokomotive zu ziehen, die eigentlich allmählich in der Lage sein müsste, sich auch ohne ihre (d.h. meine, Anm.) Hilfe weiterzu-bewegen".

Von Markus' anfänglich **mangelndem Selbstbewusstsein** ist (wohl auch Dank meiner „Aufbauarbeit") bald nichts mehr zu spüren. Geblieben ist allerdings eine anhaltende **emotionale Stumpfheit** und partielle **Empathielosigkeit**. So vermag er sich in psychische oder physische Not eines anderen oft nicht ausrei-chend hineinzuversetzen, meinen Mangel an Außenkontakten, meine Zahnschmerzen, meine Kreislaufschwäche bei hohem Fie-ber, so dass ich eine Stütze benötigen würde, um ins Bad zu ge-langen („Die Aufnahme läuft noch! Das geht nicht mehr... Eine Dreivertelstunde!")

Daraus resultiert auch ein immer wieder zu beobachtender **Man-gel an Verantwortungsgefühl** für mich als Partnerin, für deren Interessen und Probleme sich Markus oft nicht zuständig fühlt. Demgegenüber ist er doch immer zuverlässig bemüht, meine Feste aufmerksam vorzubereiten und ein passendes Geschenk zu finden (das nebenbei klugerweise ein Wochengehalt nicht über-steigt, da er seinem mangelnden Zahlenverständnis selbst nicht traut). Wenn er also in gewissen Bereichen doch sehr verantwort-lich agieren kann, so bleibt diese Fähigkeit bei ihm grundsätzlich doch unzuverlässig.

Darüber hinaus behindert ein **mangelndes Durchhaltevermö-gen** Markus wiederholt auf seinem Weg heraus aus der Hospita-lisierung; nach anfänglicher Begeisterung für Flöten- und Xylo-phonunterricht gibt er auf, nachdem erste Schwierigkeiten auf-treten und eine kognitive Selbstüberwindung gefragt ist.
Im Konfliktfall bzw. bei Überforderung erfolgt dann ein **Zurück-greifen auf frühere Verhaltensweisen**, wie etwa erneute Ver-

nachlässigung der Hygiene. Treten im Alltag immer wieder **Störungen der Konzentrationsfähigkeit** auf, zieht sich Markus gerne zurück auf plötzlich einsetzendes Blödeln zwecks Überspielung seiner Schwäche (bei Musiknoten: „Ist doch egal, ob die Kugerln weiter oben oder unten sind"), oder auf einfaches „Wegschlafen" (in der Volksoper). Gegebenenfalls treten „unerwachsene" Verhaltensweisen auch ohne erkennbaren Grund auf, wie etwa im Konzerthaus, als er sich unkontrolliert über die Ballbesucher wirft.

Allerdings ist er nach R. auch in der Wiener Speditionsfirma als sehr verlässlicher Arbeiter geschätzt, da er doch zu unterscheiden vermag, worauf es unbedingt ankommt. Nach einem gescheiterten Versuch, den körperlich sehr belastenden Arbeitsplatz zu wechseln, wird er in der Spedition sogar gerne wieder zurückgenommen. Als beeindruckend, ja bewegend erweist sich Markus in seinen vergeblichen Bemühungen, die Fahrschule zu schaffen - für ihn aufgrund **ungenügender kognitiver Reaktionsfähigkeit** eine große Niederlage, die er kaum verwinden kann.

Erheblich verbessert hat sich Markus' anfängliche **Störung des Orientierungssinnes**. Ein „Verlaufen" beim Zeitungskauf an der nächsten Straßenecke wird nicht mehr vorkommen. Auch hier hat Markus bewusst zu seiner Weiterentwicklung beigetragen mittels langer Spaziergänge in der Umgebung, einem Stadtplan und einfacher Notizen, die er sich immer wieder gerne anfertigt.

Einen erstaunlichen Fortschritt hat Markus in seinem ehemals **verminderten sozialen Lernen** geschafft, als er mir in meinen Bemühungen um seinen Bruder Hartmut und um Heimzögling G. hilft und sich schließlich auch in meinen Verein „Das vergessene Heimkind" aktiv einbringt.

Wie ich als erst Einundzwanzigjährige in R. nicht für möglich gehalten hatte, ist im Laufe unseres Zusammenseins auch Markus' Sexualität nachgereift. Ein Wissen darum hätte meine Entscheidung zur „Josefsehe" auf Dauer einst wohl verunmöglicht. Zum Schutz seiner Integrität begnüge ich mich hier damit, zu versichern, dass er - im Gegensatz zu den eindringlichen Warnungen der Erziehungsverantwortlichen in R., es wäre bei „diesen Männern" mit Abartigkeiten vieler Art zu rechnen - nie gewaltsam versucht hat, mich zu bedrängen und niemals abartige Tendenzen durchblicken hat lassen, nicht einmal ansatzweise oder in der Phase der Trennung. Mittlerweile weiß ich aus meinen Studien, dass aus der bereits eingangs definierten **Pseudodebilität** keinerlei Schlüsse auf eventuell gestörtes Sexualverhalten zu ziehen sind und die Warnungen in R. jeder Grundlage entbehrten.

Bedauerlicherweise wird mit der Zeit bei Markus aber sehr wohl im Alltag ein zunehmend **passiv-aggressives Verhalten** offenkundig, verwurzelt in der Erinnerung an Gewalterfahrungen in Heimaufenthalten aus früherer Kindheit, verdichtet in tiefsitzendem, lange unterdrücktem Groll. **Mangelnde Frustrationstoleranz**, auch zu Hause, sowie Probleme mit Arbeitskollegen tragen das ihre dazu bei, dass sich latent eine (asexuelle) Gewaltbereitschaft entwickelt, die ich lange nicht wahrhabe. Während das Kind Markus sich noch mittels „Widerborstigkeit und Streichen" (Aufzeichnungen aus der Behördenakte) Luft machen konnte, hat er später gelernt, seine Aggressionen zu unterdrücken und sie mit einem gewinnenden Lächeln zu überspielen.
So erfolgen die Ausbrüche von **Aggression** für mich völlig unvorhergesehen und überraschend. Und sie erfahren leider eine **deutliche Steigerung**: von der plötzlichen Ohrfeige aus Unverständnis über meine erstmals geäußerte innere Not über den ausgeschlagenen Zahn des Arbeitskollegen, bis hin zu der Würge-

attacke, nachdem ich den Kontakt zu Markus' Schwester als Prostituierter beschneiden will, und die mich (aus vernünftigem Selbstschutz) zur Scheidung und Trennung zwingt.

Weitere, bei Hospitalisierung häufig auftretende Symptome sind bei Markus NICHT zu bemerken, wie etwa
Erzwingen von Aufmerksamkeit durch **Lügen** oder **Stehlen** (der verschwundene Kettenanhänger nach Hartmuts Abgang);
Neigung zu Suchverhalten - Markus hat Alkohol gemieden, Drogen sowieso, und im Glücksspiel ist es bei einem, bloßer Neugierde geschuldeten Versuch geblieben;
Passive Grundstimmung bis hin zu **Apathie**, wie bei Heimzögling G. der Fall;
Ängstlich-vermeidendes Verhalten, verbunden mit relativer Unzugänglichkeit, wie ebenfalls bei G. erlebt;
Dekonditionierung, Verminderung der Leistungsfähigkeit;
Jaktation, ein unwillkürliches Gliederzucken oder ruheloses Umhergehen, das vor allem den Vereinsamten in eine tröstende Trance zu versetzen vermag;
Wahnstörungen, dem Autismus ähnlich, im Gegensatz dazu jedoch behandelbar;
Bindungs-, Anpassungsstörungen bis hin zu schwer therapierbarer **Borderline-Persönlichkeitsstörung;**
Körperliche Retardierung bei **Vereinsamung** in verschiedenen Formen, auch in Seniorenheimen und Haftanstalten (Coronakrise!);
Neigung zu Selbstverletzung mittels Messern und Scheren bei Kontaktarmut, auch in Seniorenheimen und Haftanstalten, sowie in Krankenhäusern (Coronakrise!).

2. ANSÄTZE ZU EINEM EMPATHISCHEN UMGANG MIT HOSPITALISIERTEN KINDERN UND JUGENDLICHEN

Nähern wir uns einem behutsamen, empathischen Umgang mit Kindern und Jugendlichen mit Hospitalisierungssymptomen, ist es uns ein Anliegen, ihre Befindlichkeiten wahrzunehmen, uns in sie rational und emotional hineinzuversetzen.

Grundsätzlich reagieren Kinder unterschiedlich auf Auflösungstendenzen in der Familie, auf Trennung der Eltern und Unterbringung in Heimen, Pflegefamilien, Krisenpflegefamilien oder in betreuten Wohngemeinschaften. Allen aber ist eine grundlegende Erfahrung der **Entwurzelung und des Verlassenseins** gemein, und in der Folge einer **Angst vor neuerlichem Entzug von eventuell anderswo neu erfahrener Geborgenheit**. Neben nach außen leicht erkennbaren Symptomen wie Auflehnung und Zorn berichten nicht nur ÄrztInnen von Appetitlosigkeit oder Heißhunger, Ruhelosigkeit und Schlafstörungen oder Hyperaktivität, von Schweißausbrüchen, Albträumen, Kopfschmerzen und Verdauungsstörungen, ja sogar Atemnot und nervösem Herzrasen. Manchmal wird anfangs eine behutsame (!) medikamentöse Unterstützung unter vernünftiger fachärztlicher Aufsicht unumgänglich sein. Die medizinische Indikation bei Hospitalismus hat bereits in etlichen kompetenten Veröffentlichungen ihren Niederschlag gefunden.

2.1. Reaktionsmuster des Psychischen Hospitalismus

Die psychische Komponente des Hospitalismus hat sich mir in zwei gegensätzlichen Reaktionsmustern gezeigt:

Extrovertierter Typus: Der Zorn richtet sich nach außen, es kann neben Weinkrämpfen zu unkontrollierten Wutausbrüchen kommen, auch einem Außenstehenden gegenüber, der helfen will. Ausgelebte Wut kann, solange sie sich in Grenzen hält (!), für hospitalisierte Kinder und Jugendliche langfristig gesünder sein, da ein extremer emotionaler Stau vermieden wird.

Introvertierter Typus: Enttäuschung und Zorn richten sich nach innen, werden unterdrückt, es kommt zu „**passiv-aggressivem Verhalten**", das größeren Schaden anzurichten vermag, auch langfristig. Die verinnerlichte Wut wird zu einer verborgenen Grundstimmung, die **Autoaggression** nach sich zieht: vom harmloseren Nägelbeißen und Nagelbettreißen angefangen bis zum Sich-Zufügen von Wunden. Auch exzessives Piercing und Tätowieren-Lassen können diese Autoaggression zur Ursache haben und sollen zugleich den Imageverlust vor anderen ausgleichen helfen und die so schmerzlich vermisste Aufmerksamkeit erzwingen.

Werden Enttäuschung und unterdrückte Wut irgendwann durch **Auflehnung und Groll** abgelöst, wird das Kind innerlich immer unerreichbarer. Man erkennt diese Phase daran, dass es sich immer mehr zurückzieht und sich eine emotionale Kluft zu Eltern und ErzieherInnen auftut. Die Gründe dafür sind zweierlei: Das Kind schützt sich vor weiteren Verletzungen und nützt zugleich die Gelegenheit, die anderen für das zu bestrafen, was sie ihm angetan haben. Es reagiert bockig auf Anweisungen und vergisst Vereinbarungen absichtlich. Damit soll vorbeugend verhindert werden, nochmals weggestoßen, abermals verlassen zu werden.

Verinnerlichter, unverarbeiteter Groll wirkt bis in spätere Beziehungen hinein, wie ich bei „Markus" erleben musste: Zeitweise innerliche Unerreichbarkeit über unverständliche Provokationen bis hin zu urplötzlichen, unzureichend kontrollierten Wutausbrüchen, in Ausnahmefällen bis hin zu körperlicher Gewalt - und beides ohne erkennbare, vernünftige Ursache und völlig im Gegensatz zur sonst wahrnehmbaren, positiven Grundstimmung in sicherlich echter, tiefer Zuneigung.

Letztendlich bedeutet tiefsitzender Groll auch ein großes Drama für Betroffene selbst, da eine dauerhafte Beziehung, die sie sich ja am sehnlichsten wünschen, auf Grund latenter Gefährdung des Partners/der Partnerin kaum möglich erscheint. Die einzige Chance für das Gelingen einer Ehe böte eine ehrliche Bereitschaft des Hospitalisierten zur konsequenten, am besten gemeinsamen Aufarbeitung der Kindheitstraumata unter psychotherapeutischer Anleitung und Begleitung (wozu allerdings auch ausreichende kognitive Voraussetzungen mitzubringen sind und - bestimmt nicht zuletzt - die finanziellen Mittel, wie bei uns!).

2.2. Altersspezifische Entwicklung der Hospitalisierung

Es stellt sich die Frage nach der Ursache der bei Betroffenen unterschiedlichen Entwicklung der Hospitalisierung. Sie mag zumeist darin bergründet sein, in welchem Alter die traumatisierenden Ereignisse auftreten.

Kleinkinder (zwei bis vier Jahre) reagieren häufig mit **Regressionen**, Rückentwicklungen im Reifeprozess. Sie verlernen Dinge, die sie bereits konnten, und werden wieder passiver. Sie weigern sich, selbst zu essen, wollen wieder gefüttert werden, und sie benötigen wieder Windeln, obwohl sie schon trocken gewesen sind.

Kinder im Vorschul- und Volksschulalter (fünf bis acht Jahre) sind ebenfalls häufig noch anfällig für Regressionen. Sie glauben oft, für den Zusammenbruch der Ehe der Eltern, am Zerbrechen der Familie **verantwortlich** zu sein. Und sie haben **panische Angst vor dem Verlassenwerden oder verhungern zu müssen.** Diese Kinder sind nach Meinung vieler Fachleute die gefährdetsten Kinder, erhebliche Dauerschäden davonzutragen, da sie bereits die Vorgänge mitbekommen, aber noch nicht so weit entwickelt sind, die reale Situation zu durchschauen, um damit umgehen zu können.

Ältere Kinder (neun bis zwölf Jahre) reagieren zuerst mit **Zorn**, vor allem dem Elternteil gegenüber, den sie für den Schuldigen halten. Häufig wird zur Entlastung auch ein **Sündenbock** außerhalb der Familie gesucht, gegen den sich dann ersatzweise die Wut richtet, da der Zorn auf die Eltern auf Dauer nicht zu ertragen ist. In diesem Alter treten auch **Schäden in der geistigen und geistlichen Entwicklung** auf. Es kommt zu Desillusionierung und Ablehnung von Werten, welche die Eltern vertreten. In diesem Alter hat auch „Markus" seine Eltern verloren und ist ins erste Heim gekommen. Die Wut auf seine Mutter mag er sehr tief verinnerlicht (und mit der Zeit auf mich übertragen) haben, in der geistigen und geistlichen Entwicklung hingegen konnte er Dank guten Willens und emsigen Bemühens viel aufholen.

Jugendliche (ab etwa dreizehn Jahren) haben bereits selbst andere Probleme zu bewältigen und sind in ihren Schuldzuweisungen zurückhaltender, da sie die Gründe des Zerbrechens der Familie schon besser begreifen können. Als besonders unangenehm empfinden sie allerdings ein **Loyalitätsdilemma**: zu wem, zu welchem Elternteil halten? Mit den notwendig gewordenen Veränderungen sind Jugendliche meist nicht mehr so hilflos ausgeliefert wie Kinder und vermögen mitzubestimmen, sich gegebenenfalls erfolgreich gegen Unterbringungen zu wehren, die sie

nicht wollen, oder sich dort wenigstens einigermaßen gut einzu-
richten und zu behaupten, **den beschränkten Zeitraum von
Notwendigkeiten bereits überblickend**.

2.3. Leidensfaktoren und konkrete empathische Schritte

Betrachtet man die Leidensfaktoren von hospitalisierten und hospitalisierungsgefährdeten Kindern und Jugendlichen, ist auch
hier an erster Stelle ein immens schmerzliches, anhaltend in der
Seele nagendes Gefühl der **Verlassenheit** zu nennen. Zu lindern
ist dieses mit **regelmäßigem und verlässlichem (!) Kontakt** zu
dem Kind, wobei Telefon und Smartphone die reale Gegenwart
(gegensätzlichen Werbebotschaften zum Trotz) keinesfalls erset-
zen können und dürfen! Darüber hinaus gilt dafür zu sorgen, dass
einige der gewohnten Rituale beibehalten werden, wie etwa
ein weiterhin organisiertes, gemeinsames Frühstück, ein gemeinsamer Spaziergang. Guter Wille und Fantasie sind dabei gefragt,
auch wenn die Rituale teilweise an Dritte delegiert werden müssen!
Das **Geschenk von Zeit** steht an erster Stelle. Zeit zu schenken
bedeutet nichts anderes, als sich selbst zu geben: vielleicht ein
gemeinsamer Nachmittag an bestimmten Tagen, wobei das
Smartphone ausgeschaltet bleibt und das Kind verlässlich **unge-
teilte (!) Aufmerksamkeit** erfährt. So vermag allmählich Heilung zu erwachsen.

Der **Traurigkeit** des Kindes vermag man am besten mit Verständnis für seine Tränen zu begegnen. Weinen muss erlaubt sein,
ist Tränen doch eine wichtige emotionale Funktion zur **Überwindung von drohender Melancholie und Depressivität** zuzumes-

sen. Auch Jesus Christus hat Tränen vergossen und die Weinenden selig gepriesen (vgl. Lk 6,21)!

Quälende **Angst** vermag sich immer wieder in konkreten Fragen des Kindes zu äußern. Diese Fragestellungen sind in Offenheit und Ehrlichkeit, freilich in altersgerechter Form, **aufzufangen und soweit als möglich aufzulösen**. Dann ist das Kind besser gerüstet zu einer heilvollen Verarbeitung der Ängste, als wenn es sich mit irrealen, quälenden Zukunftsvorstellungen herumplagen muss. Auch hier gilt, dass liebevolles Zeithaben **heilende Zuwendung** bedeutet.

Idealerweise mag der Austausch in einen Blick auf Jesus, den liebevollen Heiland, und ein **gemeinsames Gebet** zu ihm münden, der auch und gerade dieses Kind besonders lieb hat, immer für es ansprechbar ist und es niemals verlassen wird!

Im Umgang mit **Zorn** des Kindes ist vor allem **Gelassenheit** gefragt (auch wenn es herausfordernd und schwierig erscheinen mag). Das Ziel ist, die Wut hinnehmen zu können, ohne sich ständig verteidigen zu müssen vor dem Kind oder sich selbst. Besonders für Eltern nach Trennung eine große Herausforderung! Anstatt Zurückweisungen wie: „Du hast keinen Grund, so wütend zu sein!", ist dem Zorn mit Geduld zu begegnen, und es sind Angebote des Beistands gefragt, ausgedrückt etwa in der Aufforderung: „Erzähl mir genauer, was dich so wütend macht!", oder einfach empathisch: „Ich kann gut verstehen, warum du so verletzt bist!". Wutausbrüche können eine Reaktion auf eine konkrete Verletzung bedeuten gleichfalls wie auf eine anhaltende Frustration, oder sie werden sogar als Schutzmaßnahme eingesetzt, um weiteren Kränkungen zuvorzukommen. Auf jeden Fall gilt es, **sich Zeit zu nehmen, anwesend (auch innerlich!) und ansprechbar zu bleiben**!

Als besonders schwierig gestaltet sich der Umgang mit **Auflehnung und tiefsitzendem Groll** eines Kindes. Hier gilt es vor allem, sich nicht abschrecken zu lassen: Die ablehnenden Worte und Gesten, die offen zur Schau getragene Widerborstigkeit bedeuten einen **umgekehrten Schrei nach Aufmerksamkeit, Zuwendung, ja nach Liebe und Sicherheit.** Hospitalisierte Kinder und Jugendliche signalisieren oft das Gegenteil von dem, was sie eigentlich meinen. Sie in die Arme zu nehmen und ihnen zu sagen, dass man sie trotzdem lieb hat, ist der liebevollste und zugleich wirksamste Weg, den Groll hoffentlich allmählich aufzulösen und ihr beeinträchtigtes Selbstwertgefühl wieder zu stärken.

Der gekreuzigte Jesus wird in den Schoß seiner Mutter Maria gelegt: Tiefste Empathie in der 13.Kreuzwegstation der Franziskanerkirche Wien

2.4. Die bedeutsame Rolle der Pfarrgemeinde

Die Pfarrgemeinde ist besonders gefordert, solcherart betroffenen Kindern und Jugendlichen, aber auch ihren getrennten Eltern, den Pflegeeltern und Betreuungspersonen in Heimen und Wohngemeinschaften mit besonderer Aufmerksamkeit zu begegnen und konkrete Hilfe, wie etwa Babysitterdienste, anzubieten. Das alles gibt es vielfach, sollte aber überall selbstverständlich sein! Im Idealfall könnte die Pfarrgemeinde hospitalisierten und hospitalisierungsgefährdeten Kindern und Jugendlichen etwas an Geborgenheit und Stabilität vermitteln, die sie in ihrem (neuen) Zuhause vermissen.

Zusammenfassend lassen sich die Chancen für die pfarrliche Arbeit mit hospitalisierten und hospitalisierungsgefährdeten Kindern und Jugendlichen in **20 Kriterien** auflisten (Anmerkung: Wo der einfacheren Lesbarkeit halber verkürzt vom „Kind" die Rede ist, sind Jugendliche, weiblich und männlich, altersadäquat mit einzuschließen):

1.

Nachdem die Kinder durch Trennungen und zahlreiche, schmerzende Veränderungen belastet sind, ist ihnen klar zu signalisieren: Hier bist du in deinem gewohnten Umfeld geborgen, du gehörst unverändert und dauerhaft dazu, hier ändert sich nichts für dich.

2.

Verhält sich ein betroffenes Kind eher still und unauffällig, bedeutet dies keinesfalls, dass es nicht leidet. Ihm ist besondere Aufmerksamkeit zu widmen und ihm immer wieder Gesprächsbereitschaft zu bekunden. Es bedeutet den Beginn einer Weggemeinschaft im engeren Sinn.

3.

Für Gespräche soll ausreichend Zeit und Ruhe ausgespart sein (Handy und Smartphone sind unbedingt schon vorher auszuschalten). In diesem Zeitraum ist einzig das Kind wichtig, worauf es sich verlassen können muss!

4.

Ausdrucksformen von Wut und Angst sind auszuhalten, da sie für das Kind einen ersten Schritt zur Verarbeitung, auf jeden Fall aber Erleichterung bedeuten.

5.

Neben dem Spenden von Trost und Verständnis ist dem Kind Orientierung und Stabilität zu bieten, die es zu Hause meist vermisst. Ein gemeinsames Gebet, in dem die Erwägungen im vorangegangenen Gespräch nochmals zusammengefasst vor Gott und Maria gebracht werden, könnte das Gespräch beschließen.

6.

Dem Kind ist ausdrücklich zu sagen, dass ihm an den unheilvollen Entwicklungen keine grundlegende Schuld trifft. Sobald innere Bereitschaft besteht, könnte zur Beichte bei einem warmherzigen Seelsorger ermutigt werden; die Lossprechung vermag zu einem inneren und äußeren Neubeginn führen in der Gewissheit: Gott liebt mich, jede tatsächliche oder vermeintliche Schuld ist nun bedeutungslos; er hält mich in seiner Hand, bei ihm bin ich immer geborgen.

7.

Es ist dem Kind zu signalisieren, dass es sich wegen seiner Krise nicht zu schämen braucht. Es gibt auch viele andere Familien, die auseinandergehen. Sie alle kommen in der Sonntagsmesse zum gemeinsamen Gebet und Gesang zusammen.

8.

Ganz klar ist zu vermitteln: Trotz der unglücklichen Entwicklungen wird das Kind immer noch geliebt (konkret seitens ...)!

9.

Die Entscheidungsfindung, wo das Kind jetzt lebt (Elternteil, Pflegefamilie, Wohngemeinschaft, Heim), hat letztendlich nichts mit mangelnder Elternliebe zu tun, sondern damit, wer in der Notsituation mehr Zeit, Raum und reale Möglichkeiten dazu hat, oder wie von außen (Jugendamt, Pflegschaftsgericht) aus der Krisensituation entschieden worden ist.

10.

Gemeinsam mit dem Kind kann allmählich herausgefunden werden, welche positiven Seiten das neue Zuhause aufweist; welche Chancen sich dabei ergeben könnten, die es vorher nicht hatte (etwa konkrete sportliche oder musikalische Betätigung, etwa wenn es vor Ort einen Sportplatz oder Zugang zu Musikinstrumenten gibt).

11.

Es kann aufgezeigt werden, dass neue Kontaktpersonen (Pflegeeltern, Krisenpflegeeltern, BetreuerInnen, neue/r Partner/in eines Elternteils, Stiefgeschwister, Kameraden in Heim oder Wohngemeinschaft) neue Möglichkeiten für Freundschaften und aufbauende Beziehungen darstellen können.

12.

Es kann sein, dass sich ein Kind intensiv an einen Pfarrmitarbeiter, eine Pfarrmitarbeiterin anklammert aus ständiger Angst, auch diese Kontaktperson zu verlieren. Es ist in der Pfarre nun verstärkt besonderes Augenmerk auf die Eignung der Person zu legen, die sich um dieses Kind kümmert! Im positiven Fall ist ein solcher, für das Kind im Moment vielleicht überlebensnotwendiger, intensiver Kontakt nicht zu behindern!

13.

Generell gilt allerdings: Nach den erschreckenden Erkenntnissen vergangener Jahre (Missbrauch vor allem bedürftiger Kinder und Jugendlicher) sind nur als unverdächtig befundene, warmherzige Seelsorger und PfarrmitarbeiterInnen an Kinder und Jugendliche heranzulassen!

Kriterien zu deren Auswahl und Supervision sind in einigen Bistümern bereits ausgearbeitet worden, so auch sehr ausführlich und gewissenhaft in der Erzdiözese Wien mit dem Titel „Unter vier Augen" - diese Unterlage ist ausdrücklich sehr zu empfehlen:

https://www.erzdioezese-wien.at/dl/npmNJKJIKNoN-Jqx4KJK/Unter4Augen-Broschu_re_2019_online_pdf !

14.

Ebenso ist der aktuellen individuellen Notlage entsprechend unterschiedliche Hilfe anzubieten, nach bestem Gewissen, jedoch immer mit dem Ziel, das Kind wieder loszulassen, nachdem es sich ausreichend regeneriert hat. Die Dynamik des Prozesses und den Zeitpunkt dazu bestimmt das Kind allein!

15.

Entsteht trotz bester Absicht im Pfarrmitarbeiter ein (für ihn vielleicht sogar vorerst selbst unerklärlicher oder sogar sexuell motivierter) Drang, im Leben dieses/dieser hilfsbedürftigen Minderjährigen dauerhaft die wesentlichste Rolle einnehmen zu wollen, mischen sich in die Betreuung also eigensüchtige Motive, ist die Notbremse zu ziehen und die Hilfeleistung behutsam an einen Dritten, Geeigneteren zu übertragen. Letztendlich ist niemand, auch nicht der qualifizierteste Pädagoge, davor gefeit, von seiner eigenen, vielleicht bedürftigen Vergangenheit überraschend eingeholt zu werden! Es gilt für ihn dann allerdings, seine eigene

Geschichte aufzuarbeiten, bevor er sich wieder einem Kind nähert.

16.

Es gilt ganz besonders, einen positiven Kontakt des Kindes zur Herkunftsfamilie neu zu beleben, sich nach bester Möglichkeit um Vermittlung und Versöhnung zwischen den Streitparteien zu bemühen, beide geschiedenen Elternteile weiterhin im Pfarrleben willkommen zu heißen.

17.

Gegebenenfalls sollten Eltern aktiv an das Besuchsrecht erinnert werden, das auch eine moralische Pflicht dem Kind gegenüber bedeutet. Ebenso könnten leibliche Eltern zu regelmäßigen Besuchen des Kindes im Heim, in der Pflegefamilie oder in der Wohngemeinschaft bewogen werden, zu gemeinsamen Ausflügen, oder zu regelmäßigen Einladungen zu sich nach Hause, je nach Situation und persönlichen Möglichkeiten.

18.

Kontakte zwischen den Kindern bzw. Jugendlichen in der Pfarre, auch zu jenen aus intakten Familienverhältnissen, sollten intensiv gefördert und (spielerisch oder in Gruppenarbeiten) konkret angeregt werden. Freunde vermögen eine außerordentlich bedeutsame Hilfestellung zu leisten, wenn Trennungen zu verarbeiten sind.

19.

Das Kind soll in der Pfarre erfahren können, dass Freude und Trauer, Glücklichsein und Trauer, Hoffnung und Hoffnungslosigkeit, Gesundheit und Krankheit zum Leben gehören und schließlich wertvolle Erfahrungen bedeuten können.

20.
Kindern und Jugendlichen soll erlebbar gemacht werden, dass in jeder Krise eine Chance zum Neubeginn steckt; dass es möglich und erstrebenswert ist, an einer Krisenbewältigung zu arbeiten.

Es gilt also zusammenfassend, die Kinder in der Weggemeinschaft Kinder, die heranwachsenden Jugendlichen Jugendliche sein zu lassen, sie in ihrer Entwicklung und Spontaneität zu fördern, nicht zu behindern oder zu zwingen. Es sollte nicht gering geschätzt werden, dass sich für die Gemeinde als Lebensraum hier eine echte subsidiäre Aufgabe bietet; eine Aufgabe, die - neben einer Festigung im Glauben an die fortbestehende, unverrückbare personale Liebe eines unendlich barmherzigen Gottes - auch einmalig sein kann für die Entwicklung der Liebes- und Sozialfähigkeit der Kinder! Wird sie unterlassen oder wird das Kind erneut traumatisiert, gibt es für die hospitalisierten und hospitalisierungsgefährdeten Kinder und Jugendlichen oft keine weitere Chance mehr, vieles an diesen Fähigkeiten nachzuholen!

2.5. Zur „Weggemeinschaft" der Integrativ-christlichen Therapie in der Individualpsychologie nach Alfred Adler

Richtschnur des Begriffes der Weggemeinschaft in der **Integrativ-christlichen Therapie nach Alfred Adler** ist die Konsequenz aus der Glaubenserfahrung, dass der lebendige Gott sich in seinem Sohn Jesus Christus vorbehaltslos für jeden einzelnen Menschen hingegeben hat. Grundsätzlich wird die Weggemeinschaft auf der Basis der biblischen Botschaft angeboten; zugleich soll ein Freiraum für das wirkmächtige Handeln Gottes offenbleiben. Er allein kann unsere Hilfe, die nur Stückwerk zu sein vermag, vollenden.

Für die diakonischen Grundhaltungen der Weggemeinschaft wird u.a. **Carl Rogers**, der Begründer der Gesprächspsychotherapie, angeführt, welcher sich bekanntlich vor allem in seiner Definition der **Empathie** einen Namen gemacht hat. Weggemeinschaft wird umso heilvoller sein, je empathischer wir sind. Es geht um eine innere Nähe zum anderen und seinem Erleben, die fast den Eindruck entstehen lässt, „in dessen Haut zu schlüpfen". Empathie bedeutet pointiert, „die private Wahrnehmungswelt des anderen zu betreten und darin ganz und gar heimisch zu werden".

Auch ohne Vorhandensein einer expliziten tiefenpsychologischen Kompetenz vermag ein knapper Einblick in **vier Kriterien einer Weggemeinschaft** auch in der Pfarrarbeit eine echte Hilfe bedeuten.

Bedingungsfreies Akzeptieren:

Für das Bedingungsfreie Akzeptieren des Hilfesuchenden - auch als positive Wertschätzung und emotionale Wärme charakterisiert - wird Jesu Verhalten zu Kranken, Alten und Schwachen herangezogen. Die Verhaltensweisen Jesu im Umgang mit den Menschen werden als für Christen nachahmenswerte Beispiele gelungener diakonischer Kommunikation eingebracht.

Seelsorger und PfarrmitarbeiterInnen müssen **den Menschen Anwälte werden**, damit sie ihren Lebenssinn in Gott zu finden vermögen, was letztes Ziel bedeutet. Dazu sind aufmerksames Zuhören, aufmerksame Wertschätzung und bekundeter Respekt nötig - auch bereits dem Kind gegenüber.

Einfühlendes Verstehen:

Durch das Einfühlende Verstehen, die **Empathie**, wird der Helfer/die Helferin in der eigenen Person gefordert; er/sie lässt sich in den Sog der Ängste und Sorgen des anderen hineinziehen. Auch wenn es unausgesprochen bleibt, wird Einfühlendes Verstehen ganz besonders von uns Christen erwartet, auch seitens der Heranwachsenden. Es wird zu einem **spirituellen Geschehen**, wenn der Christ dem anderen um seines Wohlergehens und Heiles willen empathisch begegnet. Er identifiziert sich mit ihm, indem er ihm verlässlich zur Seite steht und **macht damit die bedingungslose, heilende Annahme durch Gott selbst erlebbar**!

Echtheit:

Echtheit, auch als **Selbstkongruenz** bezeichnet, verweist auf die Notwendigkeit eines Standortes, wo sich der Helfer/die Helferin sammeln und entfalten kann, um sich dann in der Art und Weise seiner Beziehung zu sich selbst, zu anderen und zu Gott einzubringen. Dabei spielt eine **gesunde Selbstakzeptanz** eine Rolle wie auch die Notwendigkeit, über seine eigenen Schwächen Bescheid zu wissen. Damit vermag der Helfer/die Helferin im eigenen Erleben für das Kind/den bzw. die Jugendliche/n zugänglich zu sein, greifbar zu sein in der jeweils eigenen Individualität, im Denken, Urteilen und Fühlen. (Kinder und Jugendliche sind sensibel dafür, ob ihnen ihr Gegenüber eine Befindlichkeit, eine Meinung nur vorspielt.)

Das Gebet als heilende Kraft:

Zu Grunde liegt die Gewissheit, dass **wahre Heilung und echte Lebenssinnfindung ohne Gebet nicht zu verwirklichen** ist. Das Beispiel ist Jesus selbst, der sich immer wieder zum Gebet in die Stille zurückgezogen hat. Ob wir allein beten oder in Gemeinschaft, ob wir Gott loben, ihm danken oder ihn bitten - alles Gebet ist Hinwendung zu Gott, was uns Anteil an seiner heilenden Gemeinschaft verleiht.

Im beratenden Gespräch sollte es daher zu einem **Trilog** kommen zwischen dem Ratsuchenden dem/der Helfer/in und Gott, ohne Ersteren zu überfordern.

Es **kann das Gespräch aber auch in ein Beten münden**, in dem mit Gott und der eigenen Situation gehadert wird. Das Beten kann dann vor Gott fürs's erste ein bloßes Aushalten von Ohnmacht bedeuten, eine konkrete Situation im Moment nicht ändern zu können.

Sinnfindung in Gott vermag auch beim größeren Kind bereits als befreiend empfunden werden, wenn es die Möglichkeit erfährt, **in der sakramentalen Vergebung wieder neu Heilung zu erfahren.** Es ist zu vermitteln, dass das Kind/der Jugendliche jederzeit und an jedem Ort mit Gott in Kontakt treten kann im Gebet, das ihn/sie beflügeln und von Ängsten und Wut frei machen kann. So vermag allmählich Heilung erwachsen und Hospitalisierung weitgehend verhindert werden.

Anmerkung:
Die Ausführungen in diesem Abschnitt sind für Interessierte ausführlicher nachzulesen in den Werken:
I. Heise, Einführung in eine Theologie der Empathie, Basisliteratur, 3.Aufl. 2012, sowie
I. Heise, Auch sie sind Kirche!, Dokumentation, 3.Aufl. 2013.
Internet: www.irene-heise.com/bibliographie.htm .

3. HOSPITALISMUS VERMEIDEN: ZUR FAMILIE IM NACHSYNODALEN APOSTOLISCHEN SCHREIBEN „AMORIS LAETITIA" (2016) VON PAPST FRANZIS-KUS - EIN KURZÜBERBLICK

Selbstverständlich lässt der Papst keinen Zweifel daran, dass ein intaktes Familienleben eine unverzichtbare Basis für eine gesunde Entwicklung und Sozialisation von Kindern bedeutet! Trotzdem berücksichtigt das Apostolische Schreiben - erarbeitet aus zwei vorangegangenen Bischofssynoden unter Mitwirkung von „Laien", darunter auch Frauen - in beein-druckender Tiefe und Empathie die unterschiedlichsten Problemstellungen, zeigt sanft, aber pointiert deren Ursachen und Dynamiken auf, um zuletzt liebevoll Auswege aufzuzeigen und neue Hoffnung zu wecken.

3.1. Aktualität der Familie und Eingeständnisse

Punkt 1 stellt klar: „Die Freude der Liebe, die in den Familien gelebt wird, ist auch die Freude der Kirche. So haben die Synodenväter darauf hingewiesen, dass trotz der vielen Anzeichen einer Krise der Ehe 'vor allem unter den Jugendlichen der Wunsch nach einer Familie lebendig bleibt. Dies bestärkt die Kirche.' Als Antwort auf diese Sehnsucht ist 'die christliche Verkündigung über die Familie... wirklich eine frohe Botschaft'."

Punkt 5 präzisiert das Anliegen des Papstes, anzuregen, „die Gaben der Familie zu würdigen und eine starke und uneingeschränkte Liebe zu Werten wie Großherzigkeit, Verbindlichkeit, Treue und Geduld zu pflegen." Zugleich soll das Schreiben „dort selbst Zeichen der Barmherzigkeit und der Nähe sein, wo das Familienleben sich nicht vollkommen verwirklicht oder sich nicht in Frieden und Freude entfaltet." Somit ist bereits zu Anfang des 325 Punkte umfassenden Dokuments klargestellt: Es geht nicht einzig um Bestärkung intakter Familien; gerade und besonders „nicht vollkommen verwirklichte" Formen des familiären Zusammenlebens (auch nach Scheidung und Wiederverheiratung) sowie krisengeschüttelte Familien sollen „in Barmherzigkeit und Nähe" erreicht werden. Eine frühe Weichenstellung, die in „Amoris Laetitia" durchgängig weiterverfolgt wird: kein Verurteilen, sondern liebevolle Begleitung und Hilfestellung sind geboten.

3.2. Begleitung der Familie heute unter wirtschaftlichen und gesellschaftlichen Zwängen, Arbeits- und Wohnsituation, besondere Bedürfnisse

Die Punkte 31 bis 57 als zweites Großkapitel beleuchten sehr differenziert „Die Wirklichkeit und die Herausforderungen der Familie"; es sei „heilsam, auf die konkrete Wirklichkeit zu achten, denn 'die Forderungen und Anrufe des göttlichen Geistes sprechen auch aus den Ereignissen der Geschichte', durch die 'die Kirche zu einer tieferen Kenntnis des unerschöpflichen Mysteriums der Ehe und Familie geführt werden kann'." (31). „Der anthropologisch-kulturelle Wandel beeinflusse heute alle Aspekte des Lebens und erfordere eine analytische und differenziertere Vorgangsweise." (32).

Bemerkenswert sind selbstkritische Analysen, wie etwa folgende in Punkt 36, welcher hier ob seiner Brisanz in ganzer Länge wiederzugeben ist: „Zugleich müssen wir demütig und realistisch anerkennen, dass unsere Weise, die christlichen Überzeugungen zu vermitteln, und die Art, die Menschen zu behandeln, manchmal dazu beigetragen haben, das zu provozieren, was wir heute beklagen. Daher sollte unsere Reaktion eine heilsame Selbstkritik sein. Andererseits haben wir häufig die Ehe so präsentiert, dass ihr Vereinigungszweck - nämlich die Berufung, in der Liebe zu wachsen, und das Ideal der gegenseitigen Hilfe - überlagert wurde durch eine fast ausschließliche Betonung der Aufgabe der Fortpflanzung. Auch haben wir die Neuvermählten in ihren ersten Ehejahren nicht immer gut begleitet, etwa mit Angeboten, die auf ihre Zeitpläne, ihren Sprachgebrauch und ihre wirklich konkreten Sorgen eingehen. Andere Male haben wir ein allzu abstraktes theologisches Ideal der Ehe vorgestellt, das fast künstlich konstruiert und weit von der konkreten Situation und den tatsächlichen Möglichkeiten der realen Familien entfernt ist. Diese übertriebene Idealisierung, vor allem, wenn wir nicht das Vertrauen auf die Gnade wachgerufen haben, hat die Ehe nicht erstrebenswerter und attraktiver gemacht, sondern das völlige Gegenteil bewirkt." Ein erstaunliches Eingeständnis, das man, will man es in seiner ganzen Tiefe und Tragweite erfassen, wohl zweimal lesen muss!

Ausführlich befasst haben sich die Bischofssynoden mit der Lebenswirklichkeit der Familien. „'Wirtschaftliche Zwänge'", befindet Punkt 44 kritisch zum Thema Arbeitswelt, „'schließen Familien vom Zugang zur Bildung, zum kulturellen Leben und zum aktiven gesellschaftlichen Leben aus. Das derzeitige Wirtschaftssystem bringt verschiedene Formen sozialer Ausgrenzung hervor. Die Familien leiden besonders unter den Problemen, welche die Arbeitswelt betreffen. Die Möglichkeiten für junge Menschen sind begrenzt, und das Arbeitsangebot bietet oft nur eine geringe

Auswahl und ist ausgesprochen unsicher. Die Arbeitstage sind lang und werden oftmals durch lange An- und Abfahrtszeiten erschwert. Das hindert die Familien daran, gemeinsame Zeit mit den Kindern zu verbringen, um ihre Beziehung auf diese Weise täglich zu stärken.'"

Auch die Wohnsituation wird hier angesprochen: „Es ist daran zu erinnern, dass die 'Familie das Recht hat auf eine menschenwürdige Wohnung, die für das Familienleben geeignet ist und der Zahl der Familienmitglieder entspricht, in einer äußeren Umgebung, in der die Grunddienste für das Leben von Familie und Gemeinschaft gewährleistet sind.'" Wie viele Heimeinweisungen von Kindern und Jugendlichen erfolgen auf Grund des Zerbrechens von Ehen und Familien nach Entzug ihrer materiellen Lebensgrundlagen und unerträglicher, beengter Wohnsituationen!

Punkt 50 bezieht sich generell „auf die Erziehungsaufgabe, die dadurch erschwert wird, dass die Eltern müde und ohne Lust, miteinander zu reden, nach Hause kommen, dass in vielen Familien nicht einmal mehr die Gewohnheit existiert, gemeinsam zu essen, und dass es neben der Fernsehsucht eine zunehmend große Anzahl an Unterhaltungsangeboten gibt. Das erschwert die Weitergabe des Glaubens von den Eltern an die Kinder". Familien erscheinen oft als von Zukunftsangst geprägt, welche sie hindert, „die Gegenwart miteinander zu teilen".

Punkt 49 widmet sich Familien, „in denen Menschen mit besonderen Bedürfnissen leben. Die Behinderung, die in das Leben eindringt, schafft eine tiefe und unerwartete Herausforderung und bringt die Gleichgewichte, die Wünsche und die Erwartungen durcheinander. Große Bewunderung verdienen die Familien, die liebevoll die schwierige Prüfung eines behinderten Kindes aufnehmen. Sie bezeugen... auf wertvolle Weise die Treue gegenüber dem Geschenk des Lebens. Wenn sie den Weg der Annahme und Pflege des Geheimnisses der Zerbrechlichkeit geht, kann die Familie aber zusammen mit der christlichen Gemeinschaft unvorhergesehene Kompetenzen, neue Gesten, Sprachen und Formen des Verständnisses und der Identität entdecken."

3.3. Bedrohung durch Armut, Gewalt, Missbrauch, Ausbeutung; Migranten, Alleinerziehende und Emanzipation

Grenzsituationen, die als „besonders schmerzlich" erlebt werden, skizziert Punkt 49; „zerstörte Familien", „entwurzelte Kinder, verlassene alte Menschen, verwaiste Kleinkinder noch lebender Eltern, orientierungs- und zügellose Heranwachsende und Jugendliche". Sie bedeuten einen „Nährboden" für Aggressivität, denn „'die familiären Beziehungen erklären auch die Veranlagung zu einer gewalttätigen Persönlichkeit. Die Familien, die einen Einfluss in dieser Hinsicht ausüben, sind die, in denen ein Mangel an Kommunikation besteht, in denen defensive Haltungen vorherrschen und ihre Mitglieder sich nicht gegenseitig unterstützen; in denen es keine familiären Aktivitäten gibt, die die Beteiligung begünstigen; in denen die Beziehungen der Eltern gewöhnlich konfliktbeladen und gewalttätig sind und in denen die Eltern-Kind-Beziehung durch feindseliges Verhalten gekennzeichnet ist. Die innerfamiliäre Gewalt ist eine Schule für Ressentiment und Hass in den menschlichen Grundbeziehungen."

„Es wurde auch die Drogenabhängigkeit erwähnt", bemerkt der Papst schon eingangs zu diesem Punkt, „als eine der Plagen unserer Zeit, die viele Familien leiden lässt und sie nicht selten zerstört. Etwas Ähnliches geschieht mit dem Alkoholismus, der Spielsucht und mit anderen Süchten. Die Familie könnte der Ort der Vorbeugung und Eindämmung sein..." Tatsächlich jedoch ist sie oft heillos überfordert, so dass Ersatzeinrichtungen einspringen müssen, um bei den betroffenen Kindern und Jugendlichen zu retten, was noch zu retten ist.

Punkt 45 spricht eines der gewiss dunkelsten Kapitel an: „'Schließlich ist die sexuelle Ausbeutung von Kindern eine der skandalösesten und perversesten Wirklichkeiten der heutigen Gesellschaft...' Der sexuelle Missbrauch von Kindern wird noch skandalöser, wenn er an den Orten geschieht, wo sie geschützt werden müssen, besonders in den Familien, in den Schulen und in den christlichen Gemeinschaften und Institutionen." Erwähnung finden daneben auch kriegerische Gewalt, Terrorismus und organisierte Kriminalität.

In Punkt 46 werden die Migrantenfamilien in den Fokus gerückt. „Die Kirche spielt in diesem Bereich eine führende Rolle", erinnert der Papst, „Es scheint heute mehr denn je dringend geboten, dieses dem Evangelium entsprechende Zeugnis (vgl. Mt 25,35) beizubehalten und weiterzuentwickeln." Zu unterscheiden sind „menschliche Mobilität, die der natürlichen historischen Bewegung der Völker entspricht" von „erzwungener Migration von Familien in Folge von Krieg, Verfolgung, Armut und Ungerechtigkeit". Der Papst beklagt die unterschiedlichen Problemstellungen, die sich aus Flucht und Migration ergeben, bis hin zu unbegleiteten Minderjährigen, Aufenthalten in Flüchtlingslagern, „extremer Armut und anderer Situationen des Zerfalls", die Familien sogar manchmal dazu bringen, „ihre eigenen Kinder in die Prostitution oder zum Zweck des Organhandels zu verkaufen." Neben gebotener Hilfestellung ist gefordert: „Jedes Bemühen, den Verbleib von christlichen Familien und Gemeinden in ihren Herkunftsländern zu fördern, muss unterstützt werden."

Warmherzige Empathie spricht aus Punkt 49, in dem es um ärmere Familien und Alleinerziehende geht. „Ich möchte die Situation der im Elend versunkenen und auf vielfältige Weise heimgesuchten Familien hervorheben, wo die Grenzsituationen des Lebens besonders schmerzlich erlebt werden. Wenn alle Schwierigkeiten haben, so gestalten sich diese in einem sehr armen Haushalt viel härter. Wenn zum Beispiel eine Frau ihr Kind allein aufziehen muss, wegen einer Trennung oder aus anderen Gründen, und dabei arbeiten muss, ohne die Möglichkeit zu haben, das Kind bei anderen Menschen zu lassen, wächst es in einer Verlassenheit auf, die es aller Art von Risiken aussetzt, und seine persönliche Reifung bleibt gefährdet." Und gleich wird daraus ein klarer und eindeutiger Schluss für die kirchliche Praxis gezogen: „In den schwierigen Situationen, welche die am meisten Bedürftigen erleben, muss die Kirche besonders achtsam sein, um zu verstehen, zu trösten, einzubeziehen, und sie muss vermeiden, diesen Menschen eine Reihe von Vorschriften aufzuerlegen, als wären sie felsenstark. Damit bewirkt man nämlich im Endeffekt, dass sie sich gerade von der Mutter verurteilt und verlassen fühlen, die berufen ist, ihnen die Barmherzigkeit Gottes nahezubringen."

Papst Franziskus weicht auch den aus kirchlicher Sicht wohl heikelsten Themenfeldern nicht aus, wie Punkt 53 zeigt: Polygamie in manchen Gesellschaften, arrangierte Ehen, und „die Praxis des Zusammenlebens der Paare vor der Ehe oder auch das Zusammenleben ganz ohne Absicht, eine institutionalisierte Bindung einzugehen.. In vielen Ländern schreitet ein rechtlicher Abbau der Familie voran, der dazu neigt, Formen anzunehmen, die fast ausschließlich auf dem Muster der Autonomie des Willens basieren." Gewarnt wird vor einer Geringschätzung und Verwerfung der traditionellen Familie, ermutigt „zur Wiederentdeckung ihres wahren Sinnes und zu ihrer Erneuerung. Die Kraft der Familie 'wohnt wesentlich der Fähigkeit der Familie inne, zu lieben und lieben zu lernen. Wie verletzt eine Familie auch sein mag, sie kann immer von der Liebe ausgehend wachsen'".

Schließlich kommt der Papst in diesem Großkapitel auf die Stellung der Frau zu sprechen: „In diesem kurzen Blick auf die Wirklichkeit möchte ich hervorheben", heißt es in Punkt 54, „dass es zwar bemerkenswerte Verbesserungen in der Anerkennung der Rechte der Frau und ihrer Beteiligung im öffentlichen Bereich gegeben hat, in einigen Ländern aber noch vieles voranzubringen ist. Die Ausrottung unannehmbarer Bräuche ist noch nicht geschafft..." Nach Aufzählung verschiedenartiger, schärfstens zu verurteilender Gewaltformen an Frauen spannt der Papst den Bogen zu den in unseren Breiten aktuellen Problemfeldern: „Die Geschichte trägt Spuren der Ausschreitungen der patriarchalen Kulturen, in denen die Frau als zweitrangig betrachtet wurde, doch erinnern wir uns auch an die Leihmutterschaft oder 'an die Instrumentalisierung des weiblichen Körpers in der gegenwärtigen Medienkultur'".
„Manche meinen", heißt es zusammenfassend (und vielleicht wohltuend überraschend), „viele aktuelle Probleme seien erst seit der Emanzipation der Frau aufgetreten. 'Aber auch das ist kein gültiges Argument. Es ist falsch, es ist nicht wahr! Es ist eine Form des Chauvinismus.' Die identische Würde von Mann und Frau ist uns ein Grund zur Freude darüber, dass alte Formen von Diskriminierung überwunden werden und sich in den Familien eine Praxis von Wechselseitigkeit entwickelt. Wenn Formen des Feminismus aufkommen, die wir nicht als angemessen betrachten können, bewundern wir gleichwohl in der deutlicheren Anerkennung der Würde der Frau und ihrer Rechte ein Werk des Heiligen Geistes."

3.4. Besondere Herausforderungen in der Erziehung: Vertrauen und geduldiger Realismus, Willens-, Werte- und Medienerziehung, Empathie

Wagen wir nun einen weiten Sprung zu Kapitel 7, „Die Erziehung der Kinder stärken", und den Punkten 263 bis 267, wo die Bedeutung der emotionalen und ethischen Erziehung aufgefächert wird. Sie „bedarf einer grundlegenden Erfahrung: daran zu glauben, dass die Eltern vertrauenswürdig sind... Wenn ein Kind nicht mehr spürt, dass es seinen Eltern kostbar ist, obwohl es unvollkommen ist, oder wenn es nicht wahrnimmt, dass sie ehrlich um es besorgt sind, erzeugt das tiefe Verwundungen, die viele Schwierigkeiten in seiner Reifung verursachen. Diese Abwesenheit, diese affektive Verlassenheit löst einen tiefer liegenden Schmerz aus als eine eventuelle Zurechtweisung, die es für eine schlecht Tat erhält (263). „Affektive Verlassenheit" (auch inmitten einer nach außen hin intakten Familie!) bedeutet oft den Beginn einer Entwicklung, die zu Hospitalismus führt, der die Kinder dann lebenslang begleitet und sich in mangelndem Selbstwertgefühl, Antriebsschwäche und Neigung zur Resignation äußert.

Es gilt, „eine Erziehung des Willens" und „eine Entwicklung guter Gewohnheiten und gefühlsmäßige Neigungen zum Guten" zu gewährleisten (264), wobei bei den Eltern Konsequenz gefordert ist (265). Die erlernten, guten Gewohnheiten sollen sich verinnerlichen und sich „in gesunden und gefestigten äußeren Verhaltensweisen niederschlagen." (266). Letztendlich geht es um „eine Schulung der Freiheit durch Vorschläge, Motivationen, praktische Anwendungen, Belohnungen, Beispiele, Vorbilder, Symbole, Reflexionen, Ermahnungen, Überprüfungen der Handlungsweise und Dialoge."

Ziel ist das Wachsen an Tugendhaftigkeit, die zu innerer Freiheit führt: „Die Tugend ist eine in ein tragfähiges, inneres Handlungsprinzip verwandelte Überzeugung. Folglich baut das tugendhafte Leben die Freiheit auf; es stärkt und erzieht sie und vermeidet so, dass der Mensch zum Sklaven zwanghafter entmenschlichender und unsozialer Neigungen wird. Denn die Menschenwürde verlangt, dass jeder 'in bewusster und freier Wahl handle, das heißt personal, von innen her bewegt und geführt.'" (267). Wo eine liebevoll-konsequente Heranbildung von Werteverständnis und Tugenden bei Kindern fehlt, wird es den Heranwachsenden an inneren Strukturen mangeln, die ihre Lebenstüchtigkeit (und damit ihr Lebensglück und das Gelingen von Beziehungen) meist dauerhaft beeinträchtigen.

Laut Punkt 269 ist, wenn es ohne Zurechtweisung nicht geht, das „geduldige Vertrauen" aufrechtzuerhalten. „Ein liebevoll zurechtgewiesenes Kind fühlt sich beachtet, nimmt wahr, dass es jemand ist, und merkt, dass seine Eltern seine Möglichkeiten anerkennen. Das erfordert nicht, dass die Eltern makellos sind, sondern dass sie demütig ihre Grenzen einzugestehen wissen und ihre eigenen Bemühungen zeigen, sich zu bessern. Doch eines der Zeugnisse, die Kinder von den Eltern brauchen, ist, dass sie sich nicht vom Zorn leiten lassen." Das Kind darf sich „niemals wie ein Gegner oder wie der, an dem man die eigene Aggressivität auslässt" erfahren. Eine ständige, strafende Haltung löst „Entmutigung und Ärger" aus: ,'Ihr Väter, reizt eure Kinder nicht zum Zorn' (Eph 6,4; vgl. Kol 3,21)."

Es gilt laut nachfolgendem Punkt 270 „eine Balance" zu finden „zwischen zwei Extremen, die gleichermaßen schädlich sind: Das eine wäre, eine Welt maßgerecht nach den Wünschen des Kindes aufbauen zu wollen, das dann in dem Gefühl aufwächst,

Subjekt von Rechten, nicht aber von Verantwortungen zu sein. Das andere Extrem wäre, es dazu zu bringen, ohne Bewusstsein seiner Würde, seiner einmaligen Identität und seiner Rechte zu leben, gequält von den Pflichten und abhängig davon, die Wünsche anderer zu verwirklichen." Besonders letzteren Typus finden wir bei (ehemaligen) Heimkindern mit Retardierungen besonders häufig.

Generell gilt, wie Punkt 271 in einem weiteren Unterkapitel „Geduldiger Realismus" ausführt, „von einem Kind oder Jugendlichen nur das zu verlangen, was für ihn kein unverhältnismäßig großes Opfer bedeutet, und von ihm nur ein Maß an Anstrengung einzufordern, das keinen Unwillen auslöst oder rein erzwungene Handlungen veranlasst." Eine der größten Quellen von dramatischen Entwicklungen in Heimen, wie wir aus Dokumentationen wissen! „Der gewöhnliche Weg besteht darin, kleine Schritte vorzuschlagen, die verstanden, akzeptiert und gewürdigt werden... Durch übermäßiges Fordern erreichen wir dagegen nichts: Sobald der Mensch sich von der Autorität befreien kann, wird er wahrscheinlich aufhören, gut zu handeln."

Auch in der Werte- und Willenserziehung gilt es, kleine Schritte zu machen, „abgestimmt auf das Alter und die konkreten Möglichkeiten der Menschen, ohne starre, unabänderliche Methoden anwenden zu wollen", konkretisiert Punkt 273. „... doch auch die Freiheit braucht 'Fahrrinnen' und Anregungen, denn wenn sie sich selbst überlassen bleibt, ist keine Reifung gewährleistet. Die konkrete, reale Freiheit ist begrenzt und bedingt. Sie ist keine reine Fähigkeit, das Gute mit absoluter Spontaneität zu wählen. Nicht immer wird angemessen unterschieden zwischen einer 'freiwilligen' Handlung und einer 'freien' Handlung. Jemand kann etwas Böses mit großer Willenskraft anstreben, die aber in einer unwiderstehlichen Leidenschaft oder einer schlechten Erziehung ihren Ursprung hat. In diesem Fall ist seine Entscheidung ganz freiwillig, sie widerspricht nicht der Neigung seines Wollens, ist aber nicht frei, denn es ist ihm fast unmöglich geworden, sich nicht für das Böse zu entscheiden."

Zur klaren Verdeutlichung einer Einschränkung des freien Willens (welcher erst eine Voraussetzung darstellt, eine Todsünde zu begehen), greift der Papst auf die dramatische Situation Drogenabhängiger zurück: „Es ist das, was mit einem zwanghaft Drogensüchtigen geschieht. Wenn er nach der Droge verlangt, tut er das mit all seinem Begehren, doch ist er so abhängig, dass er in dem Moment nicht fähig ist, eine andere Entscheidung zu treffen. Seine Entscheidung ist also freiwillig, aber sie ist nicht frei... Er braucht die Hilfe der anderen und einen Weg der Erziehung."

Suchtverhalten findet sich in vielen Bereichen, welches sich auf jede Beziehung früher oder später verheerend auswirkt. Und so darf auch bei daraus sich ergebender Ehescheidung und bei Wiederverheiratung nicht „automatisch" von einem „ständigen Verharren in schwerer Sünde" ausgegangen werden, was den dauerhaften Ausschluss von den Sakramenten zur Folge hätte. Ein überaus bedeutsamer Punkt in diesem Dokument, geleitet von überfällig gewordener, kluger Unterscheidung!

Unabdingbar für die Werteerziehung ist der Umgang mit den Medien, wie die Punkte 274, 275 und 278 aufzeigen. „Die erzieherische Begegnung zwischen Eltern und Kindern kann durch die immer raffinierteren Kommunikations- und Unterhaltungstechnologien sowohl erleichtert als auch beeinträchtigt werden. Wenn sie gut verwendet werden, können sie nützlich sein... Wir wissen, dass diese Mittel manchmal voneinander entfernen, statt einander zu nähern, wie zum Beispiel, wenn zur Essenszeit jeder mit seinem Mobiltelefon herumspielt." (278). „In der Familie kann man auch lernen, die Botschaften der verschiedenen Kommunikationsmittel kritisch zu unterscheiden. Leider üben einige Fernsehprogramme oder manche Formen der Reklame oft einen negativen Einfluss aus und schwächen die Werte, die man im Leben der Familie empfangen hat." (274)

Welche Lösungen hat der Papst anzubieten? Er rät, die Kinder „zur Fähigkeit des Abwartens zu erziehen... Der Aufschub bedeutet nicht, einen Wunsch abzulehnen, sondern seine Befriedigung zu verschieben. Wenn die Kinder oder Jugendlichen nicht dazu erzogen sind, zu akzeptieren, dass einige Dinge warten müssen, werden sie zu rücksichtslosen Menschen, die alles der unmittelbaren Befriedigung ihrer Bedürfnisse unterwerfen... Das ist eine schwere Irreführung, die die Freiheit nicht fördert, sondern schwächt... Wenn man hingegen dazu erzieht zu lernen, einige Dinge aufzuschieben und den geeigneten Moment abzuwarten, dann lernt man, was es heißt, Herr seiner selbst zu sein, eigenständig gegenüber den eigenen Trieben." (275). Darüber hinaus „steigert sich sein Selbstwertgefühl. Zugleich bringt ihm das bei, die Freiheit der anderen zu respektieren." Von Aufgaben ist hier die Rede, mit denen die besten HeimerzieherInnen heillos überfordert sind, und geht es auch nur um unkontrollierten, suchtähnlichen Genuss von Popmusik oder Internetspielen - man ist schließlich auch froh, einmal etwas Ruhe im anstrengenden Heimalltag zu haben.

Generell ist die Familie laut Punkt 276 „der Bereich der primären Sozialisierung, denn sie ist der erste Ort, wo man lernt, gegenüber dem anderen eine Stellung zu beziehen, zuzuhören, mitzufühlen, zu ertragen, zu respektieren, zu helfen und zusammenzuleben." Heimerziehung vermag dies nur äußerst bruchstückhaft zu realisieren. Dazu zählen besonders die „schwierigen und harten Momente..., zum Beispiel, wenn Krankheit eintritt." In Heimen gibt es (verständlicherweise) dafür für gewöhnlich eigene Krankenzimmer unter relativer Isolation der Patienten. Allerdings: „Eine Erziehung, die gegen die Einfühlsamkeit für die menschliche Krankheit abschirmt, verhärtet das Herz. Und sie führt dazu, dass die Kinder gegenüber dem Leiden anderer 'narkotisiert' werden, unfähig, sich mit dem Leiden auseinanderzusetzen und die Erfahrung der Grenze zu machen." Fehlende Empathie und emotionale Stumpfheit in späteren Beziehungen stellen eine Ursache unermesslicher, ja unerträglicher Leiden für den Partner/die Partnerin dar.

3.5. Christliche Erziehung und Bedeutung der kirchlichen Einrichtungen, Sexualerziehung, Stimme für die Schwachen

Die Erziehung ist jedem einzelnen Kind anzupassen, „denn manchmal funktionieren die gelernten Mittel oder die 'Rezepte' nicht", diagnostiziert Punkt 288. „Die Kinder brauchen Symbole, Gesten, Erzählungen." Dies benötigt Zeithaben! „Die Heranwachsenden geraten gewöhnlich in Krisen mit Autoritäten und Vorgaben. Deshalb muss man in ihnen eigene Glaubenserfahrungen anregen und ihnen leuchtende Vorbilder bieten, die allein durch ihre Schönheit überzeugen." Es gilt, aufmerksam auf Veränderungen zu achten, da „die spirituelle Erfahrung nicht aufgenötigt werden darf, sondern ihrer Freiheit anheimgestellt werden muss." Dabei ist das Beispiel des Gebets der Eltern unabdingbar wichtig.

Laut Punkt 289 vermag die Familie allein durch ihr Beispiel eine Mission zu erfüllen. Die Familie wird „verkündend..., und ganz von selbst beginnt sie, den Glauben an alle weiterzugeben, die mit ihr in Berührung kommen, auch außerhalb des eigenen Fami-

lienkreises. Die Kinder, die in missionarischen Familien auf-
wachsen, werden häufig selber zu Missionaren."

Die christlichen Gemeinden sind „aufgerufen, dem Erziehungs-
auftrag der Familien Unterstützung zu bieten", weiß Punkt 279,
„Um die ganzheitliche Erziehung zu fördern, müssen wir 'den
Bund zwischen der Familie und der christlichen Gemeinschaft
neu beleben'." Eine besondere Bedeutung kommt den katholischen Schulen zu: Sie „'üben eine wichtige Funktion aus, wenn
es darum geht, die Eltern bei der Aufgabe der Kindererziehung
zu unterstützen. Die katholischen Schulen sollten in ihrer Sendung ermutigt werden, den Schülern zu helfen, zu reifen Erwachsenen heranzuwachsen, die die Welt durch den Blick der Liebe
Jesu sehen können und das Leben als eine Berufung verstehen,
Gott zu dienen'. Zu diesem Zweck 'muss mit Entschiedenheit auf
der Freiheit der Kirche bestanden werden, ihre eigene Lehre zu
vermitteln, sowie auf dem Recht der Erzieher, aus Gewissens-
gründen Einspruch zu erheben.'"

Abermals berücksichtigt der Papst explizit die Alleinerziehen-
den, wenn er in Punkt 252 erneut das Synodenpapier zitiert:
„'Welches auch immer der Grund ist, der Elternteil, der mit dem
Kind zusammenwohnt, muss Unterstützung und Trost bei den an-
deren Familien finden, welche die christliche Gemeinschaft bil-
den, sowie auch bei den pastoralen Einrichtungen der Pfarrei.
Diese Familien werden oftmals zusätzlich durch schwere wirt-
schaftliche Probleme, eine unsichere Arbeitssituation, die
Schwierigkeit, für den Unterhalt der Kinder zu sorgen, oder das
Fehlen einer Wohnung belastet.'"

Große Bedeutung misst „Amoris Laetitia" der Sexualerziehung
zu. „Denn wir können nicht darüber hinwegsehen", beklagt der

Papst bereits in Punkt 153, „dass die Sexualität oft entpersönlicht und durch Pathologien belastet wird, so dass sie 'immer mehr zu einer Gelegenheit und einem Werkzeug der Bestätigung des eigenen Ich und der egoistischen Befriedigung der eigenen Begierden und Instinkte' wird. In dieser Zeit wird es sehr gefährlich, dass die Sexualität auch von der giftigen Mentalität des 'Gebrauchens und Wegwerfens' beherrscht wird. Häufig wird der Körper des anderen gehandhabt wie ein Gegenstand, den man behält, solange er Befriedigung bietet, und verschmäht, wenn er seine Attraktivität verliert. Kann man etwa die ständigen Formen von Herrschaft, Arroganz, Missbrauch, Perversion und sexueller Gewalt ignorieren oder vertuschen, die von einer Abirrung der Bedeutung der Geschlechtlichkeit verursacht werden und die die Würde der anderen und die Berufung zur Liebe unter einer schmutzigen Eigensucht begraben?"

Im Unterkapitel „Ja zur Sexualerziehung" (Punkte 280 bis 286) unterbreitet der Papst grundlegende Richtlinien zu einer „positiven und klugen Sexualerziehung" nach Anweisung des Zweiten Vatikanischen Konzils. Sie soll „'den jeweiligen Altersstufen' angepasst" sein „und die 'Fortschritte der psychologischen, der pädagogischen und der didaktischen Wissenschaft'" verwerten. Denn: „Es ist schwierig, in einer Zeit, in der die Geschlechtlichkeit dazu neigt, banalisiert zu werden und zu verarmen, eine Sexualerziehung zu planen. Sie könnte nur im Rahmen einer Erziehung zur Liebe, zum gegenseitigen Sich-Schenken verstanden werden. Auf diese Weise sieht sich die Sprache der Geschlechtlichkeit nicht einer traurigen Verarmung ausgesetzt, sondern wird bereichert. Der Sexualtrieb kann geschult werden in einem Weg der Selbsterkenntnis und der Entwicklung einer Fähigkeit zur Selbstbeherrschung, die helfen können, wertvolle Fähigkeiten zur Freude und zur liebevollen Begegnung zu Tage zu fördern."

Ein eigener Punkt (282) schürft noch tiefer: „Eine Sexualerziehung, die ein gewisses Schamgefühl hütet, ist ein unermesslicher Wert, auch wenn heute manche meinen, das sei eine Frage anderer Zeiten. Es ist eine natürliche Verteidigung des Menschen, der seine Innerlichkeit schützt und vermeidet, zu einem bloßen Objekt zu werden. Ohne Schamhaftigkeit können wir die Zuneigung und die Sexualität zur Besessenheit herabwürdigen, die uns nur auf den Geschlechtsakt konzentrieren, auf Krankhaftigkeiten, die unsere Liebesfähigkeit entstellen, und auf verschiedene Formen sexueller Gewalt, die uns dazu führen, unmenschlich behandelt zu werden oder andere zu schädigen."

Entschieden stellt sich Papst Franziskus, auch im Sinne der Synodenväter, auf die Seite der Schwächsten. Immer, vorrangig in Situationen der Trennung oder Scheidung der Eltern, sind die Kinder „unschuldige Opfer der Situation". Sie dürften „'nicht die Last dieser Trennung tragen..., nicht als Geisel gegen den anderen Ehepartner benutzt werden.'". Es handle sich hier um Wunden, „die schwer zu heilen sind" (Punkt 245).

Trotz allen Verständnisses für die Lage der Eltern darf die Kirche „nicht aufhören, Stimme der Schwächsten zu sein", schließt Punkt 246 an, „der Kinder, die leiden, oft im Stillen. 'Trotz unserer scheinbar weit entwickelten Sensibilität frage ich mich, ob wir nicht auch für die seelischen Wunden der Kinder taub sind. Spüren wir das Gewicht des Berges, der die Seele eines Kindes erdrückt...?' Diese schlechten Erfahrungen tragen nicht dazu bei, dass diese Kinder reifen, um zu wirklichen, definitiven Verbindlichkeiten fähig zu sein. Darum dürfen die christlichen Gemeinden die geschiedenen Eltern in neuer Verbindung nicht alleine lassen. Im Gegenteil, sie müssen sie einschließen und in ihrer Erziehungsaufgabe begleiten... 'Man muss dafür sorgen, dass ihnen keine weiteren Lasten aufgebürdet werden über jene hinaus, die

die Kinder in dieser Situation bereits zu tragen haben!'" Es bedarf, „die Liebe zu stärken und zur Heilung der Wunden beizutragen, so dass wir dem Vordringen dieses Dramas unserer Zeit vorbeugen können.": Des Dramas der innerlich und äußerlich vernachlässigten oder verlassenen Kinder sowohl in den zerbrechenden und zerbrochenen Familien, als auch in den Heimen und betreuten Wohngemeinschaften.

„'Die Familie konstituiert sich so als Subjekt pastoralen Handelns,'" fasst Punkt 290 zusammen, „'über die ausdrückliche Verkündigung des Evangeliums und das Erbe vielfältiger Formen des Zeugnisses: die Solidarität gegenüber den Armen, die Offenheit für die Verschiedenheit der Personen, die Bewahrung der Schöpfung, die moralische und materielle Solidarität gegenüber den anderen Familien, vor allem den bedürftigsten, den Einsatz für die Förderung des Gemeinwohls, auch durch die Überwindung ungerechter sozialer Strukturen, ausgehend von der Umgebung, in der man lebt, indem Werke leiblicher und geistlicher Barmherzigkeit geübt werden.'"
Beispiel ist Jesus Christus selbst, weswegen wir „auf Grund der lebendigen Erfahrung in unseren Familien sagen können: 'Wir haben die Liebe, die Gott zu uns hat, erkannt und gläubig angenommen' (Joh 4,16). Nur von dieser Erfahrung aus wird die Familienpastoral erreichen können, dass die Familien zugleich Hauskirchen und evangelisierender 'Sauerteig' in der Gesellschaft sind."

3.6. Auf dem Weg unter Berücksichtigung des eigenen Gewissens

Ein abschließendes Kapitel „Spiritualität in Ehe und Familie" (Punkte 313 bis 325) spricht von der „göttlichen Einwohnung im

Herzen eines Menschen" (314), der Familie als „echter Weg der Heiligung im gewöhnlichen Leben wie auch im mystischen Wachstum" (316) und erinnert an die Bedeutung des Gebets „im Licht des Ostergeheimnisses" (317 u. 318), entwirft eine Skizze der „ausschließlichen, aber nicht besitzergreifenden Liebe" (319 u. 320) und einer „Spiritualität der Fürsorge, des Trostes und des Ansporns" (321 bis 324). Ein näheres Studium dieser befreiend-schönen Ausführungen zur Spiritualität von Ehe und Familie in „Amoris Laetitia" sei hier ausdrücklich empfohlen.

Nicht ausdrücklich erwähnt im Schlusskapitel ist die in der christlichen Erziehung unabdingbare Bildung des Gewissens. Sie ist bereits im Kapitel „Die Zerbrechlichkeit begleiten, unterscheiden und eingliedern", Punkt 303, thematisiert, wo der Papst eingesteht, dass „das Gewissen der Menschen besser in den Umgang der Kirche mit manchen Situationen einbezogen werden muss, die objektiv unsere Auffassung der Ehe nicht verwirklichen." Ermutigend und befreiend für viele, wenn es weiter heißt: „Selbstverständlich ist es notwendig, zur Reifung eines aufgeklärten, gebildeten und von der verantwortlichen und ernsten Unterscheidung des Hirten begleiteten Gewissens zu ermutigen und zu einem immer größeren Vertrauen auf die Gnade anzuregen. Doch dieses Gewissen kann nicht nur erkennen, dass eine Situation objektiv nicht den generellen Anforderungen des Evangeliums entspricht. Es kann auch aufrichtig und ehrlich das erkennen, was vorerst die großherzige Antwort ist, die man Gott geben kann, und mit einer gewissen moralischen Sicherheit entdecken, dass dies die Hingabe ist, die Gott selbst inmitten der konkreten Vielschichtigkeit der Begrenzungen fordert, auch wenn sie noch nicht völlig dem objektiven Ideal entspricht. Auf jeden Fall sollen wir uns daran erinnern, dass diese Unterscheidung dynamisch ist und immer offen bleiben muss für neue Phasen des Wachstums und für neue Entscheidungen, die erlauben, das Ideal auf vollkommene Weise zu verwirklichen." Auch in der (noch) unvollständigen oder nicht „perfekten" Familie vermag der Geist Gottes wirksam zu sein und ist in kirchlichen Entscheidungen zu respektieren.

Das Apostolische Schreiben schließt in Punkt 325 mit der Erkenntnis, keine Familie wäre „eine himmlische Wirklichkeit und ein für alle Mal gestaltet, sondern sie verlangt eine fortschreitende Reifung ihrer Liebesfähigkeit... Trotzdem erlaubt uns die Betrachtung der noch nicht erreichten Fülle auch, die geschichtliche Wegstrecke, die wir als Familie zurücklegen, zu relativieren, um aufzuhören, von den zwischenmenschlichen Beziehungen eine Vollkommenheit, eine Reinheit der Absichten und eine Kohärenz zu verlangen, zu der wir nur im endgültigen Reich finden können." Wir dürfen Fehler machen, unvollkommen sein, auch in der Erziehung. „Es hält uns auch davon ab, jene hart zu richten, die in Situationen großer Schwachheit leben."
„Alle sind wir aufgerufen, das Streben nach etwas, das über uns selbst und unsere Grenzen hinausgeht, lebendig zu erhalten, und jede Familie muss in diesem ständigen Anreiz leben." Was auch für sämtliche Ersatzeinrichtungen, Pflegefamilien, Krisenpflegefamilien, Wohngemeinschaften und Heime, gilt! „... bleiben wir unterwegs! Was uns verheißen ist, ist immer noch mehr. Verzweifeln wir nicht an unseren Begrenztheiten, doch verzichten wir ebenso wenig darauf, nach der Fülle der Liebe und der Communio zu streben, die uns verheißen ist."
Dies könnte so manches Schicksal entwurzelter Kinder und Jugendlicher in Ersatzfamilien, Heimen und betreuten Wohngemeinschaften verhindern helfen.

Anmerkung der Autorin:

Zitiert wurde aus der deutschsprachigen Originalfassung des Nachsynodalen Apostolischen Schreibens „Amoris Laetitia" im Internet (Hinweis: in gedruckten Ausgaben können geringfügige Änderungen, vor allem in den Fußnoten, vorkommen!):

w2.vatican.va/content/francesco/de/apost_exhortations/documents/papa-francesco_esortatione-ap_20160319_amoris-laetitia.html

„Heiliger Vater, lasst die Diener Gottes nicht mehr
weiter warten, sie vergehen vor Sehnsucht!
Gebt Euren hungrigen Dienern zu ESSEN!"

Katharina von Siena, Brief 206

„Wenn wir die Kommunion unterlassen, weil wir
uns nicht würdig fühlen, werden wir erst recht
in Sünde fallen."

Raimund von Capua, Katharina von Siena,
Legenda Major, S.382

IV. EXKURS: ZUR „JOSEFSEHE" IN DER KATHOLISCHEN KIRCHE

Bis vor kurzem galt die „Josefsehe" - also das Zusammenleben „wie Bruder und Schwester" - als Voraussetzung für Katholikinnen und Katholiken nach Ehescheidung und Wiederverheiratung, am vollen sakramentalen Leben der Kirche (Buße und Kommunion) teilnehmen zu dürfen.

Zum Ausgangspunkt der Problemstellung: Führen **Ehenichtigkeitsverfahren** vor dem Diözesangericht zwecks **Annullierung** (Ungültigkeitserklärung) der ersten Ehe nicht zum erhofften Erfolg, ist nur mehr eine zivile Ehe vor dem Standesamt möglich, da die Katholische Kirche keine Ehescheidung kennt. Eine hin und wieder ausgesprochene „Trennung von Tisch und Bett" bedeutet lediglich ein Zugeständnis, auf Dauer getrennt zu leben - etwa um Frau und Kinder vor Gewalt in der Ehe zu bewahren -, begründet jedoch kein Recht auf eine neuerliche, kirchliche Trauung, auch nicht beim misshandelten oder böswillig verlassenen und an der Trennung unschuldigen Partner.

Ehenichtigkeitsverfahren bedeuteten bislang oft einen langwierigen und relativ kostenintensiven Belastungszustand für zumindest den Eheteil, der/die eine Annullierung der Ehe anstrebte; mangelnde Beweisbarkeit des Annullierungsgrundes sowie unzureichende Zeugenaussagen trugen dazu bei, dass tatsächlich ungültig geschlossene Ehen in vielen Fällen nicht annulliert werden konnten - ein Problem, das wohl niemals ganz zu lösen sein wird.

Das wahre Drama für betroffene Gläubige ergab sich bislang daraus, dass die **zivile Wiederverheiratung** kirchenrechtlich grundsätzlich als „**ständiges Verharren in schwerer Sünde**" qualifiziert worden ist, wodurch Wiederverheiratete Geschiedene folgerichtig dauerhaft, bis zum Ableben des ersten Ehepartners, von den Sakramenten Buße und Kommunion ausgeschlossen waren, es sei denn, sie erklärten sich glaubwürdig bereit, „wie Bruder und Schwester" zu leben („Josefsehe") und sich „ehelicher Akte zu enthalten".

Immer wieder - wie auch ich selbst damals, die Autorin dieses Buches - haben sich praktizierende KatholikInnen redlich bemüht, oft entgegen jeder praktischen Vernunft oder unter ideologisch anmutender, künstlicher Erhöhung eines angeblichen „Ideals", Möglichkeiten zu finden, einen solchen Weg zu gehen, um nicht vom Sakramentenempfang ausgeschlossen zu sein (vor allem in der „Josefsehe"). Andererseits, wie mir im Rahmen meiner langjährigen Studien zum Thema bekannt geworden ist, haben nicht wenige Wiederverheiratete bemühte Seelsorger gefunden, die unter Prüfung und Berücksichtigung des „**forum internum**", der Gewissensebene, unter Anwendung der „**Epikie**" ein „ständiges Verharren in schwerer Sünde" ausgeschlossen und die Betreffenden im Blick auf die Barmherzigkeit Gottes auch bei vollzogener zweiter Ehe zu den Sakramenten zugelassen haben. Diese Seelsorger bezogen sich dabei auf **Thomas von Aquin**, der Epikie **als Tugend deklarierte zur Korrektur des Gesetzes zwecks besserer Verwirklichung der Gerechtigkeit im Einzelfall**.

Um hier einige Schlagworte aus meiner persönlichen Erfahrung mit „Markus" und aus Aussagen von Betroffenen in meiner kirchlichen Arbeit wiederzugeben, kann ich zusammenfassend versichern: Von außen **verordnete**, dauerhafte Enthaltsamkeit ist generell kein guter Weg, vermag langfristig keine echte Geborgenheit zu ermöglichen, schürt Misstrauen und Verlustängste, beeinträchtigt das Selbstwertgefühl und fördert Aggressionen. Die

Josefsehe birgt die Gefahr von Demoralisierung in sich, verleitet zu einem (heimlichen) Weiterverfolgen des Lebensweges des früheren Ehepartners in der Hoffnung auf sein baldiges Ableben, um für eine neue, kirchlich geschlossene Ehe samt Sakramentenempfang frei zu sein, und sie ist überaus geeignet, Genugtuung am Schaden Dritter zu wecken zur Entlastung von eigenem Unbehagen.

Zur Präzisierung der nachfolgenden, zusammenfassenden Untersuchungen: Nicht unter die von außen verordnete „Josefsehe", die wir hier betrachten, zählen selbstverständlich jene Verbindungen, in denen „in schlechten Tagen", etwa bei Krankheit, Unfall oder nach schwierigen Geburten (also oft vorübergehend), auf Grund Beachtung des Eheversprechens und liebender Rücksichtnahme auf die sexuelle Erfüllung verzichtet wird!

1. Auswirkungen auf Betroffene

Eingangs ist zu erwähnen, dass es sehr wohl einzelne (besonders länger bestehende), Ehen gibt, in denen die Partner auch ohne sexuelle Erfüllung - eine Zeitlang oder auf Dauer - ein befriedigendes Verhältnis zueinander finden. Nachdem sich die Ehe auf viele Bereiche der interpersonellen Beziehung gründet, sind einzelne Paare sogar glücklicher, wenn sie in anderen Bereichen Gemeinsamkeit und Selbstverwirklichung erleben. Generell jedoch beeinträchtigen Schwierigkeiten, die ausgelebte Sexualität in der Ehe verunmöglichen, auch andere Bereiche der Gemeinsamkeit (nach Th.Lidz).

Für die meisten Menschen bedeutet die sexuelle Erfüllung in der Ehe zugleich letzte Geborgenheit, Nähe, Intimität und individuelles Angenommensein. Unerlässlich ist sie für jene vielen Menschen, die in ihrer Kindheit an einem **Mangel an Geborgenheit** gelitten haben, wozu nicht nur die vielen Scheidungskinder zählen! Die „inneren Strukturen" dieser Betroffenen sind nicht voll entwickelt, weswegen das „innere Auffangnetz" bei Belastungen und Problemsituationen nicht tragfähig ist, wodurch **eine emotional und sexuell intensive Nähe zu einem Partner/einer Partnerin als überlebensnotwendig erfahren** wird. Entgegen aller scheinbar „vernünftigen" oder ideologisch erhöhten Erklärungen sind für diese Menschen künstlich erzeugte Distanzregeln auf Dauer nicht lebbar - für emotional gefestigte, „starke" Mitchristen, auch im Klerus, unverständlich und oft mit Härte beantwortet. (Zur Erinnerung: Jesu besondere Zuwendung hat immer den „Schwachen" gegolten!)

Der Mangel an Geborgenheit und intensiver Nähe führt früher oder später zu **Misstrauen und Verlustangst**. Die unnatürliche Atmosphäre eines krampfhaften Sich-Ausweichens in einer „verordneten" Josefsehe zur Verhinderung sexuellen Begehrens schafft Raum für Argwohn, ob vom anderen nicht irgendwo außerhalb der Ehe Erfüllung gesucht und gefunden wird, und schließlich zu wachsender Angst, auch noch die übrigen Komponenten des ehelichen Lebens zu verlieren.

Die künstlich erzeugte Josefsehe zieht eine empfindliche **Beeinträchtigung des Selbstwertgefühls** nach sich. Denn zweifellos bedeutet die Ehe mit all ihren Facetten des Zusammenlebens eine Stärkung desselben; vielfach wird auch schon die Partnerwahl von diesem Bedürfnis beeinflusst. Das (auch sexuelle) Begehrtwerden, die lebendige Aufmerksamkeit durch den Partner/die Partnerin hält Kränkungen und Demütigungen des täglichen Lebens in Grenzen und schafft somit eine gesunde Balance zu den

Widerfahrnissen des Alltags. Die körperliche Nähe fördert das Selbstwertgefühl als Frau und Mann, woraus beträchtliche Kräfte zur Bewältigung des täglichen Lebens mobilisiert werden. **Intime Akzeptanz** ist für eine Ehe im Normalfall unerlässlich.

Wurden Kinder aus einer Vorehe in die Josefsehe mitgenommen, liegt nahe, dass sich ein krampfhaftes Einander-Ausweichen der Eltern auf das Familienklima und somit auch auf den Nachwuchs negativ auswirken wird. Solchen Kindern wird spontan erlebte Zärtlichkeit und Liebe bei den („neuen") Eltern und damit ein beträchtlicher Anteil an Nestwärme vorenthalten. Eine **Beeinträchtigung der emotionalen Entwicklung dieser Kinder** wird die Folge sein, selbst bei ehrlichem Bemühen der Eltern, durch intensive Zuwendung dem Kind gegenüber ausgleichend zu wirken.

Eine typische Reaktion auf die „verordnete" Josefsehe bedeutet die **Depression**. Der depressive Mensch neigt grundsätzlich dazu, sich selbst auf dem Hintergrund eines erhöhten Ideals zu bewerten, hinter dem er zurückstehen muss. In seinen Beziehungserwartungen ist der Depressive umso mehr vom positiven Zuspruch des anderen abhängig; er ist förmlich geprägt von der unausgesprochenen Forderung nach Zuwendung und Verwöhnung. So lange es geht, versucht er sich an die Erwartungen des anderen bzw. an die kirchliche Forderung anzupassen, reagiert aber allmählich mit wachsenden Schuldgefühlen, wenn er es nicht schafft, die Erwartungen zu erfüllen, denen er sich ausgeliefert weiß. Damit ist auch der Boden für vielfältige **psychosomatische Beschwerden** bereitet.

Naheliegend ist, dass erzwungene sexuelle Enthaltsamkeit zu erheblichen **Aggressionen** zu führen vermag - eine Entwicklung, die das in diesem Buch aufgefächerte Projekt „Markus" deutlich macht.

2. JOSEFSEHE UND PSYCHOANALYSE

Wie wir nach Th.Lidz gesehen haben, beeinträchtigen Schwierigkeiten, die eine sexuelle Intimität verunmöglichen, auch andere Bereiche in der Ehe. Daraus ergibt sich, dass Sexualität nicht als ein losgelöstes, von anderen Faktoren unabhängiges Element der Ehe zu werten ist, das so einfach abgespalten werden könnte. Es zählt zur Ganzheitlichkeit des Menschen, und damit auch zur **Ganzheitlichkeit der Ehe**. Das bedeutet, dass ein Verzicht auf Geschlechtsgemeinschaft ein neues Scheitern vorprogrammieren kann (ganz abgesehen davon, dass sie von Grund auf eine Überforderung bedeutet).

Vieles, was in der geschlechtlichen Vereinigung geschieht, ist angeboren und **fest im Organismus verankert**. Im Zusammenleben entstehen daher unvermeidlich Spannungen in den Geweben, die auf lange Sicht nur in einer sexuellen Begegnung gelöst werden können, will man sie nicht im stillen Kämmerlein beziehungsweise durch trügerische, ja gefährliche und Sucht fördernde charakterschädigende Ersatzbefriedigungen „bearbeiten" (Internetsex, Pornografie). Die körperliche Erfüllung festigt die Beziehung, Frustrationen oder trügerische Ersatzbefriedigungen wirken hingegen trennend.

Daneben ist medizinisch erwiesen, dass viele physische Beschwerden Verschiebungen sexueller Probleme sind. Diese rufen Ehestörungen genauso hervor, wie Ehestörungen zu sexuellen

Problemen führen können, was Psychologen als „**Umkehr-schluss**" bezeichnen.

Die Psychoanalyse hat darüber hinaus erkannt, dass Verbote im intimen Bereich zu einem verstärkten Wunsch nach sexueller Betätigung führen. Kurz gesagt: Verbote wirken stimulierend - wie wir bereits bei Kindern sehen, deren Interesse meist besonders den Dingen gilt, die man ihnen verbietet! Diese „**Paradoxe Intention**" findet in der Psychotherapie ihre Anwendung, indem Potenzschwierigkeiten immer wieder durch kurzfristige, therapeutisch motivierte Enthaltsamkeit erfolgreich behandelt werden können.

Verdrängte Impulse, vor allem sexueller Natur, kehren in entstellter Form als **psychosomatische Erkrankungen** wieder - eine Umwandlung, die als „**Konversion**" bezeichnet wird (nicht zu verwechseln mit dem gleichlautenden, theologischen Begriff). Was seelischer Schmerz hätte werden sollen, wird aus dem Bewusstsein verdrängt und verwandelt sich in körperlichen Schmerz, wobei alle Organe betroffen sein können. Dass psychosomatische Leiden Alltag und Aktionsradius erheblich zu beeinträchtigen vermögen, wissen viele von uns aus eigener, schmerzlicher Erfahrung! Und sie sind nicht gerade förderlich für eine Beziehung, was ja auch nicht im Interesse des kirchlichen Gesetzgebers gelegen sein konnte, der ja doch das Gelingen der neuen Beziehung im Auge hatte, nicht zuletzt der Kinder wegen.

Im Zusammenhang mit der Josefsehe führt die Psychoanalyse noch den Begriff des „**Asketizismus**" an. Dieser ist zu unterscheiden von vernünftiger Askese zu bestimmten Zeiten (Exerzitien, Fastenkuren im Bildungshaus). Im Asketizismus erscheint die Macht der Triebe gegen sich selbst gerichtet: Das Über-Ich

versag dem Ich jegliche Lust, mit dem Ziel, alle erotischen Empfindungen und damit zugleich alle damit verbundenen Schwierigkeiten zu „begraben".

Der Asketizismus steht einer Selbstverleugnung im Dienst einer
Ideologie sehr nahe. Bei genauem Hinsehen wird allerdings bald
klar, dass die erotische Motivation nicht wirklich „abgetötet"
wird, vor allem dann, wenn sie zum Extrem einer masochisti-
schen (also pervers sexuell motivierten) Selbstquälung wird. Somit macht sich der den Asketizismus Praktizierende, der meint,
auf einem besseren Weg zu Gott zu sein, eigentlich etwas vor.

In vielen Ehen, auch in nicht kirchlich geschlossenen Zweitehen,
erwacht früher oder später ein starker **Kinderwunsch**. Besonders
wenn gebundene Energien auf Grund sexueller Verdrängung frei
werden, erwacht in der liebenden Gemeinsamkeit die intensive
Sehnsucht nach einer schöpferischen Erfüllung: im gemeinsamen Kind. Wie bedrängend der Kinderwunsch erlebt werden
kann, beweisen die vielen, oft qualvollen Prozeduren, die ungewollt Kinderlose auf sich zu nehmen bereit sind. Es besteht kein
vernünftiger Grund, warum dies in einer Josefsehe anders sein
sollte.

Kinderlosigkeit bedeutet für viele Frauen auch heute noch Un-
vollkommenheit, Minderwertigkeit und Einbuße an Lebenssinn.
Die Hervorbringung neuen Lebens ist ein zentrales Motiv, dem
eigenen Leben Sinn, Inhalt und Erfüllung des Frauseins zu verleihen. Und sie vertieft die Beziehung zum Partner, indem sie das
Kind zugleich als Teil von ihm, als auch von ihr selbst erlebt.
Bei Männern äußert sich der Kinderwunsch über einen „sichtba-
ren Beweis wahrer Männlichkeit" hinaus auch im edlen Bestreben, Beschützer und Ernährer zu sein. Darüber hinaus bietet dem
Mann das Kind auch die Möglichkeit, weibliche Pflege- und Ver-
sorgungsfunktionen auszuüben, die aus einer früheren Iden-

tifikation mit der Mutter stammen und die er bisher kaum auszusprechen wagte und verdrängen musste

Wenn auch eine **Verlagerung** der sexuellen Betätigung und des Kinderwunsches **auf die geistige Ebene** möglich ist (Fruchtbarkeit im geistigen Sinne, wie im geistlichen Beruf), so bleibt eine solche Option doch einer jeweils speziellen Berufung vorbehalten und kann nicht von außen verordnet werden.

3. DIE JOSEFSEHE – EIN MISSVERSTÄNDNIS?

Zum Ursprung des Begriffs „Josefsehe" scheint nach meiner Einschätzung ein grundsätzliches Missverständnis vorzuliegen. Wie bekannt, leitet sich der Begriff vom Zusammenleben Mariens, der Mutter des Sohnes Gottes, Jesus Christus, mit Josef als Ziehvater ab.

Wenn man sich diesem unergründlichen Glaubensgeheimnis vorsichtig anzunähern versucht, handelt es sich um eine **absolut einzigartige Beziehung**, die der Allerhöchste mit Maria, der Auserwählten zur Menschwerdung Gottes in der Person Jesu, eingegangen war. Es darf daher angenommen werden, dass diese Auserwählung Maria, „voll der Gnade", so gefangen genommen haben muss, dass weder sie selbst, noch der zur Ziehvaterschaft berufene Josef in der Lage oder willens waren, diese unbegreifliche Gott-Mensch-Beziehung anzutasten. Mariens einzige Liebe war Gott, welche sie wie keine andere Frau auch leiblich erfüllte. Es wäre sehr kurzsichtig zu glauben, die einzigartige Berufung Mariens hätte sich nur auf den Augenblick der Empfängnis bezogen. Und es ist mit Sicherheit anzunehmen, dass Josef - von Gott in das Geheimnis aktiv einbezogen - die Auserwählung Mariens nicht nur respektiert, sondern sie spirituell als seine ganz persönliche Berufung mitgetragen hat.

Dies alles hat mit einer „Josefsehe", wie wir sie aus der kirchlichen Gepflogenheit kennen, nichts zu tun; die Beziehung zwischen Maria und Josef ist keinesfalls als Vorbild für KatholikInnen nach Scheidung und Wiederverheiratung heranzuziehen!

4. JOSEFSEHE, EHENICHTIGKEITSVERFAHREN UND SAKRAMENTENPRAXIS BEI WIEDERVERHEIRATETEN GESCHIEDENEN IM BLICK DER PÄPSTLICHEN DOKUMENTE „MITIS IUDEX DOMINUS JESUS" (2015) UND „AMORIS LAETITIA" (2016) VON PAPST FRANZISKUS

Die öffentlichen Medien haben von der Veröffentlichung des Nachsynodalen Apostolischen Schreibens „**Amoris Laetitia**" („Freude der Liebe") vom 19.März 2016 erstaunlich wenig Notiz genommen, vergleicht man die zunehmende mediale Kirchenkritik am Umgang mit Scheidung und Wiederverheiratung in den Jahrzehnten zuvor. Dabei hätte dieses Dokument wahrlich mehr Aufmerksamkeit verdient, eröffnet es doch in der

Tat neue Wege, nachdem es gelungen war, alle an den vorangegangenen beiden Bischofssynoden 2014 und 2015 teilnehmenden deutschsprachigen Bischöfe zur Unterzeichnung des Abschlusspapiers zu bewegen, das dem päpstlichen Schreiben zu Grunde lag! Es bedeutete für mich eine unbeschreibliche Freude, dass meine jahrzehntelange Pionierarbeit in der Frage Scheidung und Wiederverheiratung in der Kirche (seit 1989) - dank Kurienkardinal Walter Kasper in den Synoden präsent -, zu dieser neuen, ersehnten Weichenstellung in der Kirche beitragen durfte. Gott sei Dank!

Unverständlicherweise fast völlig untergegangen in der öffentlichen Wahrnehmung ist das bereits drei Monate zuvor, am 8.Dezember 2015, erschienene „Motu proprio" (von Papst Franziskus „aus eigenem Antrieb" herausgegeben) „**Mitis Iudex Dominus Jesus**" („Der milde Richter Jesus Christus"), „**Über die Reform des kanonischen Verfahrens für Ehenichtigkeitserklärungen im Codex des Kanonischen Rechtes**". Das Dokument stellt eine für betroffene Paare erhebliche Verbesserung und Erleichterung dar, ein solches Verfahren zu wagen und durchzustehen.

Um welche Änderungen geht es im Wesentlichen in diesem Motu proprio, das dem Papst ein solches Herzensanliegen gewesen ist? An „**Evangelii Gaudium**" (vom 24.November 2013) erinnernd, geht es ihm um eine „Bekehrung der kirchlichen Strukturen": Papst Franziskus möchte eine „gerechte Einfachheit"; die Verfahren sind wesentlich schneller und einfacher abzuwickeln, an Stelle von bisher zwei Instanzen, um die Ungültigkeit einer Ehe festzustellen, genügt nun eine einzige. Der Ortsbischof hat sich persönlich um die Verfahren zu kümmern, wird selbst in die Pflicht genommen. Nur im Konfliktfall ist eine zweite Instanz und zuletzt als dritte die Rota Romana, der vatikanische Gerichtshof, wie bisher auch, zur Klärung heranzuziehen. Und, ganz wesentlich für viele Betroffene: die Ehenichtigkeitsverfahren sollen für die Paare künftig kostenlos sein, erbeten wird lediglich eine (nicht näher bezifferte) Spende an Bedürftige.

Die Änderungen sind zu „Beginn des Heiligen Jahres", also bereits seit Dezember 2015, in Kraft getreten. Selbstverständlich betont der Papst auch in „Mitis Iudex Dominus Jesus" die Unauflöslichkeit der gültig geschlossenen Ehe. Auch die neuen Verfahrensregeln zur vereinfachten und beschleunigten Feststellung ungültig geschlossener Ehen können in Treue zum Evangelium nichts daran ändern. Es gibt nach wie vor selbstverständlich keine „kirchliche Scheidung". Es solle aber „die Nähe der Kirche zu verwundeten Familien" ausgedrückt werden; „Die große Menge derer, die das Drama eines ehelichen Scheiterns erleben, sollen durch die kirchlichen Strukturen vom Heilswerk Christi erreicht werden." Damit ist bereits die bedeutende Kehrtwendung erfolgt: weg von verallgemeinernder Buchstabentreue hin zu aufmerksamer, liebender Barmherzigkeit im Sinne Jesu Christi.

„Mitis Iudex Dominus Jesus" in deutscher Sprache im Internet: www.vatican.va/content/francesco/de/motu_proprio/documents/papa-francesco-motu-proprio_20150815_mitis-iudex-dominus-iesus.html

Wie zu erwarten, gab es auf dieses Motu proprio bald erste Proteste; manche Kirchenvertreter weigerten sich, das Dokument wirklich Ernst zu nehmen und die Änderungen zu akzeptieren. Papst Franziskus antwortete ebenso schnell mit einem „**Reskript**" auf die „verständlichen Widerstände", wie sie „bei jedem Gesetz von epochaler Tragweite" aufzutreten pflegen. Das neue Gesetz wäre jetzt in Kraft und müsse befolgt werden. (Dekan Pio Vito Pinto, Dekan des vatikanischen Ehegerichts, in: www.kath.net/news/53249 ,12.Dezember 2015).

Mit großer Spannung wurde im Frühjahr 2016 das Nachsynodale Schreiben erwartet: Würde es den Hoffnungen vieler Katholikinnen und Katholiken in schwierigen Ehesituationen gerecht werden? Endlich war es soweit, und bereits die Bezeichnung „**Amoris Laetitia**" ließ erahnen: Hier ist in der Kirche eine Weichenstellung erfolgt, auch wenn diese manchen Kritikern nicht weit genug reicht und immens wichtige und tröstliche Neuerungen vom Papst auch „nur" in Form von Fußnoten hinzugefügt worden sind.

Ich darf im folgenden aus zehn Punkten zitieren, in denen der Papst die Themen Ehenichtigkeitsverfahren, Josefsehe und Sakramentenempfang für Wiederverheiratete Geschiedene in ein neues, befreiendes Licht gerückt hat.

Punkt 244:
Wie bereits in „Mitis Iudex Dominus Jesus" betont der Papst noch einmal „die Notwendigkeit..., die Verfahren zur Anerkennung der Nichtigkeit einer Ehe zugänglicher und schneller zu gestalten und möglicherweise ganz auf Gebühren zu verzichten." Die Langsamkeit der Prozesse ärgere und ermüde die Menschen. Die Bischöfe seien aufgerufen, in ihrer „großen Verantwortung" „selbst einige Verfahren zu beurteilen und in jedem Fall den Gläubigen einen einfacheren Zugang zur Justiz zu gewährleisten. Das impliziere auch „die Ausbildung von genügend Fachper-

sonal - bestehend aus Geistlichen und Laien -, das sich vorrangig diesem kirchlichen Dienst widmet". Auch schon in der „Voruntersuchung" solle den Ratsuchenden ein mit der Familienpastoral verbundener „Informations-, Beratungs- und Schlichtungsdienst" zur Verfügung stehen.

Punkt 296:
„Der Weg der Kirche ist der", präzisiert der Papst, individuelle Lebenslagen sensibel ansprechend, „niemanden auf ewig zu verurteilen, die Barmherzigkeit Gottes über alle Menschen auszugießen, die sie mit ehrlichem Herzen erbitten. Daher sind Urteile zu vermeiden, welche die Komplexität der verschiedenen Situationen nicht berücksichtigen. Es ist erforderlich, auf die Art und Weise zu achten, in der die Menschen leben und auf Grund ihres Zustandes leiden."

Punkt 241:
Ausdrücklich gesteht der Papst den Gläubigen in unerträglichen Ehesituationen zu, „dass es Fälle gibt, in denen eine Trennung unvermeidlich ist. Manchmal kann sie sogar moralisch notwendig werden, wenn es darum geht, den schwächeren Ehepartner oder die kleinen Kinder vor schlimmen Verletzungen zu bewahren."

Punkt 252:
Hier hat sogar der von mir schon vor Jahren immer wieder eingeforderte Status von „Eheflüchtlingen" Platz gefunden! So berücksichtigt Papst Franziskus unvollständige Familien, entstanden durch „leibliche Mütter und Väter, die sich nie in das Familienleben einfügen wollten; Situationen der Gewalt, aus der eines der Elternteile mit den Kindern fliehen musste..."

276

Punkt 292:

Beachtenswert ist eine neue Wertschätzung der zweiten, zivilen Ehe: „Die Synodenväter haben betont, dass die Kirche nicht unterlässt, die konstruktiven Elemente in jenen Situationen zu würdigen, die noch nicht oder nicht mehr in Übereinstimmung mit ihrer Lehre von der Ehe sind." Bedeutsam und ermutigend auch für jene vielen in Lebenspartnerschaften, die noch nicht zur Eheschließung gefunden haben, sowie auch für deren SeelsorgerInnen, ihnen in der Pfarre die Chance zu geben, „spirituell nachzureifen"!

Punkt 298:

Als überaus befreiend mögen Betroffene die neue Unterscheidung der einzelnen Ehesituationen erleben: „Die Geschiedenen in einer neuen Verbindung... können sich in sehr unterschiedlichen Situationen befinden, die nicht katalogisiert oder in allzu starre Aussagen eingeschlossen werden dürfen, ohne einer angemessenen persönlichen und pastoralen Unterscheidung Raum zu geben. Es gibt den Fall einer zweiten, im Laufe der Zeit gefestigten Verbindung, mit neuen Kindern, mit erwiesener Treue, großherziger Hingabe, christlichem Engagement, mit dem Bewusstsein der Irregularität der eigenen Situation und großer Schwierigkeit, diese zurückzudrehen, ohne im Gewissen zu spüren, dass man in neue Schuld fällt." Welch immenser Fortschritt in der Beurteilung! In der Folge werden sogar konkrete Komponenten der scheinbar ausweglosen Situation vieler Betroffener aufgezählt: Notwendigkeit der Erziehung der Kinder, Verlassenwordensein vom Partner „zu Unrecht", Überzeugung der Ungültigkeit der ersten Ehe im Gewissen u.a. Die Hirten hätten „angemessen zu unterscheiden" mit einem „differenzierten Blick" für „unterschiedliche Situationen". Es gäbe „kein Patentrezept".

Punkt 301:

Hier analysiert der Papst die mildernden Umstände in der pastoralen Unterscheidung im Gegenzug zum bisher in der kirchlichen Gesetzgebung kolportierten „Verharren in schwerer Sünde". Zusammenfassend heißt es da: „Daher ist es nicht mehr möglich zu behaupten, dass alle, die in irgendeiner sogenannten 'irregulären' Situation leben, sich in einem Zustand der Todsünde befinden und die heiligmachende Gnade verloren haben." DER zentrale, gerne überlesene Satz überhaupt, um zivilrechtlichen Wiederverheirateten den Weg zum Sakramentenempfang zu öffnen! „Ein Mensch kann, obwohl er die Norm genau kennt, große Schwierigkeiten haben 'im Verstehen der Werte, um die es in der sittlichen Norm geht' (nach Papst Johannes Paul II, **„Familiaris Consortio"**, bereits aus 1981!! Haben wir das alle bisher übersehen? Anm. der Autorin), oder er kann sich in einer konkreten Lage befinden, die ihm nicht erlaubt, anders zu handeln und andere Entscheidungen zu treffen, ohne eine neue Schuld auf sich zu laden." Die Entscheidungsfähigkeit kann „begrenzt" sein.

Punkt 302:

Es folgt ein Zitat aus dem „Katechismus der Katholischen Kirche" zur Unterscheidung der Geister: „'Die Anrechenbarkeit einer Tat und die Verantwortung für sie können durch Unkenntnis, Unachtsamkeit, Gewalt, Furcht, Gewohnheiten, übermäßige Affekte sowie weitere psychische oder gesellschaftliche Faktoren vermindert, ja sogar aufgehoben sein... affektive Unreife, die Macht eingefleischter Gewohnheiten, Angstzustände und weitere psychische und gesellschaftliche Faktoren.'" Der Papst weiter: „Aus diesem Grund beinhaltet ein negatives Urteil über eine objektive Situation kein Urteil über die Anrechenbarkeit oder die Schuldhaftigkeit der betreffenden Person." „Die pastorale Bemühung, die Geister zu unterscheiden, muss sich, auch unter Berücksichtigung des recht geformten Gewissens der Menschen, dieser Situationen annehmen. Auch die Folgen der vorgenommenen Handlungen sind nicht in allen Fällen notwendigerweise dieselben."

Damit ist endlich klar nachzulesen, dass längst nicht alle KatholikInnen nach Wiederverheiratung in ständiger schwerer Sünde verharren (was gegen den Sakramentenempfang stünde).

Punkt 298, Fußnote 329:
Nachdem in den beiden, „Amoris Laetitia" vorangegangenen beiden Bischofssynoden zum Thema Sakramentenempfang für Wiederverheiratete Geschiedene trotz redlichen Bemühens der meisten Teilnehmer kein eindeutiger Konsens gefunden worden ist, hat Papst Franziskus in seinem Schreiben dennoch einen Weg dazu eröffnet, wenn auch „auf den zweiter Blick": in zwei überaus bedeutsamen Fußnoten.

In Fußnote 329 gibt der Papst zu bedenken, indem er auf „**Gaudium et spes**" (1981) zurückgreift: „Viele, welche die von der Kirche angebotene Möglichkeit, 'wie Geschwister' zusammenzuleben, kennen und akzeptieren, betonen, dass in diesen Situationen, wenn einige Ausdrucksformen der Intimität fehlen, 'nicht selten die Treue in Gefahr geraten und das Kind in Mitleidenschaft gezogen werden kann.'" Eine deutliche, kritische Infragestellung der Josefsehe!

Punkt 300 samt Fußnote 336:
In Punkt 300 wird die Aufgabe der Priester in der pastoralen Unterscheidung aufgeschlüsselt, in den betroffenen Eheleuten „Momente des Nachdenkens und der Reue" zu wecken, auch hinsichtlich des Umganges mit den Kindern, „ob es Versöhnungsversuche gegeben hat; wie die Lage des verlassenen Partners ist; welche Folgen die neue Beziehung auf den Rest der Familie und die

Gemeinschaft der Gläubigen hat; welches Beispiel sie den jungen Menschen gibt, die sich auf die Ehe vorbereiten. Ein echtes Nachdenken kann das Vertrauen auf die Barmherzigkeit Gottes stärken, die niemandem verwehrt wird."

Ich erlaube mir noch einen zweiten Blick auf o.a. Punkte:
Nachdem meine jahrzehntelange Arbeit zur Thematik Scheidung und Wiederverheiratung bzw. Einzelfalllösung für den Sakramentenempfang in die Bischofssynoden 2014 und 2015 einbezogen worden sind und im Abschlusspapier unter einstimmigem Beschluss aller anwesenden deutschsprachigen Bischöfe ihren Niederschlag gefunden haben, finden sich erfreulicherweise **meine Ansätze in Amoris Laetitia** wieder, vor allem:

1. Die kluge Unterscheidung der einzelnen Ehesituationen:
Die Notwendigkeit, zwischen dem kirchlichen Eheideal und den konkreten Lebenswirklichkeiten zu unterscheiden (Punkt 36), die einzelnen Verbindungen pastoral zu unterscheiden bzw. ein explizit „differenzierter Blick" dafür (Punkt 298).

2. Nicht verurteilen:
Die Notwendigkeit, Urteile zu vermeiden, die die „Komplexität" der verschiedenen Situationen nicht berücksichtigen, bzw. „niemanden auf ewig zu verurteilen" (Punkt 296),
Schwache nicht zu richten und Ansprüche zu relativieren, perfekt entsprechen zu müssen (Punkt 325).

3. Kein zwangsläufiges Verharren in schwerer Sünde:
Die Notwendigkeit, ein Verharren in schwerer Sünde „nicht automatisch" anzunehmen bzw. bei der Beurteilung zwischen „freiwilliger" und „freier" Handlung zu unterscheiden (Punkt 273),

die Feststellung, nicht alle in einer „irregulären Situation" wären im Stand der Todsünde und hätten damit die heiligmachende Gnade verloren (Punkt 301),

eine Aufzählung von Gründen, welche die „Anrechenbarkeit oder die Schuldhaftigkeit" für das freie Handeln vermindern oder sogar aufzuheben vermögen, weshalb eine Unterscheidung der Geister nötig wäre (Punkt 302).

4. Notwendigkeit von Trennungen:
Die Feststellungen, dass „Trennungen unvermeidlich" sein können (Punkt 241),

dass es Situationen der Gewalt gibt, aus denen „eines der Elternteile mit den Kindern fliehen musste" (Punkt 252) - die Definition von „Eheflüchtlingen" also bei Gewalt in der Ehe, eines meiner größten Anliegen!

5. Integration in die Gemeinden:
Die Feststellung, Gemeinden sollten „begleiten, einschließen und keine weiteren Lasten aufbürden" (Punkt 246).

6, Kostenfreie Ehenichtigkeitsverfahren:
Eine Gebührenbefreiung der Ehenichtigkeitsverfahren bzw. Reduktion auf eine nicht bezifferte, „freie Spende für Bedürftige" (Punkt 244).

Womit endlich der Weg zu einer Änderung der Sakramentenordnung im Sinne einer **Einzelfalllösung** unter Anwendung der **Epikie** geebnet ist: **Der Grad der Verantwortung sei nicht immer gleich,** deshalb müsse „diese Unterscheidung anerkennen, dass **die Konsequenzen oder Wirkungen einer Norm nicht notwendig immer dieselben sein müssen."** Hier setzt Fußnote 336 zu Punkt 300 an: „**Auch nicht auf dem Gebiet der Sakramen-tenordnung, da die Unterscheidung erkennen kann, dass in einer besonderen Situation keine schwere Schuld vorliegt.** "

Anmerkung der Autorin:

Zitiert wurde aus der deutschsprachigen Originalfassung des Nachsynodalen Apostolischen Schreibens „Amoris Laetitia" im Internet (Hinweis: in gedruckten Ausgaben können geringfügige Änderungen, vor allem in den Fußnoten, vorkommen!):

w2.vatican.va/content/francesco/de/apost_exhortations/docu-ments/papa-francesco_esortatione-ap_20160319_amoris-lae-titia.html

5. AUSBLICK:
DIE DOKUMENTIERTE PASTORALE REGELUNG ZUM SAKRAMENTENEMPFANG BEI WIEDERVERHEIRATETEN GESCHIEDENEN

Erfahrungen haben immer wieder gezeigt, dass die volle sakramentale Gemeinschaft zur Lebenszufriedenheit und zum Seelenfrieden von praktizierenden Katholikinnen und Katholiken unabdingbar notwendig ist. Keine „geistige Kommunion" mag Ersatz zu bieten. Wie viele haben dies erst kürzlich während der erzwungenen sakramentalen Abstinenz im Rahmen der Coronakrise erfahren!

Meine geschätzten, treuen Leserinnen und Leser wissen: Seit nunmehr 30 Jahren habe ich intensiv daran gearbeitet, hier bewusstseinsbildend zu wirken. Für mich war immer klar: Einzig eine pastorale Regelung als Einzelfalllösung würde Wiederverheirateten Geschiedenen einen Zugang zu den Sakramenten Buße und Kommunion eröffnen können. Und auch die anderen Punkte meiner langjährigen Recherchen, Analysen und Thesen haben letztendlich in „Amoris Laetitia" Eingang gefunden.

Mit einer Ausnahme:
Ist auf pastoraler Ebene, also mit Hilfe eines geeigneten Seelsorgers, die individuelle Ehesituation abgeklärt, die persönliche Schuld aufgearbeitet und, soweit möglich, Wiedergutmachung geleistet, auch die Kinder betreffend, und ist die Motivation zum Sakramentenempfang geprüft (einfach Dabeisein- und Mitmachen-Wollen ist zu wenig!), sind zivilrechtlich wiederverheiratete Eheleute zu den Sakramenten zuzulassen. Soweit der status quo im Kurzüberblick.

Ich behaupte nun, dass dieser, wenn auch entscheidende, äußerst segensreiche Fortschritt noch nicht wirklich ausreicht, da er immer noch Unsicherheitsfaktoren beinhaltet und keine Verlässlichkeit garantiert ist:

Was kann es für Betroffene bedeuten, wenn es zu einem Pfarrerwechsel kommt und der neue Seelsorger die Situation auf einmal anders bewertet?

Wie wird es ihnen gehen, müssen sie sich nach Jahren wieder neu rechtfertigen, werden alte, endlich halbwegs verheilte seelische Wunden neu aufgerissen?

Was bedeutet es, wird der einst mühsam und gewissenhaft erarbeitete Status in der Pfarre wieder eingebüßt, wenn der neue Seelsorger die Entscheidung seines Vorgängers nicht anerkennen will und den Sakramentenempfang verbietet?

Was bedeutet es für die Kinder, gelten sie auf einmal als „anders", als weniger willkommen?

Es gibt Berichte, dass Gläubige in zweiten Ehen nach derartigen Rückschlägen verzweifelt sind, dass manche keinen anderen Weg mehr gesehen haben, als aus der Kirche auszutreten. Vor allem in Landgemeinden besteht diese Gefahr, wo ein Ausweichen in andere Pfarren oder Klöster der Entfernungen wegen schwierig ist.

Mein Ansatz dazu:

Um derartige, für Betroffene verheerende Entwicklungen auszuschließen, schlage ich als klare, einfache Ergänzung zur Einzelfalllösung die **„Dokumentierte pastorale Regelung zum Sakramentenempfang für Wiederverheiratete Geschiedene"** vor. Die Erlaubnis zum Sakramentenempfang müsste vom (frei gewählten) Seelsorger verpflichtend als schriftliches Dokument festgehalten werden. Dabei genügt ein einziger Satz, der klarstellt, dass die individuelle Ehesituation mit Hilfe des Seelsorgers N. aufgearbeitet und geklärt sei und somit dem Sakramentenempfang dauerhaft nichts mehr in den Weg gelegt werden dürfe. Eine solche Niederschrift müsste in der Diözese aufliegen und im Falle eines Pfarrerwechsels von dem Nachfolger verpflichtend anerkannt und respektiert werden müssen.

Hoffen wir auf eine zeitnahe Ergänzung der kirchenrechtlichen Bestimmungen im Sinne der „**Dokumentierten pastoralen Regelung zum Sakramentenempfang für Wiederverheiratete Geschiedene**", damit Katholikinnen und Katholiken nach Scheidung und Wiederverheiratung und deren Kinder zu einer wirklich dauerhaften, krisenfesten Heimat in der Kirche finden, ohne das ständige Risiko, ihren Status wieder zu verlieren!

QUELLENVERZEICHNIS UND ABBILDUNGEN

1. Für die Kapitel II und III wurden folgende Bücher der Autorin Irene Heise herangezogen:

Einführung in eine Theologie der Empathie aus Theologie, Philosophie, Psychologie und Mystik und Empathische Problemanalyse, Grundlagenliteratur, 3.Aufl. 2012

Auch sie sind Kirche! Scheidung, Wiederverheiratung und Kirchendistanzierung als Herausforderung für eine menschengerechte Pastoral und Sakramentenpraxis, Dokumentation, 3.Aufl. 2013

Vom Rand ins Herz der Kirche. Der steinige Weg zu „Amoris Laetitia", Autobiografische Gesamtdokumentation, 1.Aufl. 2018

Darüber hinaus wurde für Kapitel I verwendet:

I.Heise, **Soldatenstiefel und Zuckerrohr.** Zwischen Ehe und geistlichem Beruf, Schnider, Graz

2. In den oben zitierten drei Büchern der Autorin für die Kapitel II und III wurden folgende Werke verwendet:

A.Aichhorn, Verwahrloste Jugend. Die Psychoanalyse in der Fürsorgeerziehung, Huber, Bern

J.Langmeier u.a., Psychische Deprivation im Kindesalter: Kinder ohne Liebe, Urban & Schwarzenberg, München

R.A.Spitz, Vom Säugling zum Kleinkind. Naturgeschichte der Mutter-Kind-Beziehung im 1.Lj., Klett-Cotta, Stuttgart

Th.Lidz, Das menschliche Leben. Die Entwicklung der Persönlichkeit im Lebenszyklus, Suhrkamp, Frankfurt/M.

I.Baumgartner, Pastoralpsychologische Einführung in die Praxis heilender Seelsorge, Düsseldorf, Band 2 (Habilitationsschrift)

W.Rampold, Integrativ-christliche Therapie. Ein Beitrag zur Weiterentwicklung der Seelsorge aus der Sicht der Individualpsychologie, Frankfurt/Main (Inauguraldissertation)

J.Finke, Empathie und Interaktion. Methodik und Praxis der Gesprächspsychotherapie, Georg Thieme Verlag, Stuttgart

I.Weber-Gast, Weil du nicht geflohen bist vor meiner Angst, Matthias-Grünewald-Verlag, Mainz

E.Lukas, Familienglück, Kösel, München

E.Placke-Brüggemann, in: Scharnierstellen des Lebens. Beratung bei Lebensübergängen, Blickpunkt EFL-Beratung, Zeitschrift des Bundesverbandes katholischer Ehe-, Familien- und Lebensberaterinnen und -berater e.V., 4/2000

A.Hart, Damit Wunden heilen. So werden Kinder mit der Scheidung ihrer Eltern fertig, Francke, Marburg/L.

3. Päpstliche Dokumente:

Papst Franziskus, **Mitis Iudex Dominus Jesus. Über die Reform des kanonischen Verfahrens für Ehenichtigkeitserklärungen im Codex des Kanonischen Rechtes**, Motu Proprio (2015)

Papst Franziskus, **Amoris Laetitia. Über die Liebe in der Familie**, Nachsynodales Apostolisches Schreiben (2016)

4. Weitere Quellen:

H.Ivo, Ich lehrte ihn alles wie einem kleinen Kind, in: Die ganze Woche Nr.39, 25 09 1986 (Abdruck mit freundlicher Zustimmung der Redaktion vom 17 06 2020)

https://de.wikipedia.org/wiki/Hospitalismus
https://de.wikipedia.org/wiki/Entwicklungsretardierung

5. Abbildungen:

Fotos:
Seiten 17, 27, 41, 46, 70, 101, 119, 134, 174: Irene Heise
Seite 62: Therese von Lisieux. Mit Genehmigung des Teresianischen Karmels, Köln, Sr.Amata Neyer OCD
Seiten 86, 154, 191 (Ausschnitt): Foto Soyka
Seiten 200 u. 201: Mit Zustimmung der Redaktion vom 17 06 2020

Seite 230: Franziskanerkirche Wien, Kreuzweg, 13.Station
(Ausschnitt): Dieter Heise
Seite 291: Erich Wonka
Seite 292: Bundesministerium für Unterricht, Kunst und
Kultur, Wien 1, Minoritenplatz, 15 05 2007

Handskizzen und Zeichnungen:
Seite 212, Coronavirus: Dieter Heise
Seite 237, Weggemeinschaft: Dieter Heise
Seite 241, Wappen Papst Franziskus: Dieter Heise
Seite 272, Papst Franziskus, Portrait: Dieter Heise

SPIRITUELL-THEOLOGISCHES ZENTRUM KATHARINA VON SIENA

Es wurde im April 2008 von Prof.[in] Irene Heise
im Karmelzentrum, Wien 19, gegründet.
Im Jahr 2009 wurde es in das **Referat für Spiritualität,
Pastoralamt der Erzdiözese Wien**, eingegliedert.

Zu den Aktivitäten:

FORSCHUNGSPROJEKT „Katharina von Siena, Kirchenlehrerin und Europa-Patronin, für uns heute" als **Transformationsprozess:**
1. Erforschung der **Spirituellen Theologie** Katharinas als „von oben eingegossene Wissenschaft" unter Schwerpunktsetzung **„Blut Christi"** bzw. **Eucharistie.**
2. Die mystisch-theologische Kompetenz Katharinas in **Relation zur Spiritualität des Karmel** (Kirchenlehrerinnen Teresa von Avila und Therese von Lisieux, Europa-Patronin Edith Stein).
3. **Praktische Umsetzung und Verbreitung** der wissenschaftlichen Erkenntnisse für die **pastorale Praxis,** vor allem im Dienst der geschiedenen und wiederverheirateten Katholikinnen und Katholiken.
4. Fortführung und Ausbau der seit 2003 bestehenden **Gemeinschaft** Betroffener und Interessierter samt Angebot einer wöchentlichen Gesprächsrunde und Anregung zu Gebetskreisen;
5. Angebot von **Einzelgesprächen** zur Neuorientierung und Beratung hinsichtlich Ehenichtigkeitsverfahren.

VORTRAGSTÄTIGKEIT Irene Heise und **Workshops** in Bildungs- und Exerzitienhäusern, Pfarren und Klöstern, **Gastvorlesungen** und **Symposien,**
1. mit dem Anliegen einer **Bewusstseinsbildung** im Interesse der

„Randgruppen" in der Kirche (bis dahin mit Berührungs-
ängsten behaftetes Tabuthema);
2. sowie dem Anliegen einer **zunehmenden theologischen
Kompetenz Katharinas** in Kirche und Gesellschaft.

Ein erster Schritt in die richtige Richtung war u.a. auf Betreiben
von Irene Heise
DIE ERKLÄRUNG KATHARINAS ZUR
**„WEGBEGLEITERIN UND PATRONIN
DER KATHOLISCHEN FRAUENBEWEGUNG"**
durch **Diözesanbischof Manfred Scheuer,** Innsbruck, am
24.April 2014. Sie wurde vielerorts mit Freude gefeiert!

Die persönliche Betreuung unserer Teilnehmerinnen und Teilnehmer
ist Irene und Dieter Heise ein Anliegen. Hier erhält eine treue Mitstrei-
terin im Rahmen einer Zusammenkunft eine kleine Aufmerksamkeit!

NEUE, ZUSÄTZLICHE CHALLENGES:
1. **Förderung und Vertiefung des gelebten Glaubens** im Sinne
der von Papst Franziskus propagierten Neuevangelisierung, um

dem Glaubensschwund im sowohl Zeit, als auch innere Kraft raubenden, digitalisierten Alltag entgegenzuwirken;

2. **Bewusstmachung der Vernunft als Gabe Gottes**, die auch in unser christliches Handeln einzufließen hat (Mk 7, 21-23: Unvernunft als Böses!), entgegen einer Verwechslung von Nächstenliebe mit naivem, kurzsichtigem „Gutmenschentum";

3. **Bewahrung und Förderung der christlichen Kultur**, auch im Alltag, und der **Ästhetik** aus dem Bewusstsein der Schönheit unseres Glaubens und der Kirche als Stiftung Christi, um dem schleichenden Werteverfall entgegenzusteuern.

Begegnung von Glaube und Kultur: Vortrag Irene Heise im Festsaal des Bundesministeriums für Unterricht, Kunst und Kultur, Minoritenplatz, Wien 1, 15.Mai 2007. Rechts vorne: Bundesministerin Claudia Schmied

---

Spirituell-theologisches Zentrum Katharina von Siena
Johann-Staud-Straße 21/1.DG/7, A – 1160 Wien
Internet: www.irene-heise.com, Erzdiözese Wien:
https://www.erzdioezese-wien.at/pages/inst/23302769